THE COLLECTION OF JUDICIAL INTERPRETATION AND JUDICIAL PERSPECTIVE OF INSURANCE LAW

保险法司法解释及司法观点全编

人民法院出版社法规编辑中心　编

人民法院出版社

图书在版编目（CIP）数据

保险法司法解释及司法观点全编／人民法院出版社法规编辑中心编. --北京：人民法院出版社，2020. 1
ISBN 978 - 7 - 5109 - 2757 - 7

Ⅰ. ①保…　Ⅱ. ①人…　Ⅲ. ①保险法 - 法律解释 - 中国　Ⅳ. ①D922. 284. 5

中国版本图书馆 CIP 数据核字（2019）第 294996 号

保险法司法解释及司法观点全编

人民法院出版社法规编辑中心　编

责任编辑　王　婷　　**执行编辑**　杨钦云
出版发行　人民法院出版社
地　　址　北京市东城区东交民巷 27 号（100745）
电　　话　（010）67550658（责任编辑）　67550558（发行部查询）
　　　　　　65223677（读者服务部）
客 服 QQ　2092078039
网　　址　http://www. courtbook. com. cn
E - mail　courtpress@ sohu. com
印　　刷　保定市中画美凯印刷有限公司
经　　销　新华书店

开　　本　787 毫米 × 1092 毫米　1/16
字　　数　376 千字
印　　张　19. 5
版　　次　2020 年 1 月第 1 版　2020 年 1 月第 1 次印刷
书　　号　ISBN 978 - 7 - 5109 - 2757 - 7
定　　价　58. 00 元

编写说明

制定司法解释是法律赋予最高人民法院的一项重要职责，它不仅促进了法律的统一适用，而且为法官裁判案件提供更为具体的规则。司法观点则具体反映了最高人民法院对一些法律适用问题的司法态度和倾向性意见，是司法解释的重要补充。司法解释的理解与适用和司法观点的集成汇编，分别是我社两大支柱型实务图书品种——“司法解释理解与适用”和“司法观点集成”的构成内容，为满足读者全面理解最高人民法院司法解释和司法观点的需求，我们对某一类案件的司法解释及其解读文章以及最高人民法院司法观点，进行合理整合、精心编排，推出了《司法解释及司法观点全编》系列丛书。本书即该系列丛书之一。

本书收录了近年来关于保险的法律、司法文件，并附有解读文章，使读者能够快速准确地查阅相关规定。此外，最高人民法院还以其他多种形式表达其适用保险法及司法解释的观点，如发布相关司法指导政策、指导性案例；民事审判业务庭以“庭推精要”“复函”等形式阐述其倾向性意见；在一些民商事判决中宣示其法律适用要点；最高人民法院法官对保险法的研究专著，代表最高人民法院法官群体的主流观点，具有一定的参考意义。我们将上述司法观点按照不同类别进行收集、整理，针对司法实务中的难点、疑点、热点以及前沿问题，梳理出诸多专题，结为一篇，以飨读者。

本书在编写过程中，引用了最高人民法院有关审判业务庭和法官部分著述的内容，对此表示感谢。

人民法院出版社法规编辑中心

2020 年 1 月

目　　录

一、法律规定、司法解释、司法文件篇

（一）法律规定

（二）司法解释

（三）司法文件

二、司法观点篇

（一）一般规定

（二）人身保险合同

（三）财产保险合同

（四）保证保险及其他保险合同

一、法律规定、司法解释、司法文件篇

（一）法律规定

中华人民共和国保险法

（1995年6月30日第八届全国人民代表大会常务委员会第十四次会议通过　根据2002年10月28日第九届全国人民代表大会常务委员会第三十次会议《关于修改〈中华人民共和国保险法〉的决定》第一次修正　2009年2月28日第十一届全国人民代表大会常务委员会第七次会议修订　根据2014年8月31日第十二届全国人民代表大会常务委员会第十次会议《关于修改〈中华人民共和国保险法〉等五部法律的决定》第二次修正　根据2015年4月24日第十二届全国人民代表大会常务委员会第十四次会议《关于修改〈中华人民共和国计量法〉等五部法律的决定》第三次修正）

第一章　总　则

第一条　为了规范保险活动，保护保险活动当事人的合法权益，加强对保险业的监督管理，维护社会经济秩序和社会公共利益，促进保险事业的健康发展，制定本法。

第二条　本法所称保险，是指投保人根据合同约定，向保险人支付保险费，保险人对于合同约定的可能发生的事故因其发生所造成的财产损失承担赔偿保险金责任，或者当被保险人死亡、伤残、疾病或者达到合同约定的年龄、期限等条件时承担给付保险金责任的商业保险行为。

第三条　在中华人民共和国境内从事保险活动，适用本法。

第四条　从事保险活动必须遵守法律、行政法规，尊重社会公德，不得损害社会公共利益。

第五条　保险活动当事人行使权利、履行义务应当遵循诚实信用原则。

第六条　保险业务由依照本法设立的保险公司以及法律、行政法规规定的其他保险组织经营，其他单位和个人不得经营保险业务。

第七条　在中华人民共和国境内的法人和其他组织需要办理境内保险的，应当向中华人民共和国境内的保险公司投保。

第八条 保险业和银行业、证券业、信托业实行分业经营、分业管理，保险公司与银行、证券、信托业务机构分别设立。国家另有规定的除外。

第九条 国务院保险监督管理机构依法对保险业实施监督管理。

国务院保险监督管理机构根据履行职责的需要设立派出机构。派出机构按照国务院保险监督管理机构的授权履行监督管理职责。

第二章 保险合同

第十条 保险合同是投保人与保险人约定保险权利义务关系的协议。

投保人是指与保险人订立保险合同，并按照合同约定负有支付保险费义务的人。

保险人是指与投保人订立保险合同，并按照合同约定承担赔偿或者给付保险金责任的保险公司。

第十一条 订立保险合同，应当协商一致，遵循公平原则确定各方的权利和义务。

除法律、行政法规规定必须保险的外，保险合同自愿订立。

第十二条 人身保险的投保人在保险合同订立时，对被保险人应当具有保险利益。

财产保险的被保险人在保险事故发生时，对保险标的应当具有保险利益。

人身保险是以人的寿命和身体为保险标的的保险。财产保险是以财产及其有关利益为保险标的的保险。

被保险人是指其财产或者人身受保险合同保障，享有保险金请求权的人。投保人可以为被保险人。

保险利益是指投保人或者被保险人对保险标的具有的法律上承认的利益。

第十三条 投保人提出保险要求，经保险人同意承保，保险合同成立。保险人应当及时向投保人签发保险单或者其他保险凭证。

保险单或者其他保险凭证应当载明当事人双方约定的合同内容。当事人也可以约定采用其他书面形式载明合同内容。

依法成立的保险合同，自成立时生效。投保人和保险人可以对合同的效力约定附条件或者附期限。

第十四条 保险合同成立后，投保人按照约定交付保险费，保险人按照约定的时间开始承担保险责任。

第十五条 除本法另有规定或者保险合同另有约定外，保险合同成立后，投保人可以解除合同，保险人不得解除合同。

第十六条 订立保险合同，保险人就保险标的或者被保险人的有关情况提出询问的，投保人应当如实告知。

投保人故意或者因重大过失未履行前款规定的如实告知义务，足以影响保险人决定是否同意承保或者提高保险费率的，保险人有权解除合同。

前款规定的合同解除权，自保险人知道有解除事由之日起，超过三十日不行使而消灭。自合同成立之日起超过二年的，保险人不得解除合同；发生保险事故的，保险人应当承担赔偿或者给付保险金的责任。

投保人故意不履行如实告知义务的，保险人对于合同解除前发生的保险事故，不承担赔偿或者给付保险金的责任，并不退还保险费。

投保人因重大过失未履行如实告知义务，对保险事故的发生有严重影响的，保险人对于合同解除前发生的保险事故，不承担赔偿或者给付保险金的责任，但应当退还保险费。

保险人在合同订立时已经知道投保人未如实告知的情况的，保险人不得解除合同；发生保险事故的，保险人应当承担赔偿或者给付保险金的责任。保险事故是指保险合同约定的保险责任范围内的事故。

第十七条 订立保险合同，采用保险人提供的格式条款的，保险人向投保人提供的投保单应当附格式条款，保险人应当向投保人说明合同的内容。

对保险合同中免除保险人责任的条款，保险人在订立合同时应当在投保单、保险单或者其他保险凭证上作出足以引起投保人注意的提示，并对该条款的内容以书面或者口头形式向投保人作出明确说明；未作提示或者明确说明的，该条款不产生效力。

第十八条 保险合同应当包括下列事项：

（一）保险人的名称和住所；

（二）投保人、被保险人的姓名或者名称、住所，以及人身保险的受益人的姓名或者名称、住所；

（三）保险标的；

（四）保险责任和责任免除；

（五）保险期间和保险责任开始时间；

（六）保险金额；

（七）保险费以及支付办法；

（八）保险金赔偿或者给付办法；

（九）违约责任和争议处理；

（十）订立合同的年、月、日。

投保人和保险人可以约定与保险有关的其他事项。受益人是指人身保险合同中由被保险人或者投保人指定的享有保险金请求权的人。投保人、被保险人可以为受益人。保险金额是指保险人承担赔偿或者给付保险金责任的最高限额。

第十九条 采用保险人提供的格式条款订立的保险合同中的下列条款无效：

（一）免除保险人依法应承担的义务或者加重投保人、被保险人责任的；

（二）排除投保人、被保险人或者受益人依法享有的权利的。

第二十条 投保人和保险人可以协商变更合同内容。

变更保险合同的，应当由保险人在保险单或者其他保险凭证上批注或者附贴批单，或者由投保人和保险人订立变更的书面协议。

第二十一条 投保人、被保险人或者受益人知道保险事故发生后，应当及时通知保险人。故意或者因重大过失未及时通知，致使保险事故的性质、原因、损失程度等难以确定的，保险人对无法确定的部分，不承担赔偿或者给付保险金的责任，但保险人通过其他途径已经及时知道或者应当及时知道保险事故发生的除外。

第二十二条 保险事故发生后，按照保险合同请求保险人赔偿或者给付保险金时，投保人、被保险人或者受益人应当向保险人提供其所能提供的与确认保险事故的性质、原因、损失程度等有关的证明和资料。

保险人按照合同的约定，认为有关的证明和资料不完整的，应当及时一次性通知投保人、被保险人或者受益人补充提供。

第二十三条 保险人收到被保险人或者受益人的赔偿或者给付保险金的请求后，应当及时作出核定；情形复杂的，应当在三十日内作出核定，但合同另有约定的除外。保险人应当将核定结果通知被保险人或者受益人；对属于保险责任的，在与被保险人或者受益人达成赔偿或者给付保险金的协议后十日内，履行赔偿或者给付保险金义务。

保险合同对赔偿或者给付保险金的期限有约定的，保险人应当按照约定履行赔偿或者给付保险金义务。保险人未及时履行前款规定义务的，除支付保险金外，应当赔偿被保险人或者受益人因此受到的损失。

任何单位和个人不得非法干预保险人履行赔偿或者给付保险金的义务，也不得限制被保险人或者受益人取得保险金的权利。

第二十四条 保险人依照本法第二十三条的规定作出核定后，对不属于保险责任的，应当自作出核定之日起三日内向被保险人或者受益人发出拒绝赔偿或者拒绝给付保险金通知书，并说明理由。

第二十五条 保险人自收到赔偿或者给付保险金的请求和有关证明、资料之日起六十日内，对其赔偿或者给付保险金的数额不能确定的，应当根据已有证明和资料可以确定的数额先予支付；保险人最终确定赔偿或者给付保险金的数额后，应当支付相应的差额。

第二十六条 人寿保险以外的其他保险的被保险人或者受益人，向保险人请求赔偿或者给付保险金的诉讼时效期间为二年，自其知道或者应当知道保险事故发生之日起计算。

人寿保险的被保险人或者受益人向保险人请求给付保险金的诉讼时效期间

为五年，自其知道或者应当知道保险事故发生之日起计算。

第二十七条 未发生保险事故，被保险人或者受益人谎称发生了保险事故，向保险人提出赔偿或者给付保险金请求的，保险人有权解除合同，并不退还保险费。

投保人、被保险人故意制造保险事故的，保险人有权解除合同，不承担赔偿或者给付保险金的责任；除本法第四十三条规定外，不退还保险费。

保险事故发生后，投保人、被保险人或者受益人以伪造、变造的有关证明、资料或者其他证据，编造虚假的事故原因或者夸大损失程度的，保险人对其虚报的部分不承担赔偿或者给付保险金的责任。

投保人、被保险人或者受益人有前三款规定行为之一，致使保险人支付保险金或者支出费用的，应当退回或者赔偿。

第二十八条 保险人将其承担的保险业务，以分保形式部分转移给其他保险人的，为再保险。

应再保险接受人的要求，再保险分出人应当将其自负责任及原保险的有关情况书面告知再保险接受人。

第二十九条 再保险接受人不得向原保险的投保人要求支付保险费。

原保险的被保险人或者受益人不得向再保险接受人提出赔偿或者给付保险金的请求。

再保险分出人不得以再保险接受人未履行再保险责任为由，拒绝履行或者迟延履行其原保险责任。

第三十条 采用保险人提供的格式条款订立的保险合同，保险人与投保人、被保险人或者受益人对合同条款有争议的，应当按照通常理解予以解释。对合同条款有两种以上解释的，人民法院或者仲裁机构应当作出有利于被保险人和受益人的解释。

第三十一条 投保人对下列人员具有保险利益：

（一）本人；

（二）配偶、子女、父母；

（三）前项以外与投保人有抚养、赡养或者扶养关系的家庭其他成员、近亲属；

（四）与投保人有劳动关系的劳动者。

除前款规定外，被保险人同意投保人为其订立合同的，视为投保人对被保险人具有保险利益。

订立合同时，投保人对被保险人不具有保险利益的，合同无效。

第三十二条 投保人申报的被保险人年龄不真实，并且其真实年龄不符合合同约定的年龄限制的，保险人可以解除合同，并按照合同约定退还保险单的现金价值。保险人行使合同解除权，适用本法第十六条第三款、第六款的规定。

投保人申报的被保险人年龄不真实，致使投保人支付的保险费少于应付保险费的，保险人有权更正并要求投保人补交保险费，或者在给付保险金时按照实付保险费与应付保险费的比例支付。

投保人申报的被保险人年龄不真实，致使投保人支付的保险费多于应付保险费的，保险人应当将多收的保险费退还投保人。

第三十三条 投保人不得为无民事行为能力人投保以死亡为给付保险金条件的人身保险，保险人也不得承保。

父母为其未成年子女投保的人身保险，不受前款规定限制。但是，因被保险人死亡给付的保险金总和不得超过国务院保险监督管理机构规定的限额。

第三十四条 以死亡为给付保险金条件的合同，未经被保险人同意并认可保险金额的，合同无效。

按照以死亡为给付保险金条件的合同所签发的保险单，未经被保险人书面同意，不得转让或者质押。

父母为其未成年子女投保的人身保险，不受本条第一款规定限制。

第三十五条 投保人可以按照合同约定向保险人一次支付全部保险费或者分期支付保险费。

第三十六条 合同约定分期支付保险费，投保人支付首期保险费后，除合同另有约定外，投保人自保险人催告之日起超过三十日未支付当期保险费，或者超过约定的期限六十日未支付当期保险费的，合同效力中止，或者由保险人按照合同约定的条件减少保险金额。

被保险人在前款规定期限内发生保险事故的，保险人应当按照合同约定给付保险金，但可以扣减欠交的保险费。

第三十七条 合同效力依照本法第三十六条规定中止的，经保险人与投保人协商并达成协议，在投保人补交保险费后，合同效力恢复。但是，自合同效力中止之日起满二年双方未达成协议的，保险人有权解除合同。

保险人依照前款规定解除合同的，应当按照合同约定退还保险单的现金价值。

第三十八条 保险人对人寿保险的保险费，不得用诉讼方式要求投保人支付。

第三十九条 人身保险的受益人由被保险人或者投保人指定。投保人指定受益人时须经被保险人同意。

投保人为与其有劳动关系的劳动者投保人身保险，不得指定被保险人及其近亲属以外的人为受益人。

被保险人为无民事行为能力人或者限制民事行为能力人的，可以由其监护人指定受益人。

第四十条 被保险人或者投保人可以指定一人或者数人为受益人。

受益人为数人的，被保险人或者投保人可以确定受益顺序和受益份额；未确定受益份额的，受益人按照相等份额享有受益权。

第四十一条 被保险人或者投保人可以变更受益人并书面通知保险人。保险人收到变更受益人的书面通知后，应当在保险单或者其他保险凭证上批注或者附贴批单。

投保人变更受益人时须经被保险人同意。

第四十二条 被保险人死亡后，有下列情形之一的，保险金作为被保险人的遗产，由保险人依照《中华人民共和国继承法》的规定履行给付保险金的义务：

（一）没有指定受益人，或者受益人指定不明无法确定的；

（二）受益人先于被保险人死亡，没有其他受益人的；

（三）受益人依法丧失受益权或者放弃受益权，没有其他受益人的。

受益人与被保险人在同一事件中死亡，且不能确定死亡先后顺序的，推定受益人死亡在先。

第四十三条 投保人故意造成被保险人死亡、伤残或者疾病的，保险人不承担给付保险金的责任。投保人已交足二年以上保险费的，保险人应当按照合同约定向其他权利人退还保险单的现金价值。

受益人故意造成被保险人死亡、伤残、疾病的，或者故意杀害被保险人未遂的，该受益人丧失受益权。

第四十四条 以被保险人死亡为给付保险金条件的合同，自合同成立或者合同效力恢复之日起二年内，被保险人自杀的，保险人不承担给付保险金的责任，但被保险人自杀时为无民事行为能力人的除外。

保险人依照前款规定不承担给付保险金责任的，应当按照合同约定退还保险单的现金价值。

第四十五条 因被保险人故意犯罪或者抗拒依法采取的刑事强制措施导致其伤残或者死亡的，保险人不承担给付保险金的责任。投保人已交足二年以上保险费的，保险人应当按照合同约定退还保险单的现金价值。

第四十六条 被保险人因第三者的行为而发生死亡、伤残或者疾病等保险事故的，保险人向被保险人或者受益人给付保险金后，不享有向第三者追偿的权利，但被保险人或者受益人仍有权向第三者请求赔偿。

第四十七条 投保人解除合同的，保险人应当自收到解除合同通知之日起三十日内，按照合同约定退还保险单的现金价值。

第四十八条 保险事故发生时，被保险人对保险标的不具有保险利益的，不得向保险人请求赔偿保险金。

第四十九条 保险标的转让的，保险标的的受让人承继被保险人的权利和义务。

保险标的转让的，被保险人或者受让人应当及时通知保险人，但货物运输保险合同和另有约定的合同除外。

因保险标的转让导致危险程度显著增加的，保险人自收到前款规定的通知之日起三十日内，可以按照合同约定增加保险费或者解除合同。保险人解除合同的，应当将已收取的保险费，按照合同约定扣除自保险责任开始之日起至合同解除之日止应收的部分后，退还投保人。

被保险人、受让人未履行本条第二款规定的通知义务的，因转让导致保险标的危险程度显著增加而发生的保险事故，保险人不承担赔偿保险金的责任。

第五十条 货物运输保险合同和运输工具航程保险合同，保险责任开始后，合同当事人不得解除合同。

第五十一条 被保险人应当遵守国家有关消防、安全、生产操作、劳动保护等方面的规定，维护保险标的的安全。

保险人可以按照合同约定对保险标的的安全状况进行检查，及时向投保人、被保险人提出消除不安全因素和隐患的书面建议。

投保人、被保险人未按照约定履行其对保险标的的安全应尽责任的，保险人有权要求增加保险费或者解除合同。

保险人为维护保险标的的安全，经被保险人同意，可以采取安全预防措施。

第五十二条 在合同有效期内，保险标的的危险程度显著增加的，被保险人应当按照合同约定及时通知保险人，保险人可以按照合同约定增加保险费或者解除合同。保险人解除合同的，应当将已收取的保险费，按照合同约定扣除自保险责任开始之日起至合同解除之日止应收的部分后，退还投保人。

被保险人未履行前款规定的通知义务的，因保险标的的危险程度显著增加而发生的保险事故，保险人不承担赔偿保险金的责任。

第五十三条 有下列情形之一的，除合同另有约定外，保险人应当降低保险费，并按日计算退还相应的保险费：

（一）据以确定保险费率的有关情况发生变化，保险标的的危险程度明显减少的；

（二）保险标的的保险价值明显减少的。

第五十四条 保险责任开始前，投保人要求解除合同的，应当按照合同约定向保险人支付手续费，保险人应当退还保险费。保险责任开始后，投保人要求解除合同的，保险人应当将已收取的保险费，按照合同约定扣除自保险责任开始之日起至合同解除之日止应收的部分后，退还投保人。

第五十五条 投保人和保险人约定保险标的的保险价值并在合同中载明的，保险标的发生损失时，以约定的保险价值为赔偿计算标准。

投保人和保险人未约定保险标的的保险价值的，保险标的发生损失时，以保险事故发生时保险标的的实际价值为赔偿计算标准。

保险金额不得超过保险价值。超过保险价值的，超过部分无效，保险人应当退还相应的保险费。

保险金额低于保险价值的，除合同另有约定外，保险人按照保险金额与保险价值的比例承担赔偿保险金的责任。

第五十六条 重复保险的投保人应当将重复保险的有关情况通知各保险人。

重复保险的各保险人赔偿保险金的总和不得超过保险价值。除合同另有约定外，各保险人按照其保险金额与保险金额总和的比例承担赔偿保险金的责任。

重复保险的投保人可以就保险金额总和超过保险价值的部分，请求各保险人按比例返还保险费。

重复保险是指投保人对同一保险标的、同一保险利益、同一保险事故分别与两个以上保险人订立保险合同，且保险金额总和超过保险价值的保险。

第五十七条 保险事故发生时，被保险人应当尽力采取必要的措施，防止或者减少损失。

保险事故发生后，被保险人为防止或者减少保险标的的损失所支付的必要的、合理的费用，由保险人承担；保险人所承担的费用数额在保险标的损失赔偿金额以外另行计算，最高不超过保险金额的数额。

第五十八条 保险标的发生部分损失的，自保险人赔偿之日起三十日内，投保人可以解除合同；除合同另有约定外，保险人也可以解除合同，但应当提前十五日通知投保人。

合同解除的，保险人应当将保险标的未受损失部分的保险费，按照合同约定扣除自保险责任开始之日起至合同解除之日止应收的部分后，退还投保人。

第五十九条 保险事故发生后，保险人已支付了全部保险金额，并且保险金额等于保险价值的，受损保险标的的全部权利归于保险人；保险金额低于保险价值的，保险人按照保险金额与保险价值的比例取得受损保险标的的部分权利。

第六十条 因第三者对保险标的的损害而造成保险事故的，保险人自向被保险人赔偿保险金之日起，在赔偿金额范围内代位行使被保险人对第三者请求赔偿的权利。

前款规定的保险事故发生后，被保险人已经从第三者取得损害赔偿的，保险人赔偿保险金时，可以相应扣减被保险人从第三者已取得的赔偿金额。

保险人依照本条第一款规定行使代位请求赔偿的权利，不影响被保险人就未取得赔偿的部分向第三者请求赔偿的权利。

第六十一条 保险事故发生后，保险人未赔偿保险金之前，被保险人放弃对第三者请求赔偿的权利的，保险人不承担赔偿保险金的责任。

保险人向被保险人赔偿保险金后，被保险人未经保险人同意放弃对第三者请求赔偿的权利的，该行为无效。

被保险人故意或者因重大过失致使保险人不能行使代位请求赔偿的权利的，保险人可以扣减或者要求返还相应的保险金。

第六十二条 除被保险人的家庭成员或者其组成人员故意造成本法第六十条第一款规定的保险事故外，保险人不得对被保险人的家庭成员或者其组成人员行使代位请求赔偿的权利。

第六十三条 保险人向第三者行使代位请求赔偿的权利时，被保险人应当向保险人提供必要的文件和所知道的有关情况。沿革信息引用统计

第六十四条 保险人、被保险人为查明和确定保险事故的性质、原因和保险标的的损失程度所支付的必要的、合理的费用，由保险人承担。

第六十五条 保险人对责任保险的被保险人给第三者造成的损害，可以依照法律的规定或者合同的约定，直接向该第三者赔偿保险金。

责任保险的被保险人给第三者造成损害，被保险人对第三者应负的赔偿责任确定的，根据被保险人的请求，保险人应当直接向该第三者赔偿保险金。被保险人怠于请求的，第三者有权就其应获赔偿部分直接向保险人请求赔偿保险金。

责任保险的被保险人给第三者造成损害，被保险人未向该第三者赔偿的，保险人不得向被保险人赔偿保险金。

责任保险是指以被保险人对第三者依法应负的赔偿责任为保险标的的保险。

第六十六条 责任保险的被保险人因给第三者造成损害的保险事故而被提起仲裁或者诉讼的，被保险人支付的仲裁或者诉讼费用以及其他必要的、合理的费用，除合同另有约定外，由保险人承担。

第三章 保险公司

第六十七条 设立保险公司应当经国务院保险监督管理机构批准。

国务院保险监督管理机构审查保险公司的设立申请时，应当考虑保险业的发展和公平竞争的需要。

第六十八条 设立保险公司应当具备下列条件：

（一）主要股东具有持续盈利能力，信誉良好，最近三年内无重大违法违规记录，净资产不低于人民币二亿元；

（二）有符合本法和《中华人民共和国公司法》规定的章程；

（三）有符合本法规定的注册资本；

（四）有具备任职专业知识和业务工作经验的董事、监事和高级管理人员；

（五）有健全的组织机构和管理制度；

（六）有符合要求的营业场所和与经营业务有关的其他设施；

（七）法律、行政法规和国务院保险监督管理机构规定的其他条件。

第六十九条 设立保险公司，其注册资本的最低限额为人民币二亿元。

国务院保险监督管理机构根据保险公司的业务范围、经营规模，可以调整其注册资本的最低限额，但不得低于本条第一款规定的限额。

保险公司的注册资本必须为实缴货币资本。

第七十条 申请设立保险公司，应当向国务院保险监督管理机构提出书面申请，并提交下列材料：

（一）设立申请书，申请书应当载明拟设立的保险公司的名称、注册资本、业务范围等；

（二）可行性研究报告；

（三）筹建方案；

（四）投资人的营业执照或者其他背景资料，经会计师事务所审计的上一年度财务会计报告；

（五）投资人认可的筹备组负责人和拟任董事长、经理名单及本人认可证明；

（六）国务院保险监督管理机构规定的其他材料。

第七十一条 国务院保险监督管理机构应当对设立保险公司的申请进行审查，自受理之日起六个月内作出批准或者不批准筹建的决定，并书面通知申请人。决定不批准的，应当书面说明理由。

第七十二条 申请人应当自收到批准筹建通知之日起一年内完成筹建工作；筹建期间不得从事保险经营活动。

第七十三条 筹建工作完成后，申请人具备本法第六十八条规定的设立条件的，可以向国务院保险监督管理机构提出开业申请。

国务院保险监督管理机构应当自受理开业申请之日起六十日内，作出批准或者不批准开业的决定。决定批准的，颁发经营保险业务许可证；决定不批准的，应当书面通知申请人并说明理由。

第七十四条 保险公司在中华人民共和国境内设立分支机构，应当经保险监督管理机构批准。

保险公司分支机构不具有法人资格，其民事责任由保险公司承担。

第七十五条 保险公司申请设立分支机构，应当向保险监督管理机构提出书面申请，并提交下列材料：

（一）设立申请书；

（二）拟设机构三年业务发展规划和市场分析材料；

（三）拟任高级管理人员的简历及相关证明材料；

（四）国务院保险监督管理机构规定的其他材料。

第七十六条 保险监督管理机构应当对保险公司设立分支机构的申请进行审查，自受理之日起六十日内作出批准或者不批准的决定。决定批准的，颁发分支机构经营保险业务许可证；决定不批准的，应当书面通知申请人并说明理由。

第七十七条 经批准设立的保险公司及其分支机构，凭经营保险业务许可证向工商行政管理机关办理登记，领取营业执照

第七十八条 保险公司及其分支机构自取得经营保险业务许可证之日起六个月内，无正当理由未向工商行政管理机关办理登记的，其经营保险业务许可证失效。

第七十九条 保险公司在中华人民共和国境外设立子公司、分支机构，应当经国务院保险监督管理机构批准。沿革信息引用统计

第八十条 外国保险机构在中华人民共和国境内设立代表机构，应当经国务院保险监督管理机构批准。代表机构不得从事保险经营活动。

第八十一条 保险公司的董事、监事和高级管理人员，应当品行良好，熟悉与保险相关的法律、行政法规，具有履行职责所需的经营管理能力，并在任职前取得保险监督管理机构核准的任职资格。

保险公司高级管理人员的范围由国务院保险监督管理机构规定。

第八十二条 有《中华人民共和国公司法》第一百四十六条规定的情形或者下列情形之一的，不得担任保险公司的董事、监事、高级管理人员：

（一）因违法行为或者违纪行为被金融监督管理机构取消任职资格的金融机构的董事、监事、高级管理人员，自被取消任职资格之日起未逾五年的；

（二）因违法行为或者违纪行为被吊销执业资格的律师、注册会计师或者资产评估机构、验证机构等机构的专业人员，自被吊销执业资格之日起未逾五年的。

第八十三条 保险公司的董事、监事、高级管理人员执行公司职务时违反法律、行政法规或者公司章程的规定，给公司造成损失的，应当承担赔偿责任。

第八十四条 保险公司有下列情形之一的，应当经保险监督管理机构批准：

（一）变更名称；

（二）变更注册资本；

（三）变更公司或者分支机构的营业场所；

（四）撤销分支机构；

（五）公司分立或者合并；

（六）修改公司章程；

（七）变更出资额占有限责任公司资本总额百分之五以上的股东，或者变更持有股份有限公司股份百分之五以上的股东；

（八）国务院保险监督管理机构规定的其他情形。

第八十五条 保险公司应当聘用专业人员，建立精算报告制度和合规报告制度。

第八十六条 保险公司应当按照保险监督管理机构的规定，报送有关报告、报表、文件和资料。

保险公司的偿付能力报告、财务会计报告、精算报告、合规报告及其他有关报告、报表、文件和资料必须如实记录保险业务事项，不得有虚假记载、误导性陈述和重大遗漏。

第八十七条 保险公司应当按照国务院保险监督管理机构的规定妥善保管业务经营活动的完整账簿、原始凭证和有关资料。

前款规定的账簿、原始凭证和有关资料的保管期限，自保险合同终止之日起计算，保险期间在一年以下的不得少于五年，保险期间超过一年的不得少于十年。

第八十八条 保险公司聘请或者解聘会计师事务所、资产评估机构、资信评级机构等中介服务机构，应当向保险监督管理机构报告；解聘会计师事务所、资产评估机构、资信评级机构等中介服务机构，应当说明理由。

第八十九条 保险公司因分立、合并需要解散，或者股东会、股东大会决议解散，或者公司章程规定的解散事由出现，经国务院保险监督管理机构批准后解散。

经营有人寿保险业务的保险公司，除因分立、合并或者被依法撤销外，不得解散。

保险公司解散，应当依法成立清算组进行清算。

第九十条 保险公司有《中华人民共和国企业破产法》第二条规定情形的，经国务院保险监督管理机构同意，保险公司或者其债权人可以依法向人民法院申请重整、和解或者破产清算；国务院保险监督管理机构也可以依法向人民法院申请对该保险公司进行重整或者破产清算

第九十一条 破产财产在优先清偿破产费用和共益债务后，按照下列顺序清偿：

（一）所欠职工工资和医疗、伤残补助、抚恤费用，所欠应当划入职工个人账户的基本养老保险、基本医疗保险费用，以及法律、行政法规规定应当支付给职工的补偿金；

（二）赔偿或者给付保险金；

（三）保险公司欠缴的除第（一）项规定以外的社会保险费用和所欠税款；

（四）普通破产债权。

破产财产不足以清偿同一顺序的清偿要求的，按照比例分配。

破产保险公司的董事、监事和高级管理人员的工资，按照该公司职工的平均工资计算。

第九十二条 经营有人寿保险业务的保险公司被依法撤销或者被依法宣告破产的，其持有的人寿保险合同及责任准备金，必须转让给其他经营有人寿保险业务的保险公司；不能同其他保险公司达成转让协议的，由国务院保险监督管理机构指定经营有人寿保险业务的保险公司接受转让。

转让或者由国务院保险监督管理机构指定接受转让前款规定的人寿保险合同及责任准备金的，应当维护被保险人、受益人的合法权益。

第九十三条 保险公司依法终止其业务活动，应当注销其经营保险业务许可证。

第九十四条 保险公司，除本法另有规定外，适用《中华人民共和国公司法》的规定。

第四章 保险经营规则

第九十五条 保险公司的业务范围：

（一）人身保险业务，包括人寿保险、健康保险、意外伤害保险等保险业务；

（二）财产保险业务，包括财产损失保险、责任保险、信用保险、保证保险等保险业务；

（三）国务院保险监督管理机构批准的与保险有关的其他业务。

保险人不得兼营人身保险业务和财产保险业务。但是，经营财产保险业务的保险公司经国务院保险监督管理机构批准，可以经营短期健康保险业务和意外伤害保险业务。

保险公司应当在国务院保险监督管理机构依法批准的业务范围内从事保险经营活动。

第九十六条 经国务院保险监督管理机构批准，保险公司可以经营本法第九十五条规定的保险业务的下列再保险业务：

（一）分出保险；

（二）分入保险。

第九十七条 保险公司应当按照其注册资本总额的百分之二十提取保证金，存入国务院保险监督管理机构指定的银行，除公司清算时用于清偿债务外，不得动用。

第九十八条 保险公司应当根据保障被保险人利益、保证偿付能力的原则，提取各项责任准备金。

保险公司提取和结转责任准备金的具体办法，由国务院保险监督管理机构制定。

第九十九条 保险公司应当依法提取公积金。

第一百条 保险公司应当缴纳保险保障基金。保险保障基金应当集中管理，并在下列情形下统筹使用：

（一）在保险公司被撤销或者被宣告破产时，向投保人、被保险人或者受益人提供救济；

（二）在保险公司被撤销或者被宣告破产时，向依法接受其人寿保险合同的保险公司提供救济；

（三）国务院规定的其他情形。

保险保障基金筹集、管理和使用的具体办法，由国务院制定。

第一百零一条 保险公司应当具有与其业务规模和风险程度相适应的最低偿付能力。保险公司的认可资产减去认可负债的差额不得低于国务院保险监督管理机构规定的数额；低于规定数额的，应当按照国务院保险监督管理机构的要求采取相应措施达到规定的数额。

第一百零二条 经营财产保险业务的保险公司当年自留保险费，不得超过其实有资本金加公积金总和的四倍。

第一百零三条 保险公司对每一危险单位，即对一次保险事故可能造成的最大损失范围所承担的责任，不得超过其实有资本金加公积金总和的百分之十；超过的部分应当办理再保险。

保险公司对危险单位的划分应当符合国务院保险监督管理机构的规定。

第一百零四条 保险公司对危险单位的划分方法和巨灾风险安排方案，应当报国务院保险监督管理机构备案。

第一百零五条 保险公司应当按照国务院保险监督管理机构的规定办理再保险，并审慎选择再保险接受人。

第一百零六条 保险公司的资金运用必须稳健，遵循安全性原则。

保险公司的资金运用限于下列形式：

（一）银行存款；

（二）买卖债券、股票、证券投资基金份额等有价证券；

（三）投资不动产；

（四）国务院规定的其他资金运用形式。

保险公司资金运用的具体管理办法，由国务院保险监督管理机构依照前两款的规定制定。

第一百零七条 经国务院保险监督管理机构会同国务院证券监督管理机构

批准，保险公司可以设立保险资产管理公司。

保险资产管理公司从事证券投资活动，应当遵守《中华人民共和国证券法》等法律、行政法规的规定。

保险资产管理公司的管理办法，由国务院保险监督管理机构会同国务院有关部门制定。

第一百零八条 保险公司应当按照国务院保险监督管理机构的规定，建立对关联交易的管理和信息披露制度。

第一百零九条 保险公司的控股股东、实际控制人、董事、监事、高级管理人员不得利用关联交易损害公司的利益。

第一百一十条 保险公司应当按照国务院保险监督管理机构的规定，真实、准确、完整地披露财务会计报告、风险管理状况、保险产品经营情况等重大事项。

第一百一十一条 保险公司从事保险销售的人员应当品行良好，具有保险销售所需的专业能力。保险销售人员的行为规范和管理办法，由国务院保险监督管理机构规定。

第一百一十二条 保险公司应当建立保险代理人登记管理制度，加强对保险代理人的培训和管理，不得唆使、诱导保险代理人进行违背诚信义务的活动。

第一百一十三条 保险公司及其分支机构应当依法使用经营保险业务许可证，不得转让、出租、出借经营保险业务许可证。

第一百一十四条 保险公司应当按照国务院保险监督管理机构的规定，公平、合理拟订保险条款和保险费率，不得损害投保人、被保险人和受益人的合法权益。

保险公司应当按照合同约定和本法规定，及时履行赔偿或者给付保险金义务。

第一百一十五条 保险公司开展业务，应当遵循公平竞争的原则，不得从事不正当竞争。

第一百一十六条 保险公司及其工作人员在保险业务活动中不得有下列行为：

（一）欺骗投保人、被保险人或者受益人；

（二）对投保人隐瞒与保险合同有关的重要情况；

（三）阻碍投保人履行本法规定的如实告知义务，或者诱导其不履行本法规定的如实告知义务；

（四）给予或者承诺给予投保人、被保险人、受益人保险合同约定以外的保险费回扣或者其他利益；

（五）拒不依法履行保险合同约定的赔偿或者给付保险金义务；

（六）故意编造未曾发生的保险事故、虚构保险合同或者故意夸大已经发生的保险事故的损失程度进行虚假理赔，骗取保险金或者牟取其他不正当利益；

（七）挪用、截留、侵占保险费；

（八）委托未取得合法资格的机构从事保险销售活动；

（九）利用开展保险业务为其他机构或者个人牟取不正当利益；

（十）利用保险代理人、保险经纪人或者保险评估机构，从事以虚构保险中介业务或者编造退保等方式套取费用等违法活动；

（十一）以捏造、散布虚假事实等方式损害竞争对手的商业信誉，或者以其他不正当竞争行为扰乱保险市场秩序；

（十二）泄露在业务活动中知悉的投保人、被保险人的商业秘密；

（十三）违反法律、行政法规和国务院保险监督管理机构规定的其他行为。

第五章　保险代理人和保险经纪人

第一百一十七条　保险代理人是根据保险人的委托，向保险人收取佣金，并在保险人授权的范围内代为办理保险业务的机构或者个人。

保险代理机构包括专门从事保险代理业务的保险专业代理机构和兼营保险代理业务的保险兼业代理机构。

第一百一十八条　保险经纪人是基于投保人的利益，为投保人与保险人订立保险合同提供中介服务，并依法收取佣金的机构。

第一百一十九条　保险代理机构、保险经纪人应当具备国务院保险监督管理机构规定的条件，取得保险监督管理机构颁发的经营保险代理业务许可证、保险经纪业务许可证。

第一百二十条　以公司形式设立保险专业代理机构、保险经纪人，其注册资本最低限额适用《中华人民共和国公司法》的规定。

国务院保险监督管理机构根据保险专业代理机构、保险经纪人的业务范围和经营规模，可以调整其注册资本的最低限额，但不得低于《中华人民共和国公司法》规定的限额。

保险专业代理机构、保险经纪人的注册资本或者出资额必须为实缴货币资本。

第一百二十一条　保险专业代理机构、保险经纪人的高级管理人员，应当品行良好，熟悉保险法律、行政法规，具有履行职责所需的经营管理能力，并在任职前取得保险监督管理机构核准的任职资格。

第一百二十二条　个人保险代理人、保险代理机构的代理从业人员、保险经纪人的经纪从业人员，应当品行良好，具有从事保险代理业务或者保险经纪业务所需的专业能力。

第一百二十三条 保险代理机构、保险经纪人应当有自己的经营场所，设立专门账簿记载保险代理业务、经纪业务的收支情况。

第一百二十四条 保险代理机构、保险经纪人应当按照国务院保险监督管理机构的规定缴存保证金或者投保职业责任保险。

第一百二十五条 个人保险代理人在代为办理人寿保险业务时，不得同时接受两个以上保险人的委托。

第一百二十六条 保险人委托保险代理人代为办理保险业务，应当与保险代理人签订委托代理协议，依法约定双方的权利和义务。

第一百二十七条 保险代理人根据保险人的授权代为办理保险业务的行为，由保险人承担责任。

保险代理人没有代理权、超越代理权或者代理权终止后以保险人名义订立合同，使投保人有理由相信其有代理权的，该代理行为有效。保险人可以依法追究越权的保险代理人的责任。

第一百二十八条 保险经纪人因过错给投保人、被保险人造成损失的，依法承担赔偿责任。

第一百二十九条 保险活动当事人可以委托保险公估机构等依法设立的独立评估机构或者具有相关专业知识的人员，对保险事故进行评估和鉴定。

接受委托对保险事故进行评估和鉴定的机构和人员，应当依法、独立、客观、公正地进行评估和鉴定，任何单位和个人不得干涉。

前款规定的机构和人员，因故意或者过失给保险人或者被保险人造成损失的，依法承担赔偿责任。

第一百三十条 保险佣金只限于向保险代理人、保险经纪人支付，不得向其他人支付。

第一百三十一条 保险代理人、保险经纪人及其从业人员在办理保险业务活动中不得有下列行为：

（一）欺骗保险人、投保人、被保险人或者受益人；

（二）隐瞒与保险合同有关的重要情况；

（三）阻碍投保人履行本法规定的如实告知义务，或者诱导其不履行本法规定的如实告知义务；

（四）给予或者承诺给予投保人、被保险人或者受益人保险合同约定以外的利益；

（五）利用行政权力、职务或者职业便利以及其他不正当手段强迫、引诱或者限制投保人订立保险合同；

（六）伪造、擅自变更保险合同，或者为保险合同当事人提供虚假证明材料；

（七）挪用、截留、侵占保险费或者保险金；

（八）利用业务便利为其他机构或者个人牟取不正当利益；

（九）串通投保人、被保险人或者受益人，骗取保险金；

（十）泄露在业务活动中知悉的保险人、投保人、被保险人的商业秘密。

第一百三十二条 本法第八十六条第一款、第一百一十三条的规定，适用于保险代理机构和保险经纪人。

第六章 保险业监督管理

第一百三十三条 保险监督管理机构依照本法和国务院规定的职责，遵循依法、公开、公正的原则，对保险业实施监督管理，维护保险市场秩序，保护投保人、被保险人和受益人的合法权益。

第一百三十四条 国务院保险监督管理机构依照法律、行政法规制定并发布有关保险业监督管理的规章。

第一百三十五条 关系社会公众利益的保险险种、依法实行强制保险的险种和新开发的人寿保险险种等的保险条款和保险费率，应当报国务院保险监督管理机构批准。国务院保险监督管理机构审批时，应当遵循保护社会公众利益和防止不正当竞争的原则。其他保险险种的保险条款和保险费率，应当报保险监督管理机构备案。

保险条款和保险费率审批、备案的具体办法，由国务院保险监督管理机构依照前款规定制定。

第一百三十六条 保险公司使用的保险条款和保险费率违反法律、行政法规或者国务院保险监督管理机构的有关规定的，由保险监督管理机构责令停止使用，限期修改；情节严重的，可以在一定期限内禁止申报新的保险条款和保险费率。

第一百三十七条 国务院保险监督管理机构应当建立健全保险公司偿付能力监管体系，对保险公司的偿付能力实施监控。

第一百三十八条 对偿付能力不足的保险公司，国务院保险监督管理机构应当将其列为重点监管对象，并可以根据具体情况采取下列措施：

（一）责令增加资本金、办理再保险；

（二）限制业务范围；

（三）限制向股东分红；

（四）限制固定资产购置或者经营费用规模；

（五）限制资金运用的形式、比例；

（六）限制增设分支机构；

（七）责令拍卖不良资产、转让保险业务；

（八）限制董事、监事、高级管理人员的薪酬水平；

（九）限制商业性广告；

（十）责令停止接受新业务。

第一百三十九条 保险公司未依照本法规定提取或者结转各项责任准备金，或者未依照本法规定办理再保险，或者严重违反本法关于资金运用的规定的，由保险监督管理机构责令限期改正，并可以责令调整负责人及有关管理人员。

第一百四十条 保险监督管理机构依照本法第一百四十条的规定作出限期改正的决定后，保险公司逾期未改正的，国务院保险监督管理机构可以决定选派保险专业人员和指定该保险公司的有关人员组成整顿组，对公司进行整顿。

整顿决定应当载明被整顿公司的名称、整顿理由、整顿组成员和整顿期限，并予以公告。

第一百四十一条 整顿组有权监督被整顿保险公司的日常业务。被整顿公司的负责人及有关管理人员应当在整顿组的监督下行使职权。

第一百四十二条 整顿过程中，被整顿保险公司的原有业务继续进行。但是，国务院保险监督管理机构可以责令被整顿公司停止部分原有业务、停止接受新业务，调整资金运用。

第一百四十三条 被整顿保险公司经整顿已纠正其违反本法规定的行为，恢复正常经营状况的，由整顿组提出报告，经国务院保险监督管理机构批准，结束整顿，并由国务院保险监督管理机构予以公告。

第一百四十四条 保险公司有下列情形之一的，国务院保险监督管理机构可以对其实行接管：

（一）公司的偿付能力严重不足的；

（二）违反本法规定，损害社会公共利益，可能严重危及或者已经严重危及公司的偿付能力的。

被接管的保险公司的债权债务关系不因接管而变化。

第一百四十五条 接管组的组成和接管的实施办法，由国务院保险监督管理机构决定，并予以公告。

第一百四十六条 接管期限届满，国务院保险监督管理机构可以决定延长接管期限，但接管期限最长不得超过二年。

第一百四十七条 接管期限届满，被接管的保险公司已恢复正常经营能力的，由国务院保险监督管理机构决定终止接管，并予以公告。

第一百四十八条 被整顿、被接管的保险公司有《中华人民共和国企业破产法》第二条规定情形的，国务院保险监督管理机构可以依法向人民法院申请对该保险公司进行重整或者破产清算。

第一百四十九条 保险公司因违法经营被依法吊销经营保险业务许可证的，或者偿付能力低于国务院保险监督管理机构规定标准，不予撤销将严重危害保险市场秩序、损害公共利益的，由国务院保险监督管理机构予以撤销并公告，依法及时组织清算组进行清算。

第一百五十条 国务院保险监督管理机构有权要求保险公司股东、实际控制人在指定的期限内提供有关信息和资料。

第一百五十一条 保险公司的股东利用关联交易严重损害公司利益，危及公司偿付能力的，由国务院保险监督管理机构责令改正。在按照要求改正前，国务院保险监督管理机构可以限制其股东权利；拒不改正的，可以责令其转让所持的保险公司股权。

第一百五十二条 保险监督管理机构根据履行监督管理职责的需要，可以与保险公司董事、监事和高级管理人员进行监督管理谈话，要求其就公司的业务活动和风险管理的重大事项作出说明。

第一百五十三条 保险公司在整顿、接管、撤销清算期间，或者出现重大风险时，国务院保险监督管理机构可以对该公司直接负责的董事、监事、高级管理人员和其他直接责任人员采取以下措施：

（一）通知出境管理机关依法阻止其出境；

（二）申请司法机关禁止其转移、转让或者以其他方式处分财产，或者在财产上设定其他权利。

第一百五十四条 保险监督管理机构依法履行职责，可以采取下列措施：

（一）对保险公司、保险代理人、保险经纪人、保险资产管理公司、外国保险机构的代表机构进行现场检查；

（二）进入涉嫌违法行为发生场所调查取证；

（三）询问当事人及与被调查事件有关的单位和个人，要求其对与被调查事件有关的事项作出说明；

（四）查阅、复制与被调查事件有关的财产权登记等资料；

（五）查阅、复制保险公司、保险代理人、保险经纪人、保险资产管理公司、外国保险机构的代表机构以及与被调查事件有关的单位和个人的财务会计资料及其他相关文件和资料；对可能被转移、隐匿或者毁损的文件和资料予以封存；

（六）查询涉嫌违法经营的保险公司、保险代理人、保险经纪人、保险资产管理公司、外国保险机构的代表机构以及与涉嫌违法事项有关的单位和个人的银行账户；

（七）对有证据证明已经或者可能转移、隐匿违法资金等涉案财产或者隐匿、伪造、毁损重要证据的，经保险监督管理机构主要负责人批准，申请人民法院予以冻结或者查封。

保险监督管理机构采取前款第（一）项、第（二）项、第（五）项措施的，应当经保险监督管理机构负责人批准；采取第（六）项措施的，应当经国务院保险监督管理机构负责人批准。

保险监督管理机构依法进行监督检查或者调查，其监督检查、调查的人员不得少于二人，并应当出示合法证件和监督检查、调查通知书；监督检查、调查的人员少于二人或者未出示合法证件和监督检查、调查通知书的，被检查、调查的单位和个人有权拒绝。

第一百五十五条 保险监督管理机构依法履行职责，被检查、调查的单位和个人应当配合。

第一百五十六条 保险监督管理机构工作人员应当忠于职守，依法办事，公正廉洁，不得利用职务便利牟取不正当利益，不得泄露所知悉的有关单位和个人的商业秘密。

第一百五十七条 国务院保险监督管理机构应当与中国人民银行、国务院其他金融监督管理机构建立监督管理信息共享机制。

保险监督管理机构依法履行职责，进行监督检查、调查时，有关部门应当予以配合。

第七章 法律责任

第一百五十八条 违反本法规定，擅自设立保险公司、保险资产管理公司或者非法经营商业保险业务的，由保险监督管理机构予以取缔，没收违法所得，并处违法所得一倍以上五倍以下的罚款；没有违法所得或者违法所得不足二十万元的，处二十万元以上一百万元以下的罚款。

第一百五十九条 违反本法规定，擅自设立保险专业代理机构、保险经纪人，或者未取得经营保险代理业务许可证、保险经纪业务许可证从事保险代理业务、保险经纪业务的，由保险监督管理机构予以取缔，没收违法所得，并处违法所得一倍以上五倍以下的罚款；没有违法所得或者违法所得不足五万元的，处五万元以上三十万元以下的罚款。

第一百六十条 保险公司违反本法规定，超出批准的业务范围经营的，由保险监督管理机构责令限期改正，没收违法所得，并处违法所得一倍以上五倍以下的罚款；没有违法所得或者违法所得不足十万元的，处十万元以上五十万元以下的罚款。逾期不改正或者造成严重后果的，责令停业整顿或者吊销业务许可证。

第一百六十一条 保险公司有本法第一百一十六条规定行为之一的，由保险监督管理机构责令改正，处五万元以上三十万元以下的罚款；情节严重的，限制其业务范围、责令停止接受新业务或者吊销业务许可证。

第一百六十二条 保险公司违反本法第八十四条规定的，由保险监督管理机构责令改正，处一万元以上十万元以下的罚款。

第一百六十三条 保险公司违反本法规定，有下列行为之一的，由保险监督管理机构责令改正，处五万元以上三十万元以下的罚款：

（一）超额承保，情节严重的；

（二）为无民事行为能力人承保以死亡为给付保险金条件的保险的。

第一百六十四条 违反本法规定，有下列行为之一的，由保险监督管理机构责令改正，处五万元以上三十万元以下的罚款；情节严重的，可以限制其业务范围、责令停止接受新业务或者吊销业务许可证：

（一）未按照规定提存保证金或者违反规定动用保证金的；

（二）未按照规定提取或者结转各项责任准备金的；

（三）未按照规定缴纳保险保障基金或者提取公积金的；

（四）未按照规定办理再保险的；

（五）未按照规定运用保险公司资金的；

（六）未经批准设立分支机构；

（七）未按照规定申请批准保险条款、保险费率的。

第一百六十五条 保险代理机构、保险经纪人有本法第一百三十一条规定行为之一的，由保险监督管理机构责令改正，处五万元以上三十万元以下的罚款；情节严重的，吊销业务许可证。

第一百六十六条 保险代理机构、保险经纪人违反本法规定，有下列行为之一的，由保险监督管理机构责令改正，处二万元以上十万元以下的罚款；情节严重的，责令停业整顿或者吊销业务许可证：

（一）未按照规定缴存保证金或者投保职业责任保险的；

（二）未按照规定设立专门账簿记载业务收支情况的。

第一百六十七条 违反本法规定，聘任不具有任职资格的人员的，由保险监督管理机构责令改正，处二万元以上十万元以下的罚款。

第一百六十八条 违反本法规定，转让、出租、出借业务许可证的，由保险监督管理机构处一万元以上十万元以下的罚款；情节严重的，责令停业整顿或者吊销业务许可证。

第一百六十九条 违反本法规定，有下列行为之一的，由保险监督管理机构责令限期改正；逾期不改正的，处一万元以上十万元以下的罚款：

（一）未按照规定报送或者保管报告、报表、文件、资料的，或者未按照规定提供有关信息、资料的；

（二）未按照规定报送保险条款、保险费率备案的；

（三）未按照规定披露信息的。

第一百七十条 违反本法规定，有下列行为之一的，由保险监督管理机构责令改正，处十万元以上五十万元以下的罚款；情节严重的，可以限制其业务范围、责令停止接受新业务或者吊销业务许可证：

（一）编制或者提供虚假的报告、报表、文件、资料的；

（二）拒绝或者妨碍依法监督检查的；

（三）未按照规定使用经批准或者备案的保险条款、保险费率的。

第一百七十一条 保险公司、保险资产管理公司、保险专业代理机构、保险经纪人违反本法规定的，保险监督管理机构除分别依照本法第一百六十条至第一百七十条的规定对该单位给予处罚外，对其直接负责的主管人员和其他直接责任人员给予警告，并处一万元以上十万元以下的罚款；情节严重的，撤销任职资格。

第一百七十二条 个人保险代理人违反本法规定的，由保险监督管理机构给予警告，可以并处二万元以下的罚款；情节严重的，处二万元以上十万元以下的罚款。

第一百七十三条 外国保险机构未经国务院保险监督管理机构批准，擅自在中华人民共和国境内设立代表机构的，由国务院保险监督管理机构予以取缔，处五万元以上三十万元以下的罚款。

外国保险机构在中华人民共和国境内设立的代表机构从事保险经营活动的，由保险监督管理机构责令改正，没收违法所得，并处违法所得一倍以上五倍以下的罚款；没有违法所得或者违法所得不足二十万元的，处二十万元以上一百万元以下的罚款；对其首席代表可以责令撤换；情节严重的，撤销其代表机构。

第一百七十四条 投保人、被保险人或者受益人有下列行为之一，进行保险诈骗活动，尚不构成犯罪的，依法给予行政处罚：

（一）投保人故意虚构保险标的，骗取保险金的；

（二）编造未曾发生的保险事故，或者编造虚假的事故原因或者夸大损失程度，骗取保险金的；

（三）故意造成保险事故，骗取保险金的。

保险事故的鉴定人、评估人、证明人故意提供虚假的证明文件，为投保人、被保险人或者受益人进行保险诈骗提供条件的，依照前款规定给予处罚。

第一百七十五条 违反本法规定，给他人造成损害的，依法承担民事责任。

第一百七十六条 拒绝、阻碍保险监督管理机构及其工作人员依法行使监督检查、调查职权，未使用暴力、威胁方法的，依法给予治安管理处罚。

第一百七十七条 违反法律、行政法规的规定，情节严重的，国务院保险监督管理机构可以禁止有关责任人员一定期限直至终身进入保险业。

第一百七十八条 保险监督管理机构从事监督管理工作的人员有下列情形之一的，依法给予处分：

（一）违反规定批准机构的设立的；

（二）违反规定进行保险条款、保险费率审批的；

（三）违反规定进行现场检查的；

（四）违反规定查询账户或者冻结资金的；

（五）泄露其知悉的有关单位和个人的商业秘密的；

（六）违反规定实施行政处罚的；

（七）滥用职权、玩忽职守的其他行为。

第一百七十九条 违反本法规定，构成犯罪的，依法追究刑事责任。

第八章 附 则

第一百八十条 保险公司应当加入保险行业协会。保险代理人、保险经纪人、保险公估机构可以加入保险行业协会。

保险行业协会是保险业的自律性组织，是社会团体法人。

第一百八十一条 保险公司以外的其他依法设立的保险组织经营的商业保险业务，适用本法。

第一百八十二条 海上保险适用《中华人民共和国海商法》的有关规定；《中华人民共和国海商法》未规定的，适用本法的有关规定。

第一百八十三条 中外合资保险公司、外资独资保险公司、外国保险公司分公司适用本法规定；法律、行政法规另有规定的，适用其规定。

第一百八十四条 国家支持发展为农业生产服务的保险事业。农业保险由法律、行政法规另行规定。

强制保险，法律、行政法规另有规定的，适用其规定。

第一百八十五条 本法自 2009 年 10 月 1 日起施行。

（二）司法解释

最高人民法院
关于适用《中华人民共和国保险法》若干问题的解释（一）

法释〔2009〕12号

（2009年9月14日最高人民法院审判委员会
第1473次会议通过 2009年9月21日最高人民
法院公告公布 自2009年10月1日起施行）

为正确审理保险合同纠纷案件，切实维护当事人的合法权益，现就人民法院适用2009年2月28日第十一届全国人大常委会第七次会议修订的《中华人民共和国保险法》（以下简称保险法）的有关问题规定如下：

第一条 保险法施行后成立的保险合同发生的纠纷，适用保险法的规定。保险法施行前成立的保险合同发生的纠纷，除本解释另有规定外，适用当时的法律规定；当时的法律没有规定的，参照适用保险法的有关规定。

认定保险合同是否成立，适用合同订立时的法律。

第二条 对于保险法施行前成立的保险合同，适用当时的法律认定无效而适用保险法认定有效的，适用保险法的规定。

第三条 保险合同成立于保险法施行前而保险标的转让、保险事故、理赔、代位求偿等行为或事件，发生于保险法施行后的，适用保险法的规定。

第四条 保险合同成立于保险法施行前，保险法施行后，保险人以投保人未履行如实告知义务或者申报被保险人年龄不真实为由，主张解除合同的，适用保险法的规定。

第五条 保险法施行前成立的保险合同，下列情形下的期间自2009年10月1日起计算：

（一）保险法施行前，保险人收到赔偿或者给付保险金的请求，保险法施行后，适用保险法第二十三条规定的三十日的；

（二）保险法施行前，保险人知道解除事由，保险法施行后，按照保险法

第十六条、第三十二条的规定行使解除权，适用保险法第十六条规定的三十日的；

（三）保险法施行后，保险人按照保险法第十六条第二款的规定请求解除合同，适用保险法第十六条规定的二年的；

（四）保险法施行前，保险人收到保险标的转让通知，保险法施行后，以保险标的转让导致危险程度显著增加为由请求按照合同约定增加保险费或者解除合同，适用保险法第四十九条规定的三十日的。

第六条 保险法施行前已经终审的案件，当事人申请再审或者按照审判监督程序提起再审的案件，不适用保险法的规定。

【解 读】

解读《关于适用〈中华人民共和国保险法〉若干问题的解释（一）》

一、问题的提出

《最高人民法院关于适用〈中华人民共和国保险法〉若干问题的解释（一）》（以下简称解释（一））已公布，自2009年10月1日起施行。解释（一）专门针对2009年2月28日修订前后的《保险法》的适用衔接问题作出了规定。

新《保险法》施行后，人民法院在审理保险案件时适用新法还是旧法，会对当事人的权利义务产生较大的影响，因此，对于人民法院而言，首先遇到的是在审判实务中如何适用法律的问题。按照法律适用的原则，新法施行前已经履行完毕的保险合同，适用当时的法律规定；新法施行后成立的保险合同，适用新法，这是没有争议的。但是对新法施行前成立、新法施行后尚未履行完毕的保险合同产生的纠纷，该如何适用法律，由于对法律原则性的规定和法学原理的理解不一致，司法实务中存在争议。

在保险纠纷的审判实务中，绝大部分案件是保险合同纠纷案件，急需解决新、旧法适用衔接的也是这类问题，特别是履行期限较长的人身保险合同产生的纠纷。《保险法》的此次修订进一步加强了对投保人和被保险人权益的保护，社会公众也非常关心在新法施行前签订的合同能否适用新法。而人民法院关于保险业管理方面的案件较少，新旧法适用衔接的问题并不突出，且通过公司法等法律的相关规定可以解决。所以解释（一）仅对保险合同纠纷案件的法律适用作出规定。

二、理解与适用

（一）关于新旧法衔接的基本原则

解释（一）第一条确定的是新旧法适用的基本原则。关于新旧法的适用，首先要确定一个区分时点，这个时点是解释（一）的基础。既往的新旧法适用司法解释或者文件中，有的是以合同成立时，有的是以行为或事件发生时，有的是以案件受理时作为区分。考虑到遵循《最高人民法院关于适用〈中华人民共和国合同法〉若干问题的解释（一）》［以下简称《合同法解释（一）》］的原则及《保险法》的特点，我们认为，应将合同成立作为保险法新旧法适用的原则区分时点。《合同法解释（一）》第一条规定："合同法实施以后成立的合同发生纠纷起诉到人民法院的，适用合同法的规定；合同法实施以前成立的合同发生纠纷起诉到人民法院的，除本解释另有规定的以外，适用当时的法律规定，当时没有法律规定的，可以适用合同法的有关规定。"可见，《合同法》的新旧法律适用是以合同成立时为原则区分时点的，保险合同作为合同的一种，理应受此原则的规范。在起草过程中，有观点认为应以合同订立作为基础的区别时点。我们认为，如果以合同订立作为衔接点，有很大的不确定性，因为合同的订立是一个动态的过程，合同订立的时间点难以确定，当事人亦难以举证。而合同成立是合同订立的结果，且当事人各方的权利义务能够确定。

从保险法的角度看，对于新法施行前成立的保险合同，是否适用新法，即新法对此有无溯及既往的效力，是《保险法》适用中的一个重要问题。此次《保险法》的修订，对于保险合同订立和保险合同成立的部分作了较大修改，加大了对投保人及被保险人的权利保护，强化了保险人的义务，如果对于《保险法》施行前当事人依据旧法订立合同的行为一律适用新法，对于保险人而言是不公平的，也有违法不溯及既往的基本原则。

《立法法》第八十四条规定："法律、行政法规、地方性法规、自治条例和单行条例、规章不溯及既往，但为了更好地保护公民、法人和其他组织的权利和利益而作的特别规定除外。"新法一般不具有溯及力，因此解释（一）规定新法施行前成立的保险合同原则上适用旧法，同时根据保险合同的特殊性，解释（一）第二至五条规定了可以适用新法的情形，这些规定多数属于不溯及既往的情形。溯及既往的两种情形包括：第二条关于合同效力的规定；第四条关于因投保人未履行如实告知义务或申报被保险人年龄不真实为由主张解除合同适用新法的规定，具体理由将在后面说明。

新法施行前成立的保险合同虽然是依旧法成立，但是保险合同法律关系在新法施行后尚未终止，依然处于延续状态，应该受到新法的规范。对新法施行前保险合同法律关系已经发生的法律上的效果，新法不予改变，而对新法生效后处于延续中的事实或者法律关系向将来发生效力并影响其法律上的效果，这在法理学上被称为不真正溯及既往。不真正溯及既往是对将来的法律关系进行评价，所以不真正溯及既往并不违反法不溯及既往的原则。① 解释（一）第三条规定的新法施行后发生的行为和事件适用新法就属于不真正溯及既往的情况。

“当时没有法律规定的，可以参照适用新法的有关规定”，属于补白性溯及。此规定沿用了最高人民法院关于《公司法》《合同法》《票据法》《担保法》《海商法》《收养法》等法律新旧衔接规定的一贯做法，也符合法学理论界比较一致的观点。补白性溯及的作用在于消除法律原来规定的不明确及存在漏洞的状态。如《保险法》第二十一条关于投保人、被保险人或者受益人知道保险事故发生后，未及时通知保险人的法律后果，第三十六条关于在合同效力中止前的期限内发生保险事故的，保险人的责任承担，第四十二条关于受益人和被保险人在同一事件中死亡，且不能确定死亡先后顺序的，推定受益人死亡在先的规定，在旧法中都是没有相应规定的，人民法院在审判实务中遇到此类问题，会处于旧法无相应规定可依的情况，因此，有必要设立此种情形下的法律适用规则，即参照适用新法的有关规定，这在理论上也被称为空白追溯。此外，经我们检索和比较，旧法中没有相应规定，新法中有规定的，还包括第十九条、第五十五条、第五十六条、第六十五条等条款的相关内容。

需要特别加以说明的是，《保险法》第十七条第二款规定的保险人的提示义务，是否属于旧法没有规定的。旧法第十八条规定：“保险合同中规定有关于保险人责任免除条款的，保险人在订立保险合同时应当向投保人明确说明，未明确说明的，该条款不产生效力。”新法第十七条第二款规定：“对保险合同中免除保险人责任的条款，保险人在订立合同时应当在投保单、保险单或者其他保险凭证上作出足以引起投保人注意的提示，并对该条款的内容以书面或者口头形式向投保人作出明确说明；未作提示或者明确说明的，该条款不产生效力。”通过对这两条规定的比较可以发现，新旧法都是关于保险人义务的规定，只是新法第十七条第二款增加了保险人的提示义务，而且明确规定未尽提示义务的条款不产生效力。所以我们认为，这不属于当时的法律没有规定的情况，而是属于与当时的法律规定不一致的情形。所以，新法施行前成立的保险合同，如果保险合同纠纷当事人依据新法的规定，以保险人在订立合同时未尽到新法第十七条规定的提示义务而主张保险合同条款不产生效力的，人民法院不应支持。在这种情形下，仍应当适用旧法第十八条的规定。

① 孙晓红：《法的溯及力问题研究》，中国法制出版社2008年版，第10~12页；冯健鹏：《法律向前看，不向后看》，载《人民法院报》2006年2月20日。

解释（一）第一条第二款的目的在于提供一个判断合同成立适用法律的指引。因为合同成立是区别适用新旧法的一个时点，而合同本身是否成立，需要有一个适用法律的规则。具体关于合同是否成立的判断，是个非常复杂的问题，有待于以后的司法解释加以规定。

（二）关于合同效力的认定

解释第二条是认定合同效力的法律适用原则。对合同效力的认定，是人民法院审理合同纠纷案件的前提。因此，首先要对保险合同的效力认定设立法律适用的规则。这里的合同效力应做广义理解，既包括整个合同的效力，也包括合同某一条款的效力。

本条规定遵循了为促进交易尽量促成合同有效的合同法的一般原则，也有利于贯彻加强对投保人和被保险人利益保护的立法精神。按照解释（一）第二条的规定，依据旧法认定无效而依据新法认定有效的条文主要是第三十一条和第三十四条。相比于旧法第五十三条，新法第三十一条增加了投保人对与投保人有劳动关系的劳动者具有保险利益的规定，同时第三款规定："订立合同时，投保人对被保险人不具有保险利益的，合同无效。"对于新法施行前订立的保险合同，如果合同订立时投保人对与其有劳动关系的劳动者具有保险利益，依据新法将该合同认定为有效，将有力地保护劳动者的利益。旧法第五十六条规定："以死亡为给付保险金条件的合同，未经被保险人书面同意并认可保险金额的，合同无效。"而新法第三十四条第一款把被保险人的书面同意改为同意，加强了对被保险人、受益人的利益保护。所以，新法施行前以死亡为给付保险金条件的合同，被保险人口头同意并认可保险合同金额的，按照新法第三十四条的规定，应认定为有效。

关于保险合同和合同条款的效力规定，新旧法的变化还体现在以下三个方面，在适用解释（一）第二条时应当加以注意：

一是旧法第十二条对人身保险和财产保险未加区别，笼统规定投保人对保险标的不具有保险利益的合同无效，新法则区别人身和财产保险，对合同的效力加以规定。新法第十二条规定："人身保险的投保人在保险合同订立时，对被保险人应当具有保险利益。财产保险的被保险人在保险事故发生时，对保险标的应当具有保险利益。"并在新法第三十一条规定："订立合同时，投保人对被保险人不具有保险利益的，合同无效。"但是新法并未明确规定财产保险的被保险人在保险事故发生时，对保险标的不具有保险利益的合同无效，而是在第四十八条规定："保险事故发生时，被保险人对保险标的不具有保险利益的，不得向保险人请求赔偿保险金。"这样的变化，会对保险合同当事人和关系人的权利义务带来哪些影响，在解释起草过程中有不同的认识。一种观点认为，这种变化对投保人是不利的，因为按照旧法被保险人对保险标的不具有保险利益保险合同无效的规定，如果发生了保险事故，被保险人无法得到赔偿金，但是因为合同无效，保险人应该返还投保人所交的保险费。而按照新法第四十八条的规定，可以推导出合同有效，投保人不能要求返还保险费，被保险人又不得向保险人请求赔偿保险金。故建议在本条增加一款，排除新法第四十八条的适用。另一种观点认为，这种变化对被保险人实际上是有利的。就投保人订立合同的目的而言，是为了使保险标的获得保险保障，而不是退回保险费。而且，投保人也可以通过转让保险标的使被保险人对保险标的具有保险利益，避免对被保险人不利的后果出现，所以没有必要做出特别规定。我们认为后一种观点更有利于保护投保人和被保险人的根本利益，故采纳了第二种观点。

二是新法第十七条第二款规定："对保险合同中免除保险人责任的条款，保险人在订立合同时应当在投保单、保险单或者其他保险凭证上作出足以引起投保人注意的提示，并对该条款的内容以书面或者口头形式向投保人作出明确说明；未作提示或者明确说明的，该条款不产生效力。"按照旧法第十八条"保险合同中规定有关于保险人责任免除条款的，保险人在订立保险合同时应当向投保人明确说明，未明确说明的，该条款不产生效力"的规定，免责条款未经提示依然产生效力，而按照新法则是相反的后果，即免责条款不产生效力。这与第二条规定的适用旧法认定无效而适用新法认定有效的，应适用新法的规定是不同的。所以根据解释（一）第二条的规定，新法第十七条第二款同样不能适用于新法施行前成立的保险合同。

三是新法第十九条是新增的条款。该条规定："采用保险人提供的格式条款订立的保险合同中的下列条款无效：（一）免除保险人依法应承担的义务或者加重投保人、被保险人责任的；（二）排除投保人、被保险人或者受益人依法享有的权利的。"虽然该条也是效力性条款，但不属于解释（一）第二条规定的情形。这是因为：其一，解释（一）所解决的法律适用问题，仅指新、旧保险法的适用；其二，第十九条的规定内容，旧法中并没有相应的规定，如新法施行前成立的保险合同发生第十九条规定的情形，属于当时没有法律规定的情形，应当按照解释（一）第一条的规定，参照适用第十九条的规定。需要说明的是，1999年10月1日起施行的《合同法》第四十条规定："格式条款具有本法第五十二条和第五十三条规定情形的，或者提供格式条款一方免除其责任、加重对方责任、排除对方主要权利的，该条款无效。"新法第十九条是《合同法》第四十条在《保险法》中的具体体现。因此，对于1999年10月1日至2009年9月30日期间成立的保险合同，当发生保险人提供的格式合同中有免除其责任、加重对方责任、排除对方主要权利的条款时，虽然当时的《保险法》没有相应规定，但保险合同作为合同的一种，应当依据《合同法》第四十条的规定，认定该合同条款的效力。人民法院在审理具体案件时，应当同时引用《合同法》第四十条和新《保险法》第十九条的规定；而对于1999

年10月1日前订立的保险合同，则按照解释（一）第一条的规定，只适用新《保险法》即可。

（三）关于适用新法的行为和事件

第三条是解释（一）的核心条款，遵循的基本原则是保险合同法律关系持续过程中发生的行为和事件，应适用发生时的法律。换言之，新法施行前成立的合同，新法施行后仍在履行的，此时发生的行为和事件应当受到新法的规范。对此原则，在征求意见过程中，各方面均没有不同意见，但在解释制定过程中具体的文字表述上争议较多。经过反复斟酌，起初的文稿中表述为："保险合同成立于保险法施行前，但因保险法施行后的行为或事件导致的纠纷，适用保险法的规定。"部分地方法院和保险公司提出对行为或事件的内涵和外延的理解问题，希望能够进一步明确。我们采取了列举的方式加以表述，规定："保险合同成立于保险法施行前而保险标的转让、保险事故、理赔、代位求偿等行为或事件，发生于保险法施行后的，适用保险法的规定。"在审判实践中，保险合同纠纷绝大多数涉及这些方面，而且此次修订，相应条款的内容变动较大，新法的规定更好地体现了对投保人和被保险人的利益保护，对《保险法》施行前成立的保险合同，《保险法》施行后发生的这些行为或事件适用新法的规定，既遵循了法律的时效性原则，也体现了《保险法》修订的宗旨。

关于保险标的转让。新法第四十九条对保险标的转让作了重大修订，将旧法第三十四条规定的"保险标的的转让应当通知保险人，经保险人同意继续承保后，依法变更合同"，修改为："保险标的转让的，保险标的的受让人承继被保险人的权利和义务。"此内容的修订，将因保险标的的转让而发生的保险合同变更由通知变更即保险标的转让的，投保人或者被保险人应当通知保险人，经保险人同意继续承保后，变更保险合同，[①] 修改为自动变更，有助于实现保险保障的自动延续，从而避免因保险标的转让与保险人同意承保之间产生保险合同的空白期，减少争议。同时，为防止转让导致危险程度增加，加大保险事故发生的可能性，该条还相应增加了被保险人与保险人之间的权利义务关系的内容，并作了相应的平衡，规定保险标的转让的，被保险人或者受让人应当及时通知保险人，但货物运输保险合同和另有约定的合同除外；因保险标的的转让导致危险程度显著增加的，保险人自收到前款规定的通知之日起三十日内，可以按照合同约定增加保险费或者解除合同；保险人解除合同的，应当将已收取的保险费，按照合同约定扣除自保险责任开始之日起至合同解除之日止应收的部分后，退还投保人；被保险人、受让人未履行本条第二款规定的通知义务的，因转让导致保险标的危险程度显著增加而发生的保险事故，保险人不

① 孙晓红：《法的溯及力问题研究》，中国法制出版社2008年版，第10～12页；冯健鹏：《法律向前看，不向后看》，载《人民法院报》2006年2月20日。

承担赔偿保险金的责任。这样的修订既有利于保险标的受让人的权益保护，又有助于社会财产关系的稳定。

关于保险事故。保险事故发生后，保险人应该如何承担责任，直接影响着保险合同的履行和当事人的权利义务。修订后的《保险法》除个别条款外，加强了对投保人和被保险人的利益保护，因此，在《保险法》施行后发生的保险事故，适用新法，有利于对投保人和被保险人利益的保护。但比较新、旧法中保险合同的规定，也有个别情况下适用新法可能对被保险人不利。如新法第四十五条把旧法第六十七条规定的被保险人故意犯罪导致其自身伤残或者死亡的，保险人不承担给付保险金的责任，扩大为因被保险人故意犯罪或者抗拒依法采取的刑事强制措施导致其伤残或者死亡的，保险人不承担给付保险金的责任。还有前面讨论过的新法第四十八条的规定，在相应情况适用下可能会对被保险人不利。在征求意见的过程中，部分同志认为，对《保险法》施行前成立的保险合同，凡是新法对投保人和被保险人有利的规定，就应当适用，反之就不适用。但多数同志还是认为，对合同双方当事人应当平等保护，对一方当事人的绝对保护有违合同法的基本原则，而且从总体而言，新法对投保人和被保险人的利益保护已经给予了加强。

有观点认为，在新法施行后发生的保险事故，不能一律适用新法，要根据保险事故发生的原因决定如何适用。如果因新法施行前的原因导致新法施行后发生保险事故的，不能适用新法。我们认为，保险合同是典型的射幸合同，保险事故是一种具有不确定性的事件，是否发生、何时发生、发生后受损失程度如何，均具有偶然性。即便在新法施行前发生了可能导致保险事故发生的事由，也并不必然就会发生保险事故。而且，确定保险事故的发生原因有时是非常复杂的，到底是哪一个行为或者事件导致了保险事故的发生，在审判实务中的认定相当困难，所以如果将保险事故的发生原因作为法律适用的依据，难以把握。对保险事故的处理适用保险事故发生时的法律，既符合《保险法》修订的立法本意，也有利于纠纷的解决。例如，1999 年，王某以自己为被保险人投保人寿险一份，指定其妻子和儿子为受益人，后因夫妻矛盾，其妻子自 2009 年 8 月起向王某食物中投入微量的毒物，王某最终因慢性中毒死亡。如果王某的死亡时间为 2009 年 9 月 28 日，就应适用旧法第二十八条和第六十五条的规定，保险人有权解除保险合同，不承担给付保险金的责任。如果王某的死亡时间为 2009 年 10 月 1 日，就应适用新法第二十七条和第四十三条的规定，保险人不能解除合同，要承担给付保险金的责任，王某的妻子丧失受益权，但王某的儿子仍然享有受益权。

关于理赔。旧法施行期间，保险理赔程序繁琐，客户需要多次往返才能将理赔资料提交齐全，保险公司理赔速度慢，无正当理由拖延核定和赔付，被保险人迟迟领不到赔款的情况时有发生，引起了投保人、被保险人以及社会公众的普遍不满。《保险法》此次修订，对保险公司理赔时的义务给予了明确规定，如新法第二十二条、第二十三条、第二十四条对保险人的理赔行为提出了及时一次性通知，情形复杂的，应当在三十日内核定等要求。这对于解决理赔难是非常有效的。解释（一）第三条的规定体现了法律修订的精神。按照该条的规定，保险事故发生在新法施行前，但至《保险法》施行时尚未理赔完毕，或者《保险法》施行后开始理赔的，当事人的理赔行为要受到新法的规范。需要强调的是，按照解释（一）规定的保险法施行后的理赔适用新法，是指理赔的行为和时限受新法的约束，而不是所有在理赔阶段暴露出的纠纷无条件地适用新法。如在上文提到的案例中，王某死亡的时间为2009年9月28日，王某的儿子10月2日请求保险公司给付保险金，保险公司查明王某之死是由于其妻子故意造成的后拒赔，由此发生纠纷。这一纠纷虽然是在理赔阶段发生的，但当事人所争议的是保险公司是否承担给付保险金的责任，不是因为理赔行为本身，应该适用保险事故发生时的法律判断。但如果王某之死并不是其妻子所致，而是因为正常的交通事故在2009年9月28日死亡，王某的儿子在当日即请求保险公司给付保险金，在2009年10月1日后，保险公司的理赔行为就应当符合新法第二十二条、第二十三条、第二十四条及时一次性通知，情形复杂的，应当在三十日内核定的规定，否则除支付保险金外，还应当赔偿受益人的损失。

关于代位求偿。旧法第四十六条第三款规定："由于被保险人的过错致使保险人不能行使代位请求赔偿的权利的，保险人可以相应扣减保险赔偿金。"新法第六十一条第三款将其修订为："被保险人故意或者因重大过失致使保险人不能行使代位请求赔偿的权利的，保险人可以扣减或者要求返还相应的保险金。"被保险人处分其对第三者的赔偿请求权，固然应注意保护保险人之代位求偿利益，但基于被保险人的认知能力有限，该注意义务不应过重。在此意义上，被保险人仅就其故意或重大过失所致保险人代位求偿权行使不能承担不利后果，对于一般过失行为不承担责任，事实上更为公平。①

在保险合同纠纷中，解除合同也是经常遇到的问题，但解释中对解除合同的法律适用没有单独规定，其原因是：第一，在保险合同正常履行的情况下，保险公司出于经营的需要，一般是不会解除合同的，只有在保险标的转让导致危险程度增加，或者保险事故发生后，保险人才行使合同解除权。由于保险人（包括投保人）行使合同解除权大多与保险标的转让、保险事故的发生等行为或者事件相关联，故我们认为通过解释（一）第三条的适用可以解决解除合同的多数法律适用问题。第二，在解释（一）制定的过程中，对《保险法》施行后保险人合同解除权的行使应该受到新法的限制，各方意见一致，但对于

① 吴定富主编：《中华人民共和国保险法释义》，中国财政经济出版社2009年版，第152页。

合同解除事由是否成立是适用新法还是旧法判断存在不同意见。有观点认为，按照适用行为和事件发生时的法律的原则，对解除合同的事由和解除合同的行为应分别确定适用的法律。如对于保险合同成立于新法施行前，但在《保险法》施行后，保险人以《保险法》施行后保险标的危险程度增加为由主张解除合同的，对解除合同事由是否成立的认定，应该适用新法。以《保险法》施行前保险标的危险程度增加为由主张解除合同的，应该适用旧法的规定。但也有观点认为，对于解除合同应该统一适用解除合同行为即行使合同解除权时的法律，不再区别解除事由和解除行为分别适用。由于各方意见没有达成一致，加之对新法的适用也没有审判实践经验的总结，对于解除合同可能涉及的问题，还需要进一步调研。

另外，按照解释（一）第三条所确定的法律适用规则，在审判实务中或许可能出现一个案件中有几个行为和事件，分别适用新、旧法的情形，从而产生案件处理结果上冲突的情形。例如，如果保险标的在新法施行前转让，《保险法》施行后，发生了保险事故，按解释（一）第三条规定，保险人是否会依据旧法第三十四条的规定要求解除合同？而被保险人或者受让人是否会依据新法第四十九条的规定要求保险人承担赔偿责任？对此，考虑到新法施行后，是否可能产生法律适用上的冲突、具体会产生什么冲突尚不能准确把握，该问题还有待于在审判实践中进一步调查和研究，所以在解释（一）中没有对此问题作出规定，各级人民法院在审判工作中遇到此类问题，可及时逐级上报最高人民法院。

（四）关于保险人以投保人未履行如实告知义务或者申报被保险人年龄不真实为由主张解除合同的法律适用

解释（一）第四条的规定赋予新法第十六条和第三十二条以溯及力。该规定体现了保险法的基本原则，也有利于投保人和被保险人的利益保护，有利于交易秩序的稳定。

旧法第十七条规定："投保人因过失未履行如实告知义务，对保险事故的发生有严重影响的，保险人对于保险合同解除前发生的保险事故，不承担赔偿或者给付保险金的责任，但可以退还保险费。"按照旧法的规定，保险人可以因为投保人的一般过失未如实告知而解除合同并可以拒赔。而新法第十六条第一、二款规定："订立保险合同，保险人就保险标的或者被保险人的有关情况提出询问的，投保人应当如实告知。投保人故意或者因重大过失未履行前款规定的如实告知义务，足以影响保险人决定是否同意承保或者提高保险费率的，保险人有权解除合同。"相对于旧法，新法的这两款规定对保险人解除合同的事由进行了限制。

而新法第十六条第三款和第六款以及第三十二条第一款则对保险人的解除行为加以限制。第三款规定："前款规定的合同解除权，自保险人知道有解除事由之日起，超过三十日不行使而消灭。自合同成立之日起超过二年的，保险人不得解除合同；发生保险事故的，保险人应当承担赔偿或者给付保险金的责任。”第六款规定：“保险人在合同订立时已经知道投保人未如实告知的情况的，保险人不得解除合同；发生保险事故的，保险人应当承担赔偿或者给付保险金的责任。”另外，旧法第五十四条规定：“投保人申报的被保险人年龄不真实，并且其真实年龄不符合合同约定的年龄限制的，保险人可以解除合同，并可以在扣除手续费后，向投保人退还保险费，但是自合同成立之日起逾二年的除外。”而新法第三十二条第一款规定：“投保人申报的被保险人年龄不真实，并且其真实年龄不符合合同约定的年龄限制的，保险人可以解除合同，并按照合同约定退还保险单的现金价值。保险人行使合同解除权，适用本法第十六条第三款、第六款的规定。”即新法第三十二条第一款在延续了旧法第五十四条规定的两年不可抗辩期间外，还增加了知道解除事由的，要在三十天内行使解除权的限制。按照新法的规定，以新法第十六条第二款和第三十二条第一款规定的解除事由主张解除合同的，其解除行为要受到第十六条第三款和第六款的限制。

在征求意见的过程中，各方均认为，对《保险法》施行前成立的保险合同，在新法施行后，保险人以投保人未履行如实告知义务或者申报被保险人年龄不真实为由主张解除合同的，要受到新法第十六条第三款和第六款的限制。这符合适用行为时法律的原则，而且，第十六条第六款规定的弃权和禁反言原则也是保险法最大诚信原则的具体体现。

在审判实务中，保险事故发生后，保险人往往以订立合同时投保人未如实告知为由，主张解除合同或者拒赔，投保人是否履行了如实告知义务也常常会成为保险合同纠纷案件的争议焦点。① 对于新法施行前成立的合同而言，第十六条第二款规定的不如实告知只能发生在合同的订立阶段，也就是新法施行前。由于旧法对投保人如实告知设定的条件很严格，导致保险人解除合同的条件较低，很容易成为保险人滥用解除权的一个事由，不利于公平保护投保人、被保险人的利益。新法第十六条改变了旧法对投保人在如实告知上过于苛求的规定，将保险人的解除权限定为投保人故意或者因重大过失未如实告知，剔除了因投保人一般过失导致保险人解除合同的情形，包括保险业界人士在内的多数人认为这是立法的进步，从长远来讲，也有利于保险业的健康发展。如果不赋予新法第十六条溯及力，新法施行前成立的合同将存在着被轻易解除的风险，从而使大量的成立于新法施行前的合同处于不稳定状态，并危及投保人和被保险人的利益。

---

① 江苏省高级人民法院课题组：《均衡保护当事人权益促进保险业健康发展——江苏法院近5年来保险合同纠纷案件审理情况调研报告》，载《人民法院报》2009年5月21日。

按照新法第十六条第三款的规定，保险人行使前款规定的合同解除权，要受到三十日和两年的限制，而第十六条第二款规定的是因投保人故意或重大过失两种主观状态下未履行如实告知义务，保险人有权解除合同，如果在新法施行后，保险人行使解除权的事由不受新法的约束，保险人完全可以投保人未如实告知是因为存在一般过失为由主张解除合同，从而就规避了新法对解除权行使期限的限制，也使第五条第（二）（三）项的有关规定失去了意义。而保监会和保险公司坚持新法第十六条第三款规定的三十日和两年的期间应该从新法施行之日起算。鉴于此，我们认为，必须要有本条的规定内容。我们与保监会就本条的规定进行了充分的沟通，并最终达成一致。

第五条对投保人未履行如实告知义务和申报被保险人年龄不真实采取了并列的写法，是因为对于投保人申报被保险人年龄不真实是否属于不如实告知的情形之一，保险界和学界的认识不一致。考虑到新法分别规定在两个条款中，也为了避免理解上的分歧，我们一并列出。

（五）关于适用新法时一些期间的起算

解释（一）第五条是对新法施行前成立的保险合同适用新法时，一些期间起算的特别规定。新法第十六条、第三十二条、第四十九条规定了保险人行使解除权的期间，这可以督促保险人及时行使自己的权利，也能够防止有些保险人知道解除事由后，采取静观其变的态度，即如果发生了保险事故，就采取解除合同的方式保护自己的利益，如果不发生保险事故就获得了收取保险费的利益。① 新法第二十三条对保险人核定保险责任的期间作出了规定，保险人在新法施行后行使解除权或者核定保险责任应该受其约束。对于上述期间的起算点应该如何确定，有两种意见。第一种意见认为，从加大对被保险人的利益保护角度出发，计算始点应该严格按照条文的规定起算。第二种意见认为，尽管新法已经公布，但毕竟尚未生效，有关行为和事件发生在新法施行前，如果按照条文规定的起算点起算，就会出现保险人实际可行使权利的期间短于法律规定，甚至新法施行之日，其权利已经无法行使的状况。在此问题上，新法不能溯及既往，所以从新法施行之日起再给予三十日或两年的期间比较公平。我们采纳了第二种意见。此类规定在最高人民法院以往的司法解释中亦多有先例。例如，《最高人民法院对在审判工作中有关适用民法通则时效的几个问题的批复》（法〔研〕复〔1987〕18号）规定，《民法通则》施行前民事权利被侵害尚未处理的，无论被侵害人知道与否，向人民法院请求保护民事权利的诉讼时效期间，分别为《民法通则》第一百三十五条规定的二年或第一百三十六条规定的一年。诉讼时效期间自《民法通则》施行之日起计算。

对解释（一）第五条的第（二）、（三）项还需要特别说明。由于旧法第

① 安建主编：《中华人民共和国保险法（修订）释义》，法律出版社2009年版，第45页。

五十四条对投保人以申报被保险人年龄不真实为由解除合同的权利已经作出了两年不可抗辩期间的限制，所以，这个两年的除斥期间自合同成立之日起算不会影响保险人的权利。解释（一）第五条第（三）项规定的自2009年10月1日起算，仅适用于保险人以第十六条第二款规定的以投保人故意或者重大过失为由未履行如实告知义务而行使解除权的情况。这与解释（一）第五条第（二）项的规定是不同的，需要注意这两项之间的区别。

（撰稿人：宋晓明　刘竹梅　刘崇理）

【链　　接】

最高人民法院民二庭负责人就《关于适用〈中华人民共和国保险法〉若干问题的解释（一）》答记者问

修订后的《中华人民共和国保险法》将于2009年10月1日起施行。最高人民法院日前颁布了《关于适用〈中华人民共和国保险法〉若干问题的解释（一）》（以下简称解释（一））。最高人民法院民二庭负责人为此回答了记者的问题。

一、问：制定解释的目的和意义是什么？

答：《保险法》此次从篇章结构到具体条文，修订的幅度都比较大。特别是保险合同一章，条文数目从六十条调整为五十七条，被修订的条文多达四十八条。新法进一步加强了对投保人和被保险人权益的保护，广大群众非常关心在新法施行前签订的合同能否受到新保险法的保护。新法施行后，人民法院将面临许多保险纠纷案件审理中具体适用法律的问题。因此，有必要对人民法院在审理保险合同纠纷案件中如何适用新法作出规定，以统一裁判标准。

新法虽然对保险业管理的修订内容也很多，但就人民法院受理案件情况看，绝大部分是保险合同纠纷，急需解决新、旧法衔接的也是这类问题，尤其是履行期限较长的人身保险合同产生的纠纷。而涉及保险业管理方面的纠纷很少，这方面新旧法适用衔接的问题并不突出，且通过公司法等法律的相关规定基本可以解决。因此，解释（一）的适用范围限定在保险合同纠纷案件。

二、问：本解释的指导思想和遵循的基本原则是什么？

答：首先，解释（一）贯彻了加强对投保人和被保险人利益保护的立法精神。此次保险法的修订，很重要的一个指导思想就是加强对投保人和被保险人利益的保护，制定新旧法适用的衔接办法，也是贯彻了这一原则，同时又注意了在适用法律上对合同双方当事人利益的平等保护。

第二，既要符合合同法共性的要求，又要符合保险法作为特别法的要求。本解释的第一条、第二条和第六条，与《关于适用〈中华人民共和国合同法〉若干问题的解释（一）》中有关新旧法适用衔接的规定是一致的，第三条至第五条主要反映了保险合同自身的特性。

另外，解释（一）贯彻了《立法法》第八十四条规定的新法一般不具有溯及力的精神。同时，基于保险法的特性，考虑到新法施行前成立的保险合同是依据旧法订立的，新法施行后保险合同法律关系依然处于延续状态，此时的行为和事件应当受到新法的规范。另外，还有两种例外情形，即第二条关于合同效力的规定；第四条关于因投保人未履行如实告知义务或申报被保险人年龄不真实为由主张解除合同适用修订后的保险法的规定。

需要注意的一个问题是，按照解释（一）的规定，新法第十七条第二款的规定不能适用于新法施行前成立的合同。例如，保险合同在2008年12月成立，2009年11月发生保险事故，投保人不能以保险事故发生在新法施行后为由，主张对免责条款是否产生效力用新法。投保人以保险人在订立合同时未尽到《保险法》第十七条规定的提示义务而主张保险合同条款不产生效力的，人民法院不予支持。

三、问：怎么理解第三条规定的“行为或事件”？

答：第三条是解释（一）中的核心条款，制定过程中经过了反复的论证。保险合同中，有相当多的合同特别是人身保险合同的履行期限比较长，以至于保险法施行前成立的保险合同在《保险法》施行后仍在履行，这期间发生的一些行为和事件，因为新修订的法律已经施行，自然应当受到修订后法律的规范。这些行为和事件主要是指《保险法》施行后发生的保险标的转让、保险事故、理赔、代位求偿等。在审判实践中，保险合同纠纷绝大多数涉及这些方面，而且此次《保险法》的修订，相应条款内容变动也较大，新法的规定更好地体现了对投保人和被保险人利益的保护。

关于保险标的转让。新法第四十九条对保险标的转让进行了重大修订，将旧法规定的保险标的转让应经保险人同意才能变更保险合同，修改为保险标的的转让的，受让人自然承继被保险人的权利义务。同时，还增加了被保险人与保险人之间的权利义务的内容并作了相应的平衡，从而既有利于保险标的的受让人的权益保护，又有助于社会财产关系的稳定。

关于保险事故。新法关于保险事故的修订条款有多条。保险事故如果发生在新法施行后，自应适用新法规定。如新法第二十七条删除了保险人可以因受益人制造保险事故而解除保险合同的规定。如果受益人故意制造的保险事故发生在2009年9月20日，就应适用旧法第二十八条规定，保险人有权解除保险合同且不承担赔偿或给付保险金的责任；而如果事故发生在2009年10月1日，则应该适用新法规定，保险人不能因该事故是受益人制造而主张解除合同并不承担给付保险金的责任。

关于理赔。近年来，人民群众解决“理赔难”的呼声越来越强烈，理赔程序的繁琐、无正当理由拖延核定和赔付是造成“理赔难”很重要的原因。新法第二十二条、第二十三条、第二十四条的修改，重点对保险人的义务和期限作出了限定，这有助于解决“理赔难”问题。保险事故发生在新法施行前，但至《保险法》施行时尚未理赔完毕，或者《保险法》施行后才开始理赔的，当事人的理赔行为要受到新法的规范。需要注意的问题是，按照解释规定的《保险法》施行后的理赔适用新法，是指理赔的行为和时限受新法的约束，而不是所有在理赔阶段暴露出的纠纷无条件的适用新法。

关于代位求偿。新法第六十一条将保险人不能行使代位赔偿请求权的原因由旧法的被保险人的“过错”修改为“故意或重大过失”，同时增加了保险人可以要求返还保险金的规定。如果因新法施行后被保险人的行为导致保险人不能行使代位请求赔偿权，应该适用新法的规定。

随着新法的施行，关于《保险法》的适用还会出现许多新的问题，需要进一步研究，各级人民法院要注意总结审判实践经验，归纳和整理相关法律问题，最高人民法院要加强调查研究，及时制定相关司法解释和司法政策。

四、问：法律以不溯及既往为原则，为何第四条规定对投保人在订立合同时的如实告知义务的认定适用新《保险法》?

答：《立法法》第八十四条规定，法律、行政法规、地方性法规、自治条例和单行条例、规章不溯及既往，但为了更好地保护公民、法人和其他组织的权利和利益而作的特别规定除外。

审判实务中，合同订立时投保人未履行如实告知义务或者申报被保险人年龄不真实，往往成为保险事故发生后保险人主张解除合同或者拒赔的理由。按照旧法的规定，投保人因为一般过失未告知就可以满足解除合同和拒赔的条件，而新法的修订，将解除合同的条件限定为故意或重大过失，体现了对保险人的解除权予以限制的精神。特别是第十六条的修改，改变了旧法对投保人在如实告知上过于苛求的规定。包括保险业界人士在内的多数人认为这是立法的进步，从长远来讲，也有利于保险业的健康发展。

在新法施行后，如果保险人仍然可以以投保人有一般过失未履行如实告知义务为由主张解除合同或者拒赔，就会使大量的成立于新法施行前的合同处于不稳定状态，投保人和被保险人的利益将会受到损害，也违背了此次法律修订加强对投保人和被保险人利益保护的精神。

另外，新法施行后，解除合同的行为应该受到新法的约束是各方的共识，根据解释（一）第五条的规定，对于新法施行前成立的合同，《保险法》施行后，保险人按照新法第十六条的规定请求解除合同的二年期间的起算时间从2009年10月1日起算。如果在新法施行后，其行使解除权的事由不受新法的约束，保险人完全可以投保人存在一般过失为由主张解除合同，从而就规避了新法对解除权行使期限的限制，也就使第五条第（二）（三）项的有关规定失去了意义。所以，与第五条相对应，必须要有本条的规定内容。我们与保监会就本条的规定进行了充分的沟通，并最终与保监会达成了一致。

五、问：第五条为何对期间的起算日作特别规定？

答：解释（一）在贯彻加强对投保人和被保险人利益保护的立法精神的同时，也注意到对保险人的平等保护问题。新法第十六条、第三十二条、第四十九条规定了保险人行使解除权的期间，新法第二十三条对保险人核定保险责任的期间作出了规定。保险人在新法施行后行使解除权或者核定保险责任应该受其约束，但有关行为和事件发生在新法施行前，而因新法尚未生效，如果按照条文规定的起算点起算，就会出现保险人实际可行使权利的期间短于法律规定，甚至新法施行之日，其权利已经无法行使的状况。在此问题上，新法不能溯及既往，所以从新法施行之日起再给予三十日或二年的期间比较公平。此类规定在最高人民法院以往的司法解释中亦多有先例。

最高人民法院
关于适用《中华人民共和国保险法》若干问题的解释（二）

法释〔2013〕14号

（2013年5月6日最高人民法院审判委员会第1577次会议通过　2013年5月31日最高人民法院公告公布　自2013年6月8日起施行）

为正确审理保险合同纠纷案件，切实维护当事人的合法权益，根据《中华人民共和国保险法》《中华人民共和国合同法》《中华人民共和国民事诉讼法》等法律规定，结合审判实践，就保险法中关于保险合同一般规定部分有关法律适用问题解释如下：

第一条　财产保险中，不同投保人就同一保险标的分别投保，保险事故发生后，被保险人在其保险利益范围内依据保险合同主张保险赔偿的，人民法院应予支持。

第二条　人身保险中，因投保人对被保险人不具有保险利益导致保险合同无效，投保人主张保险人退还扣减相应手续费后的保险费的，人民法院应予支持。

第三条　投保人或者投保人的代理人订立保险合同时没有亲自签字或者盖章，而由保险人或者保险人的代理人代为签字或者盖章的，对投保人不生效。但投保人已经交纳保险费的，视为其对代签字或者盖章行为的追认。

保险人或者保险人的代理人代为填写保险单证后经投保人签字或者盖章确认的，代为填写的内容视为投保人的真实意思表示。但有证据证明保险人或者保险人的代理人存在保险法第一百一十六条、第一百三十一条相关规定情形的除外。

第四条　保险人接受了投保人提交的投保单并收取了保险费，尚未作出是否承保的意思表示，发生保险事故，被保险人或者受益人请求保险人按照保险合同承担赔偿或者给付保险金责任，符合承保条件的，人民法院应予支持；不符合承保条件的，保险人不承担保险责任，但应当退还已经收取的保险费。

保险人主张不符合承保条件的，应承担举证责任。

第五条　保险合同订立时，投保人明知的与保险标的或者被保险人有关的情况，属于保险法第十六条第一款规定的投保人“应当如实告知”的内容。

第六条 投保人的告知义务限于保险人询问的范围和内容。当事人对询问范围及内容有争议的，保险人负举证责任。

保险人以投保人违反了对投保单询问表中所列概括性条款的如实告知义务为由请求解除合同的，人民法院不予支持。但该概括性条款有具体内容的除外。

第七条 保险人在保险合同成立后知道或者应当知道投保人未履行如实告知义务，仍然收取保险费，又依照保险法第十六条第二款的规定主张解除合同的，人民法院不予支持。

第八条 保险人未行使合同解除权，直接以存在保险法第十六条第四款、第五款规定的情形为由拒绝赔偿的，人民法院不予支持。但当事人就拒绝赔偿事宜及保险合同存续另行达成一致的情况除外。

第九条 保险人提供的格式合同文本中的责任免除条款、免赔额、免赔率、比例赔付或者给付等免除或者减轻保险人责任的条款，可以认定为保险法第十七条第二款规定的“免除保险人责任的条款”。

保险人因投保人、被保险人违反法定或者约定义务，享有解除合同权利的条款，不属于保险法第十七条第二款规定的“免除保险人责任的条款”。

第十条 保险人将法律、行政法规中的禁止性规定情形作为保险合同免责条款的免责事由，保险人对该条款作出提示后，投保人、被保险人或者受益人以保险人未履行明确说明义务为由主张该条款不生效的，人民法院不予支持。

第十一条 保险合同订立时，保险人在投保单或者保险单等其他保险凭证上，对保险合同中免除保险人责任的条款，以足以引起投保人注意的文字、字体、符号或者其他明显标志作出提示的，人民法院应当认定其履行了保险法第十七条第二款规定的提示义务。

保险人对保险合同中有关免除保险人责任条款的概念、内容及其法律后果以书面或者口头形式向投保人作出常人能够理解的解释说明的，人民法院应当认定保险人履行了保险法第十七条第二款规定的明确说明义务。

第十二条 通过网络、电话等方式订立的保险合同，保险人以网页、音频、视频等形式对免除保险人责任条款予以提示和明确说明的，人民法院可以认定其履行了提示和明确说明义务。

第十三条 保险人对其履行了明确说明义务负举证责任。

投保人对保险人履行了符合本解释第十一条第二款要求的明确说明义务在相关文书上签字、盖章或者以其他形式予以确认的，应当认定保险人履行了该项义务。但另有证据证明保险人未履行明确说明义务的除外。

第十四条 保险合同中记载的内容不一致的，按照下列规则认定：

（一）投保单与保险单或者其他保险凭证不一致的，以投保单为准。但不一致的情形系经保险人说明并经投保人同意的，以投保人签收的保险单或者其他保险凭证载明的内容为准；

（二）非格式条款与格式条款不一致的，以非格式条款为准；

（三）保险凭证记载的时间不同的，以形成时间在后的为准；

（四）保险凭证存在手写和打印两种方式的，以双方签字、盖章的手写部分的内容为准。

第十五条 保险法第二十三条规定的三十日核定期间，应自保险人初次收到索赔请求及投保人、被保险人或者受益人提供的有关证明和资料之日起算。

保险人主张扣除投保人、被保险人或者受益人补充提供有关证明和资料期间的，人民法院应予支持。扣除期间自保险人根据保险法第二十二条规定作出的通知到达投保人、被保险人或者受益人之日起，至投保人、被保险人或者受益人按照通知要求补充提供的有关证明和资料到达保险人之日止。

第十六条 保险人应以自己的名义行使保险代位求偿权。

根据保险法第六十条第一款的规定，保险人代位求偿权的诉讼时效期间应自其取得代位求偿权之日起算。

第十七条 保险人在其提供的保险合同格式条款中对非保险术语所作的解释符合专业意义，或者虽不符合专业意义，但有利于投保人、被保险人或者受益人的，人民法院应予认可。

第十八条 行政管理部门依据法律规定制作的交通事故认定书、火灾事故认定书等，人民法院应当依法审查并确认其相应的证明力，但有相反证据能够推翻的除外。

第十九条 保险事故发生后，被保险人或者受益人起诉保险人，保险人以被保险人或者受益人未要求第三者承担责任为由抗辩不承担保险责任的，人民法院不予支持。

财产保险事故发生后，被保险人就其所受损失从第三者取得赔偿后的不足部分提起诉讼，请求保险人赔偿的，人民法院应予依法受理。

第二十条 保险公司依法设立并取得营业执照的分支机构属于《中华人民共和国民事诉讼法》第四十八条规定的其他组织，可以作为保险合同纠纷案件的当事人参加诉讼。

第二十一条 本解释施行后尚未终审的保险合同纠纷案件，适用本解释；本解释施行前已经终审，当事人申请再审或者按照审判监督程序决定再审的案件，不适用本解释。

【解　　读】

解读《关于适用〈中华人民共和国保险法〉若干问题的解释（二）》

《最高人民法院关于适用保险法若干问题的解释（二）》（以下简称解释（二））已于2013年6月8日起施行。解释（二）是专门针对保险法中关于保险合同一般规定部分有关法律适用问题作出的规定，共21条。为正确理解和适用该司法解释，现对其制定背景和主要内容予以说明。

一、问题的提出

保险法自1995年颁布实施以来，虽经2002年第一次修改，但因受历史条件所限，实践中很多问题尚未得到彻底解决。2009年，全国人大常委会对保险法进行第二次修改，对保险业法及保险合同法部分均作出较大改动，保险合同章部分涉及修改条款达48处之多。然而实施几年来的实践表明，由于保险业内部结构和外部环境都发生了较大变化，实务中出现了许多新情况、新问题，现行保险法仍不能完全适应当前保险业改革发展的需要，在某些方面甚至成为制约保险业快速发展的羁绊。保险立法相对滞后的情况，既不利于我国保险业产品的创新，也不利于保险纠纷的解决。近年来，保险纠纷案件增长速度迅猛，执法标准统一的问题亟待解决。通过完善保险合同制度，填补法律空白，妥善解决各方当事人的纠纷，有效防范和化解金融风险，促进保险业健康稳定发展成为必然。保险法司法解释工作正是在这样的背景下启动的。

在保险法第二次修改的同时，最高人民法院民二庭完成了《关于适用保险法若干问题的解释（一）》的起草工作，就新旧法衔接的有关问题予以规定。解释（二）的调研工作在2009年底即正式启动。在广泛征求各方面意见的基础上，形成了保险法保险合同章司法解释征求意见稿。该稿包括三个方面的内容，即保险合同一般规定、财产保险合同、人身保险合同三部分。考虑到保险法司法解释内容较多，对保险法司法解释采取了分步草拟实施的方案。解释（二）只是对保险合同一般规定部分的解释，对于人身保险合同、财产保险合同部分的解释，将于今后逐步推出。

二、理解与适用

（一）关于保险利益

保险利益是保险合同法特有的制度，投保人或被保险人是否具有保险利益涉及保险合同的效力及保险人保险责任的承担。2009 年的保险法将保险利益界定为“投保人或者被保险人对保险标的具有的法律上承认的利益”，该界定较为原则，实务界有观点建议司法解释对保险利益的内涵和外延作出较为一般性的界定，以提高保险利益原则的可操作性。考虑到保险利益的内涵伴随保险行业的发展不断变化，并非一成不变，且理论界与实务界对保险利益的分类尚未形成共识，解释（二）没有采纳该建议，仅对实践中争议较大的问题进行了规定，以解决人民法院对此类问题的执法依据问题。

在财产保险中，财产的使用人、租赁人、承运人虽不是财产所有权人，但也有转移风险的需求，可能向保险公司投保，实践中对这些主体是否具有保险利益存在较大争议。为此，解释（二）第一条规定，不同投保人可以就同一保险标的分别投保，承认财产的使用人、租赁人、承运人等主体对保险标的也具有保险利益，防止保险人滥用保险利益原则拒绝承担保险责任。财产保险必须遵循损害填补原则，任何被保险人能够获得的保险赔偿应以保险利益为限。因此，虽然同一保险标的可能涉及不同被保险人的利益而存在多份保险合同，但任何被保险人都只能在各自保险利益的范围内主张赔偿。例如，货物所有权人及货物承运人可分别就承运货物投保财产损失险和责任险，由于货物承运人对承运货物享有责任保险利益，而不是所有权保险利益，故发生保险事故后只能在责任保险利益范围内获得赔偿。实践中，有保险公司明知货物承运人不得投保财产损失险仍然同意承保，有些货物承运人甚至是在保险展业人员的诱导下投保财产损失险，货物承运人因对承运货物不享有所有权保险利益，在保险事故发生后，无法依据财产损失保险合同获得赔偿。在上述情况中，由于保险人对货物承运人投保损失险存在过错，人民法院可根据其过错程度判令被保险人承担一定的赔偿责任。

2009 年保险法第三十一条第三款规定：“订立合同时，投保人对被保险人不具有保险利益的，合同无效”。实践中，对于人身保险合同无效后保险人是否应当返还全部保险费、是否可以扣除手续费存在不同认识。合同法第五十八条规定，合同无效后，因该合同取得的财产，应当予以返还；不能返还或者没有必要返还的，应当折价补偿。有过错的一方应当赔偿对方因此所受到的损失，双方都有过错的，应当各自承担相应的责任。根据该规定，人身保险合同被确认无效后，保险人应当将已经收取的保险费全部退还投保人，保险人支出的手续费应由投保人与保险人根据过错程度进行分担，因此解释（二）第二条规定，在人身保险中，因投保人对被保险人不具有保险利益导致保险合同无效，投保人主张保险人退还扣减相应手续费后的保险费的，人民法院应予支持。

（二）关于代签名和代为填写保险单证

在规范的保险市场中，投保人订立保险合同时应亲自填写相关保险单证，并签字、盖章，以确保保险单证所填写的内容及保险合同的订立是其真实意思表示。但在我国目前的保险市场上，由于种种原因，保险人及其代理人代投保人签字、盖章或者代填保险单证的行为屡见不鲜。对于这些代签名或代填保险单证的行为，如果一律否认其效力，将导致大量合同失去效力，不仅不利于维护正常的保险市场秩序，也不利于保护投保人的利益，对此解释（二）第三条规定："投保人或者投保人的代理人订立保险合同时没有亲自签字或者盖章，而由保险人或者保险人的代理人代为签字或者盖章的，对投保人不生效。但投保人已经交纳保险费的，视为其对代签字或者盖章行为的追认。保险人或者保险人的代理人代为填写保险单证后经投保人签字或者盖章确认的，代为填写的内容视为投保人的真实意思表示。但有证据证明保险人或者保险人的代理人存在保险法第一百一十六条、第一百三十一条相关规定情形的除外。"对于本条规定，应从以下几个方面进行理解：

第一，保险人及其代理人代投保人签字、盖章的合同，经投保人追认对投保人产生效力。保险人及其代理人代投保人签章的行为，如果事先没有得到投保人的授权，本质上属无权代理问题，经投保人追认后对投保人产生效力。交纳保险费是投保人应承担的主要合同义务，投保人主动交纳保险费应当视为其对保险合同的追认。第二，保险人及其代理人代为填写保险单证的，经投保人签字或者盖章确认的，代为填写的内容视为投保人的真实意思表示。投保人在订立合同时应根据保险人的询问履行如实告知义务，填写风险询问表是投保人履行如实告知义务的主要方式。风险询问表的相关内容如由保险展业人员代为填写，该内容需经投保人签章确认后才能视为投保人的真实意思表示。实践中，有的保险展业人员先让投保人签章，后代为补充填写风险询问表的相关内容，因投保人的签章形成于保险展业人员代为填写的相关内容之前，投保人签章时并未看到代为填写的相关内容，不应认为保险人已经进行了询问，相关内容也不应视为投保人的真实意思表示。第三，有证据证明保险人或者保险人的代理人存在保险法第一百一十六条、第一百三十一条相关规定情形的，投保人的签章不能视为对保险人及其代理人代填写内容的确认。保险法第一百一十六条、第一百三十一条规定的情形主要指的是保险人或其代理人存在阻碍投保人履行保险法规定的如实告知义务，或者诱导其不履行保险法规定的如实告知义务的情形。

（三）关于见费出单

所谓见费出单，是指保险公司先收保险费后签发保单，这是保险业界的行规。由于很多保险公司将签发保单作为保险合同成立的条件，故保险公司对签发保单前发生的保险事故通常不承担保险责任。这种行规不符合权利对等原则，也不利于督促保险公司尽快承保。为此，解释（二）第四条规定："保险人接受了投保人提交的投保单并收取了保险费，尚未作出是否承保的意思表示，发生保险事故，被保险人或者受益人请求保险人按照保险合同承担赔偿或者给付保险金责任，符合承保条件的，人民法院应予支持；不符合承保条件的，保险人不承担保险责任，但应当退还已经收取的保险费。保险人主张不符合承保条件的，应承担举证责任。"对该条规定的适用应注意以下两个方面：一是该规定仅适用于保险人已经收取保险费的情形。根据权利义务对等原则，保险人享有的权利与承担的义务应当对等，收取了保险费，就应承担相应的责任；如未收取保险费，要求其承担相应的责任缺乏依据。二是保险人对作出是否同意承保意思表示前发生的保险事故承担保险责任，应以保险标的或被保险人符合承保条件为前提。保险人认为其不应承担保险责任的，应对保险标的或被保险人不符合承保条件承担举证责任。

（四）关于投保人的如实告知义务

1995 年的保险法第十六条确立了投保人的如实告知义务制度，2009 年保险法第十六条对该制度予以完善，但仍存在一些争议及不足，故解释（二）第五条至第八条对保险法第十六条的规定进行了细化和补充。对于该规定的理解与适用，应注意以下几个方面：

第一，投保人仅对其明知的内容承担告知义务。为防止保险人无限扩大投保人如实告知的范围，解释（二）第五条规定，投保人仅对其明知的与保险标的或者被保险人有关的情况承担告知义务，保险人不得要求投保人告知其不知道的事实。需要注意的是，投保人明知相关事实而未如实告知的，并不当然构成故意，也可能是重大过失。投保人明知相关事实，且知道该事实是重要事实而有意不如实告知的，才能认定为投保人存在故意。投保人明知相关事实，但因重大过失不知道该事实为重要事实，或者虽知该事实为重要事实，但因重大过失未告知的，则应认为投保人仅存在重大过失。

第二，投保人仅在保险人询问的范围和内容内承担如实告知义务。投保人只有在保险人询问时才承担如实告知义务，告知范围以保险人询问的范围和内容为限；保险人采用概括性条款进行询问的，视为未询问，除非该概括性条款有具体内容；当事人对询问范围及内容有争议的，保险人应对其询问承担举证责任。

第三，正确适用弃权制度。为体现诚实信用原则，解释（二）第七条借鉴域外经验，引入了弃权制度。该条规定，保险人在保险合同成立后知道或者应当知道投保人未履行如实告知义务，仍然收取保险费的，不得解除保险合同。本条规定仅适用于保险人在保险合同成立后知道或者应当知道投保人未履行如实告知义务的情形。保险人在保险合同订立时知道投保人未如实告知义务的情况，仍与投保人订立保险合同的，应适用保险法第十六条第六款关于禁止反言的规定。

第四，正确认定保险合同解除与拒绝赔偿。关于投保人违反如实告知义务的法律后果，保险法第十六条第二款和第四款、第五款分别赋予保险人解除合同和拒绝赔偿两种权利。实践中，对保险人在投保人违反如实告知义务的情况下能否不解除保险合同直接拒赔存在较大争议，对此解释（二）第八条规定，保险人未行使合同解除权，直接以存在保险法第十六条第四款、第五款规定的情形为由拒绝赔偿的，人民法院不予支持；但当事人就拒绝赔偿事宜及保险合同存续另行达成一致的情况除外。对于本条规定的适用，应注意以下几个方面：

一是保险人没有合同解除权或者丧失合同解除权的，不得依据保险法第十六条第四款、第五款的规定拒绝赔偿。保险人不承担保险责任是保险人解除保险合同的法律后果，保险人不具有合同解除权，当然不得以投保人违反如实告知义务为由拒赔。具体来说，投保人虽因故意或重大过失未履行如实告知义务，但如不具备保险法第十六条第二款规定的“足以影响保险人决定是否同意承保或者提高保险费率”的，或者合同解除权超过保险法第十六条第三款规定的行使期间，或者存在保险法第十六条第六款规定的禁止反言情形或解释（二）第七条规定的弃权情形的，保险人均不得解除保险合同，也不得拒绝赔偿。二是保险人虽享有合同解除权，但未行使该权利的，也不得直接依据保险法第十六条第四款、第五款的规定拒绝赔偿。保险人享有的拒绝赔偿的权利以保险合同的解除为条件，故保险人即使享有合同解除权，也不能不主张解除合同而直接拒赔。也就是说，保险人只有实际行使合同解除权，解除保险合同后，才可以拒绝赔偿。三是当事人可以就拒绝赔偿事宜及保险合同的存续另行约定。因合同解除不一定符合当事人的利益，故解释（二）允许当事人可以在保险事故发生后就赔偿事宜另行协商，以维持保险合同的效力。值得注意的是，这种协商只能发生于保险事故发生之后，当事人不能事先作出相关约定。保险格式条款中存在的保险人可以不解除保险合同直接拒绝赔偿的内容，根据保险法第十九条的规定应认定无效。

（五）关于保险人的提示和明确说明义务

自1995年保险法确立保险人的明确说明义务以来，对保险人明确说明义务的争议始终存在。2009年保险法在原有保险人明确说明义务的基础上增加了保险人的提示义务。对于实践中如何把握提示和明确说明义务，解释（二）第九条到第十三条作了规定。对该规定，应从以下几个方面进行理解：

第一，从宽理解保险法第十七条第二款规定的免除保险人责任的条款。关于保险法第十七条第二款规定的免除保险人责任的条款如何理解，实践中存在较大争议。为此，解释（二）第九条第一款规定，保险人提供的格式合同文本中的责任免除条款、免赔额、免赔率、比例赔付或者给付等免除或者减轻保险人责任的条款，可以认定为免除保险人责任的条款。该条规定所列举的免除保险人责任的条款并不是封闭的，除了以上所列举的几种情况外，仍可能存在其他免除保险人责任的情形。根据解释（二）第九条第二款的规定，保险人因投保人、被保险人违反法定或者约定义务，享有解除合同权利的条款，虽也可能导致保险人不承担保险责任，但这是保险人解除保险合同的法律后果，而不是直接免除保险人的保险责任，故不属于免除保险人责任的条款。值得注意的是，保险合同中关于保险合同解除的条款应当符合保险法的规定，否则可根据保险法第十九条的规定认定无效。

第二，正确认识保险人的提示义务。保险人对免除保险人责任条款的提示义务是2009年保险法新增的内容，该义务具有独立性，是明确说明的前置义务。如保险人未能举证证明其已履行了提示义务，使投保人知悉免除保险人责任条款的存在，则相关条款不产生效力，无需进一步审查保险人对这些条款是否进行了明确说明。实践中，保险人可以采用文字、字体、符号或者其他明显标志等形式进行提示，且提示必须足以引起投保人的注意，使投保人知道免除保险人责任条款的存在。

对于通过网络、电话等方式订立的保险合同，解释（二）第十二条允许保险人以网页、音频、视频等形式对免除保险人责任条款进行提示和明确说明，但其提示和明确说明必须达到第十一条规定的标准，否则相关的免除保险人责任条款不生效。实践中，有些保险公司设计的网络投保程序并没有主动出示格式条款，或者虽出示格式条款，但该格式条款并没有对免除保险人责任的内容采取特别标识，不能认为其履行了提示义务。

第三，正确认定保险人明确说明义务的履行。为防止明确说明义务流于形式，解释（二）第十一条第二款规定，保险人对保险合同中有关免除保险人责任条款的概念、内容及其法律后果的说明，必须达到常人能够理解的程度，即需使通常的投保人理解免除保险人责任条款的含义。

对于以法律、行政法规中的禁止性规定情形作为免责事由的免责条款，有观点认为，禁止性规定为法律的强制性规定，即便保险人对该免除条款未尽提示或明确说明义务，被保险人也不能以此作为抗辩主张该条款未生效。我们认为，该观点忽视了禁止性规定与法定免责条款的区别。法定免责条款是法律、行政法规明确规定的不承担责任的情形，在法定免责条款中，行为人违反法律规定的法律后果是保险人不承担保险责任。禁止性规定是禁止当事人为一定行为的法律规定，行为人违反禁止性规定，应根据该规定的立法目的受到相应的行政处罚或者刑事处罚。如保险合同未将禁止性规定作为免责事由，并不会直接产生保险人免除保险责任的法律效果。因此，保险人如将禁止性规定作为免责条款的免责事由的，仍应向投保人进行提示和说明。当然，禁止性规定属于法律强制性规范，投保人对禁止性规定的概念和内容推定是知道的，只是不知道被保险人违反禁止性规定将导致保险人免责的后果，故如果保险人就上述后果通过充分的提示使得投保人知道违反禁止性规定与保险人免责之间的直接关联性，则保险人的上述行为就已经符合解释（二）第十一条的要求，保险法第十七条第二款的立法目的即可实现，此时投保人、被保险人或者受益人不得再以保险人对该条款的概念、内容等未进行明确说明为由主张该条款不生效。

第四，保险人对其履行了明确说明义务负举证责任。保险人履行明确说明义务须符合解释（二）第十一条第二款的要求。根据解释（二）第十三条的规定，保险人对其履行了明确说明义务负有举证责任；投保人对保险人履行了明确说明义务在相关文书上签字、盖章或者以其他形式予以确认的，应当认定保险人履行了该项义务。当然，投保人可以提供相反证据推翻该认定。

（六）关于保险核定期间

解释（二）第十五条对保险核定期间的起算点、期间的确定和计算问题作出了规定。2009 年保险法明确了一些理赔的时限，保险法第二十三条第一款规定，保险人应当及时核定，情形复杂的，应当在 30 日内作出核定，但保险法并未明确该 30 日的起算点。保险人收到索赔请求后，才能开始核定，但如果被保险人和受益人仅提出索赔请求，不提交保险法第二十二条规定的有关证明和资料，保险人也无法核定。所以，该 30 日的起算点应自保险人初次收到被保险人或者受益人索赔请求及有关证明或者资料之日时起算。另外，如果按照保险合同的约定，被保险人或者受益人初次提交的有关证明和资料不完整，依据保险法第二十二条第二款的规定，保险人应当及时一次性通知投保人、被保险人或者受益人补充提供。在补充提供的有关证明和资料到达保险人之前，保险人仍无法完成核定，故该补充提交有关证明和资料的期间应予扣除。适用解释（二）第十五条的规定应注意两点：第一，保险人初次收到索赔请求及有关证明和资料之日，即为 30 日的起算之日。第二，扣除期间的始点和终点均采用到达主义。

（七）关于保险代位求偿权的行使

解释（二）第十六条对保险代位求偿权的行使名义及诉讼时效期间的起算问题作出了规定。保险代位求偿权不属于保险合同一般规定部分的内容，但是，鉴于保险审判工作中保险代位求偿权的问题较为突出，为满足审判工作的实际需要，解释（二）对此作了规定。在这里特别需要注意的是，关于保险代位求偿权的诉讼时效期间问题，解释（二）与最高人民法院以前的规定不完全一致。2001 年 1 月 3 日，最高人民法院作出《关于中国上海抽纱进出口公司与中国太平洋保险公司上海分公司海上货物运输保险合同纠纷请示的复函》（〔2000〕交他字第 8 号）。该复函明确指出，“保险人取得的代位求偿权是被保险人移转的债权，保险人取代被保险人的法律地位后，对承运人享有的权利范围不得超过被保险人；凡承运人得以对抗被保险人而享有的抗辩权同样可以对抗保险人，该抗辩权包括因诉讼时效超过而拒绝赔付的抗辩权。保险人只能在被保险人有权享有的时效期间提起诉讼。”根据该复函的规定，保险人承继被保险人对第三人的请求权，包括请求权的时效期间，即保险人保险代位求偿权与被保险人对第三人请求权的诉讼时效期间起算点应是一致的。根据保险法第六十条第一款的规定，解释（二）规定保险代位求偿权的诉讼时效期间应自保险人取得保险代位求偿权之日起算。本条的规定并未改变〔2000〕交他字第8号复函关于保险代位求偿权是被保险人移转的债权的基本观点，只是改变了保险代位求偿权诉讼时效期间的起算点。除该起算点外，保险代位求偿权仍然应在被保险人对第三人的权利范围内行使。

（八）关于被保险人、受益人的选择权

第三人导致的保险事故发生后，被保险人、受益人对第三人、对保险人的请求权应如何行使？解释（二）第十九条作了规定。在保险合同纠纷案件中，有保险人以保险事故系第三人的原因导致，被保险人或者受益人应先向第三人请求赔偿后再向保险人请求赔偿为由拒绝承担保险责任。无论从保险合同的目的还是从两个请求权的关系角度考察，保险人的该抗辩均不应得到支持。主要理由在于，第一，投保人投保的目的就是分散风险，保险人如此抗辩违反了分散风险的合同目的。第二，保险人与投保人签订的保险合同生效后，保险人与投保人之间形成有效的保险合同法律关系。保险事故发生后，保险人应当承担保险责任，如果保险事故是第三人导致的，被保险人亦有权请求该第三人承担违约或者侵权责任。即被保险人或者受益人同时享有向保险人的请求权和向第三人的请求权两种不同性质的请求权，其有权选择行使，保险人无权要求其先行向第三人请求赔偿。解释（二）第十九条第一款适用于人身保险和财产保险，是关于实体权利的规定，第二款适用于财产保险，是关于诉讼权利的规定。在财产保险中，被保险人先向第三人请求赔偿的，获取的赔偿可能不足以弥补其损失，其就不足部分可依据保险合同向保险人请求赔偿。但被保险人能否获取赔偿及能获取多少，应通过审理确定，其起诉并不是当然能够全部得到支持。故条文仅写明被保险人享有诉权，法院应予受理，而不是支持被保险人的诉讼请求。根据保险法第四十六条的规定，人身保险的被保险人、受益人对保险人的请求权与其对第三人的请求权互不影响，故本条第二款不适用于人身保险合同纠纷。

（撰稿人：最高人民法院保险法司法解释起草小组）

【链　　接】

最高人民法院民二庭负责人就《关于适用〈中华人民共和国保险法〉若干问题的解释（二）》答记者问

2013年6月7日，最高人民法院颁布了《最高人民法院关于适用〈中华人民共和国保险法〉若干问题的解释（二）》（以下简称解释（二））。就解释（二），最高人民法院民二庭负责人接受了记者采访。

一、问：请您谈一谈制定解释（二）的背景和目的。

答：近年来，我国保险业发展迅速，在经济社会发展中发挥着越来越重要的作用。随着保险业的快速发展，保险纠纷案件数量呈连续增长态势。据统计，2008年，全国各级人民法院共新收一审保险合同纠纷案件28231件，审结28106件。2009年，全国各级人民法院共新收一审保险合同纠纷案件41752件，审结40711件。2010年，全国各级人民法院共新收一审保险合同纠纷案件59767件，审结58885件。2011年，全国各级人民法院共新收一审保险合同纠纷案件73206件，审结72135件。2012年，全国各级人民法院共新收一审保险合同纠纷案件76430件，审结76198件。2012年受理的保险合同纠纷案件数量是2008年受理案件数量的2.7倍。此外，大量侵权纠纷案件中也涉及保险合同相关问题。尤其是，根据道路交通安全法的规定，我国实行机动车第三者责任强制保险制度，几乎所有道路交通事故人身损害赔偿纠纷案件均涉及保险合同。如果将涉及保险合同的道路交通事故人身损害赔偿纠纷案件计算在内，2012年全国各级人民法院受理的保险合同纠纷案件和与保险合同相关的道路交通事故人身损害赔偿纠纷案件共计871235件，是2008年的2.16倍。

《中华人民共和国保险法》（以下简称《保险法》）自1995年颁布实施以来，虽经2002年第一次修订，但因受历史条件所限，实践中很多问题沉淀下来一直未得到很好解决。2009年《保险法》的修订，对维护金融秩序稳定，促进保险业健康发展，特别是保护投保人、被保险人利益方面发挥了积极的作用。自新保险法实施以来，保险业内部结构和外部环境都发生了较大变化，出现了一些新情况、新问题，比如投保人如实告知义务的范围、明确说明义务的履行标准、保险人核保期间的计算、保险代位求偿权的行使等等。由于《保险法》适用涉及的问题繁杂且具体，加之对法律的理解和认识不尽一致，各地法院对保险合同纠纷案件的裁判标准不够统一。这些问题如不尽快解决，将极大地影响裁判标准的统一，影响司法的权威，同时也会影响我国保险业的持续健康发展。正是在这一背景下，我们启动了《保险法》中保险合同一般规定部分有关法律适用问题的司法解释的制定工作。

此次制定该解释（二）主要基于以下几方面目的：

1. 积极回应民生，实现司法为民。积极回应人民群众的需求，切实解决人民群众关心的问题，是贯彻落实司法为民理念的重要内容。当前保险市场上，销售误导、理赔难等问题极大困扰广大保险消费者，受到社会各界广泛关注。我们希望通过本司法解释，进一步规范保险公司的展业行为和理赔行为，尽可能解决这些与人民群众利益密切相关的问题。

2. 服务市场经济，促进行业发展。社会主义市场经济是法治经济，实现保险行业的又好又快发展离不开良好的法治环境。2009 年修订后的《保险法》为保险业的健康发展奠定了坚实的法制基础，但保险合同部分的条文依然有限，尚难以满足保险市场发展的需要。在此情况下，最高人民法院通过司法解释，进一步推动保险法律制度的完善，使之更好的发挥对保险市场的规范和调整作用。

3. 细化法律条文，弥补法律缺失。《保险法》经过 2009 年的修订，我国保险合同法规则已经趋于完善，但一些条文仍然过于原则。为此，我们在遵从立法原意的基础上通过司法解释的形式，进一步细化相关规定，努力提升法律规则的可操作性。此外，由于保险市场发展日新月异，《保险法》难以满足市场发展的需要，通过司法解释，可以弥补法律缺失，推动保险法律体系的不断完善。

4. 统一裁判标准，提升司法公信力。当前我国保险市场发育还不够成熟，诚信体系尚在建立过程中，保险市场主体的各种违规行为导致保险纠纷增多，审判实践中对保险合同成立、投保人告知义务、保险人说明义务、保险利益原则、保险合同解释等问题存在较大争议，裁判标准不够统一。鉴于此，我们希望通过司法解释，明确裁判规则，进一步统一裁判标准，从而更好地贯彻落实习近平总书记提出的“努力让人民群众在每一个司法案件中都感受到公平正义”的目标，实现周强院长提出的坚持司法为民公正司法，提高司法公信力的要求。

二、问：请问人民法院近些年在规范保险市场方面都做了哪些工作？

答：人民法院一直非常重视保险审判工作，积极采取各种措施推动规范保险市场的形成，近年来主要工作有以下几个方面：

一是依法审理大量保险合同纠纷案件。近五年来，保险纠纷案件逐年上升，各级人民法院在案多人少矛盾比较突出的情况下，合理调配审判力量，通过设立专业合议庭等举措，及时审结一审保险合同纠纷案件 276035 件，对于规范保险市场，保护保险消费者发挥了积极作用。

二是及时出台司法解释与司法政策。2009年《保险法》修订后，最高人民法院及时出台了《关于适用〈中华人民共和国保险法〉若干问题的解释（一）》，解决新旧保险法衔接问题。2012年，最高人民法院制定了《关于审理道路交通事故损害赔偿案件适用法律若干问题的解释》，对道路交通事故损害赔偿案件中涉及交强险的相关法律问题做了规定。今年初，最高人民法院与保监会联合下发了《关于在全国部分地区开展建立保险纠纷诉讼与调解对接机制试点工作的通知》，推动建立保险纠纷诉讼与调解对接机制，促进保险纠纷案件的妥善解决。调查显示，该通知下发实施以来，江苏、上海等保险业发达、保险纠纷较多的地区，保险纠纷案件调解成功率达到70%。

三是加强对下业务指导。2010年，最高人民法院组织撰写《中华人民共和国保险法保险合同章条文理解与适用》一书，为各级人民法院审理保险合同纠纷案件提供指导。最高人民法院还通过举办培训班、召开审判工作会议、撰写文章等多种方式，加强对下业务指导，规范正确审理保险合同纠纷案件。

四是加强沟通与协调。2009年全国人大法工委修订《保险法》过程中，最高人民法院多次与全国人大法工委修订小组召开论证会，对《保险法》的修改提出意见和建议。近年来，最高人民法院加强与保监会的沟通协调，多次提出司法建议，共同推动保险市场健康有序发展。

三、问：解释（二）在制定过程中遵循了哪些原则？

答：解释（二）是根据法律和有关立法精神，结合审判工作实际需要制定的。解释（二）在制定过程中遵循了以下工作思路：

1. 立足审判实践，服务市场需求。司法解释工作是以解决审判实务中具体问题，服务市场发展为取向。为此，我们做了大量调研工作。在条文起草过程中，我们在全国法院系统内开展广泛调研，并到一些保险公司进行考察，充分听取了法院系统与保险业界对解释（二）的需求和建议。解释（二）条文形成后，我们在福建、浙江、山东、北京、深圳等地多次召开论证会，充分听取了保险监管部门、相关专家学者以及部分法院系统和保险行业代表的意见，以确保解释（二）能更好地指导保险审判实践，服务保险市场发展。为了使解释（二）更符合保险市场交易实际和审判实践的要求，更好地保护各方当事人合法权益，我们还通过最高人民法院网等媒体向社会公开征求意见，引起了社会的广泛关注。

2. 尊重立法原意，落实法律精神。司法解释旨在解决人民法院在审判工作中遇到的具体适用法律的问题，因此，我们在解释（二）制定的过程中尽可能地体现立法精神。在理念上，积极贯彻2009年《保险法》修订的精神，加强投保人、被保险人和受益人的保护；在方法上，严格遵循法律解释方法，确保解释（二）的具体内容符合《保险法》的立法本意。

3. 立足行业现状，着眼未来发展。当前保险审判实践中出现的争议和问题，一方面是因保险市场尚不成熟、市场主体行为不够规范产生的，另一方面也与保险市场不断发展、保险产品不断创新有直接关系。我们制定解释（二）时，首先是立足行业现状，解决具体问题，同时考虑保险行业未来发展的需要，解释（二）通过确立新型保险交易行为，规范保险合同当事人的行为及方式，引导保险市场规范发展。

4. 立足本国国情，适当借鉴域外经验。保险法属于舶来法，域外相关保险立法和实践已经较为成熟，我们在解释（二）制定中部分借鉴域外成功经验。当然，由于保险行业发展所处阶段不同，保险实践中出现的问题也不一致，故在借鉴域外相关经验时坚持从本国国情出发，充分考虑我国社会发展水平，及国内保险业发展实际状况。

四、问：解释（二）条文的起草坚持哪些指导思想？

答：保险法司法解释与广大保险消费者利益密切相关，也会对保险行业的发展产生直接的影响。解释（二）的制定坚持了以下指导思想：

1. 妥善平衡各方利益，加强保护保险消费者。加强对投保人、被保险人和受益人合法权益的保护，是2009年《保险法》修订的重中之重。保险监管部门也将加强保险消费者保护作为保险监管工作的重要内容。我们在制定保险法司法解释时，力求体现这一精神。当然，加强保险消费者的保护也应当兼顾保险人的利益，尊重保险行业发展的客观实际，保障保险行业的健康发展。

2. 坚持诚信原则，防范道德风险。诚信原则是民法的基本原则。保险合同以转移风险为目的，属典型射幸合同，对诚实信用的要求高于一般普通合同，故理论界将保险合同称为最大诚信合同。最大诚信原则要求保险合同的双方当事人在保险合同的订立和履行过程中，必须以最大的诚意履行义务，为此我们在制定司法解释过程中充分体现诚信原则，注意防范道德风险。例如，司法解释第七条引入弃权制度，规定保险人在保险合同成立后知道或者应当知道投保人未履行如实告知义务，仍然收取保险费的，不得再主张解除合同。对于保险实践中的保险人或其代理人代为签章的问题，司法解释第三条从维护诚信的角度规定，投保人已经交纳保险费的，视为其对代签章行为的追认，防止投保人事后随意悔约。

3. 坚持保险原理，尊重保险特性。保险是以大数法则为基础的制度，具有很强的技术性。保险经营行为中保险费率的厘定、保险风险的选择、保险赔偿的计算、保险资金的运用以及各种准备金的提取等都需要以精算为基础，《保险法》的许多规定是从技术角度对保险经营活动提出的要求。为此，解释（二）在制定过程中注重尊重保险原理。例如，根据最新保险利益学说，同一保险标的上可存在不同保险利益，解释（二）第一条对此予以认可，同时为了防止道德风险，该条规定被保险人只能在其保险利益范围内主张保险赔偿。

4. 遵守合同原理，把握保险合同的特点。保险合同是以转移危险为目的的射幸合同，其在订立、生效、履行等方面具有不同于普通民事合同的一些特征，需要在法律上作出不同于普通民事合同的规定，这是保险合同立法独立存在的基础，故我们在解释（二）中尊重保险合同的特殊规则。当然，保险合同法属于合同法的特别法，其仍应遵循合同法的基本原理。例如，对保险人接受投保人提交的投保单并收取了保险费，尚未作出是否承保的意思表示，发生保险事故的情形，解释（二）第四条规定，如果保险标的符合承保条件，则保险人应承担保险责任，这是基于权利义务对等角度对保险合同成立生效作出的特殊安排，也是对保险人提出更高诚信义务的要求。

五、问：加强对保险消费者的保护是2009年《保险法》修订的基本原则，也是近些年来保险监管部门的重点工作之一，请问解释（二）如何体现这一原则？

答：解释（二）关于加强对保险消费者保护的理念主要体现在以下几个方面：

一是规范保险公司的承保行为，督促保险公司尽快承保，并要求保险公司在保险标的符合承保条件的情况下，对其收取保险费后、作出承保意思表示前发生的保险事故承担保险责任，解释（二）第四条对此作出了规定。

二是细化投保人如实告知义务，防止保险人随意以投保人违反如实告知义务为由拒赔。为防止保险人滥用投保人如实告知义务解除合同和拒赔，司法解释明确了告知义务的范围以及保险合同解除与拒赔的关系等问题。

三是强化保险人的提示和明确说明义务。解释（二）明确保险人履行明确说明义务的范围，提高提示和明确说明义务履行的标准，督促保险人切实向投保人解释免除保险人责任的格式条款，保护保险消费者的合法权益。

四是明确非保险术语的解释规则。保险人在其提供的保险合同格式条款中对非保险术语所作的解释必须符合专业意义，不符合专业意义但有利于投保人、被保险人或者受益人的，人民法院予以认可。

五是正确认定保险合同的内容。投保单与保险单或者其他保险凭证不一致的，如保险人对不一致情形未向投保人说明并经投保人同意的，应以投保单为准。

六是明确理赔核定期间起算点，解决理赔难问题。保险理赔是最易引起保险纠纷的原因之一，理赔难问题一直倍受社会大众关注。《保险法》规定了"三十日"理赔核定期间，但并未明确该期间的起算点。为避免保险人拖延赔付，解释（二）明确该"三十日"核定期间自保险人初次收到被保险人或者受益人索赔请求及有关证明或者资料之日起算。

七是排除保险人为被保险人、受益人设置索赔障碍。保险事故发生后，被保险人或者受益人起诉保险人，保险人不能以被保险人或者受益人未要求第三者承担责任为由作为抗辩，防止保险人拖延理赔。

六、问：解释（二）第一条对财产保险中保险利益相关问题做了规定，其出发点是什么？具体如何理解？

答：保险利益是保险合同法特有的制度，财产保险合同的被保险人对保险标的是否具有保险利益直接决定被保险人是否能够请求赔偿保险金。实践中，财产的使用人、租赁人、承运人等非财产所有权人有转移风险的需求，可能向保险公司投保，有些保险公司虽给予承保，但却在保险事故发生时以被保险人不是财产所有权人、不具有保险利益为由拒赔，有违诚实信用，不符合保险消费者的合理期待。为此，解释（二）第一条规定，不同投保人可以就同一保险标的分别投保，承认财产的使用人、租赁人、承运人等主体对保险标的也具有保险利益，防止保险人滥用保险利益原则拒绝承担保险责任。当然，任何人都不得通过保险合同获得超过损失的赔偿，故被保险人只能在其保险利益范围内依据保险合同主张保险赔偿。

七、问：在保险实务中，经常有保险业务员代投保人签名的情况发生，解释（二）对此是如何规定的？

答：在一些保险合同的订立过程中，投保人可能没有亲自在投保单上签字，而是由保险业务员代为签名，由此引发了很多纠纷。为维护保险市场秩序，规范市场主体行为，解释（二）第三条第一款明确规定，投保人或者投保人的代理人订立保险合同时没有亲自签字或者盖章，而由保险人或者保险人的代理人代为签字或者盖章的，对投保人不生效。但投保人已经交纳保险费的，视为其对代签字或者盖章行为的追认。该规定旨在倡导投保人亲自签章，并对自己的行为负责，以此保护投保人利益。

解释（二）第三条第二款对于保险人或其代理人代投保人填写保险单证的行为后果作出规定，保险人或其代理人代为填写保险单证比如投保单所附风险询问表，并经投保人签字或盖章确认的，代为填写的内容视为投保人的真实意思表示。但如果保险人或其代理人存在《保险法》规定的保险误导行为的，则不予认可，防止误导及欺诈行为的产生。

八、问：投保人如实告知义务是当前保险公司拒绝赔偿的主要理由之一，解释（二）对此如何规范？

答：法律要求投保人在订立保险合同时承担如实告知义务是为了帮助保险

人搜集与保险标的风险相关信息，以更好地评估风险，决定是否承保，确定保险费率。实践中，有保险公司要求投保人承担过重的如实告知义务，随意以投保人违反如实告知义务为由拒赔。为此，解释（二）从以下几个方面进行规范，限制保险人在投保人违反如实告知义务时拒绝赔偿的权利，保护保险消费者的合法权益。

第一，将投保人告知范围限于其明知内容，防止无限扩大投保人告知内容的范围。解释（二）第五条规定，投保人仅对其明知的与保险标的或者被保险人有关的情况承担告知义务，故保险人不得以投保人未告知其不知道的事实为由拒绝赔偿。

第二，明确确立询问告知主义，将投保人告知范围限于保险人询问的范围和内容。解释（二）第六条规定，只有保险人询问的，投保人才承担告知义务，投保人的告知范围以保险人询问的范围和内容为限，且保险人原则上不得采用概括性条款进行询问。

第三，借鉴域外经验，引入弃权制度。解释（二）第七条规定，保险人在保险合同成立后知道或者应当知道投保人未履行如实告知义务，仍然收取保险费的，不得解除保险合同。

第四，规范保险合同解除与拒绝赔偿的关系，防止保险人随意拒赔。根据解释（二）第八条规定，保险人未行使合同解除权，直接以存在保险法第十六条第四款、第五款规定的情形为由拒绝赔偿的，人民法院不予支持。换言之，保险人只有解除保险合同才可以投保人违反如实告知义务为由拒绝理赔，当然，如果当事人就拒绝赔偿事宜及保险合同存续另行达成一致，应当予以准许。这是解释（二）作出的制度上的灵活安排。

九、问：保险人提示和明确说明义务是解决销售误导的重要制度，请详细介绍一下解释（二）在此方面的规定？

答：保险条款一般都由保险公司单方提供，条文众多、内容复杂，投保人通常难以读懂，一些保险展业人员正是利用这一特点销售误导消费者。鉴于此，解释（二）从以下几个方面进一步强化保险人的提示和明确说明义务。

1. 从宽理解《保险法》第十七条规定的“免除保险人责任的条款”。根据解释（二）第九条，保险人提供的格式合同文本中的责任免除条款、免赔额、免赔率、比例赔付或者给付等免除或者减轻保险人责任的条款，都属于“免除保险人责任的条款”，保险人对这些内容都必须进行提示和明确说明。

2. 明确保险人提示义务的履行方式和标准。解释（二）第十一条第一款规定，保险人可以采用文字、字体、符号或者其他明显标志等形式进行提示，且提示必须足以引起投保人注意，使投保人知道免除保险人责任条款的存在。

3. 提高保险人明确说明的程度。为防止明确说明义务流于形式化，解释（二）第十一条第二款规定，保险人对保险合同中有关免除保险人责任条款的概念、内容及其法律后果的说明，必须达到常人能够理解的程度。

值得注意的是，解释（二）第十二条虽允许保险人以网页、音频、视频等形式对免除保险人责任条款进行提示和明确说明，但其提示和明确说明必须达到第十一条规定的标准，否则相关免除保险人责任条款不生效。实践中，有些保险公司所设计的网络投保程序并没有主动出示格式条款，或者虽出示格式条款，但该格式条款并没有对免除保险人责任的内容采取特别标识，不能认为其履行了提示和明确说明义务。

4. 明确保险人对其履行了明确说明义务负举证责任。保险人履行明确说明义务须符合解释（二）第十一条第二款的要求。解释（二）第十三条第一款明确规定，保险人对其履行了明确说明义务负有举证责任，符合民事诉讼法关于举证责任的规定，有利于切实保护投保人、被保险人的利益。

十、问：商事审判与市场经济联系最为密切。解释（二）如何体现服务市场经济这一原则？

答：1. 规范市场行为，维护市场秩序。当前我国保险市场上投保人、被保险人、受益人在投保、申请理赔，保险人在展业、核保、核赔等环节都存在一些不规范行为，这种不规范的行为不利于保险市场健康持续发展。为此，解释（二）通过对市场行为的规范，维护正常交易秩序，充分发挥市场在配置保险资源方面的基础作用。

2. 确立交易规则，减少交易成本。明确交易规则可以增强市场交易主体的可预见性，减少市场交易成本，提高市场运行效率。由于保险实践中对保险利益原则如何适用、投保人违反如实告知义务时保险人是否可以不解除保险合同直接拒绝赔偿、保险人如何证明其已履行明确说明义务、保险人核保期间如何计算、保险代位求偿权如何行使等问题存在较大争议，保险交易行为缺乏可预测性。鉴于此，解释（二）对这些问题进行规范，通过统一交易规则，明确裁判标准，为保险公司与投保人等市场主体提供明确行为指引。例如，解释（二）第十五条对保险人核保期间起算以及扣除作出了规定，第十六条对保险代位求偿权的行使名义以及诉讼时效如何计算等都作出了规定。

3. 鼓励保险创新，促进市场发展。保险制度具有经济补偿、资金融通和社会管理功能，发展保险事业对于促进经济发展、服务社会主义新农村建设、完善社会保障体系、创新社会管理体制具有重要的积极作用，因此，解释（二）的制定，应当体现鼓励保险创新的精神。例如，解释（二）第十二条认可保险公司可以通过网络、电话等方式订立保险合同，并对该新型投保方式作出具体法律上的规定，鼓励保险营销创新。

4. 尊重行业规则，合理对待交易习惯。多年来保险业在发展中形成了一些合理的行业习惯。这些习惯是保险业务中约定俗成的交易规则，具有节省交易成本，简化交易流程的作用，解释（二）也体现了这些行业规则。当然，有些交易习惯还需进一步修订和完善，使之更加符合法律精神。

最高人民法院
关于适用《中华人民共和国保险法》若干问题的解释（三）

法释〔2015〕21号

（2015年9月21日最高人民法院审判委员会第1661次会议通过　2015年11月25日最高人民法院公告公布　自2015年12月1日起施行）

为正确审理保险合同纠纷案件，切实维护当事人的合法权益，根据《中华人民共和国保险法》《中华人民共和国合同法》《中华人民共和国民事诉讼法》等法律规定，结合审判实践，就保险法中关于保险合同章人身保险部分有关法律适用问题解释如下：

第一条　当事人订立以死亡为给付保险金条件的合同，根据保险法第三十四条的规定，“被保险人同意并认可保险金额”可以采取书面形式、口头形式或者其他形式；可以在合同订立时作出，也可以在合同订立后追认。

有下列情形之一的，应认定为被保险人同意投保人为其订立保险合同并认可保险金额：

（一）被保险人明知他人代其签名同意而未表示异议的；

（二）被保险人同意投保人指定的受益人的；

（三）有证据足以认定被保险人同意投保人为其投保的其他情形。

第二条　被保险人以书面形式通知保险人和投保人撤销其依据保险法第三十四条第一款规定所作出的同意意思表示的，可认定为保险合同解除。

第三条　人民法院审理人身保险合同纠纷案件时，应主动审查投保人订立保险合同时是否具有保险利益，以及以死亡为给付保险金条件的合同是否经过被保险人同意并认可保险金额。

第四条　保险合同订立后，因投保人丧失对被保险人的保险利益，当事人主张保险合同无效的，人民法院不予支持。

第五条　保险合同订立时，被保险人根据保险人的要求在指定医疗服务机构进行[illegible]检，当事人主张投保人如实告知义务免除的，人民法院不予支持。

[illegible]人知道被保险人的体检结果，仍以投保人未就相关情况履行如实告知[illegible]要求解除合同的，人民法院不予支持。

[illegible]　未成年人父母之外的其他履行监护职责的人为未成年人订立以死

亡为给付保险金条件的合同，当事人主张参照保险法第三十三条第二款、第三十四条第三款的规定认定该合同有效的，人民法院不予支持，但经未成年人父母同意的除外。

第七条 当事人以被保险人、受益人或者他人已经代为支付保险费为由，主张投保人对应的交费义务已经履行的，人民法院应予支持。

第八条 保险合同效力依照保险法第三十六条规定中止，投保人提出恢复效力申请并同意补交保险费的，除被保险人的危险程度在中止期间显著增加外，保险人拒绝恢复效力的，人民法院不予支持。

保险人在收到恢复效力申请后，三十日内未明确拒绝的，应认定为同意恢复效力。

保险合同自投保人补交保险费之日恢复效力。保险人要求投保人补交相应利息的，人民法院应予支持。

第九条 投保人指定受益人未经被保险人同意的，人民法院应认定指定行为无效。

当事人对保险合同约定的受益人存在争议，除投保人、被保险人在保险合同之外另有约定外，按照以下情形分别处理：

（一）受益人约定为“法定”或者“法定继承人”的，以继承法规定的法定继承人为受益人；

（二）受益人仅约定为身份关系，投保人与被保险人为同一主体的，根据保险事故发生时与被保险人的身份关系确定受益人；投保人与被保险人为不同主体的，根据保险合同成立时与被保险人的身份关系确定受益人；

（三）受益人的约定包括姓名和身份关系，保险事故发生时身份关系发生变化的，认定为未指定受益人。

第十条 投保人或者被保险人变更受益人，当事人主张变更行为自变更意思表示发出时生效的，人民法院应予支持。

投保人或者被保险人变更受益人未通知保险人，保险人主张变更对其不发生效力的，人民法院应予支持。

投保人变更受益人未经被保险人同意的，人民法院应认定变更行为无效。

第十一条 投保人或者被保险人在保险事故发生后变更受益人，变更后的受益人请求保险人给付保险金的，人民法院不予支持。

第十二条 投保人或者被保险人指定数人为受益人，部分受益人在保险事故发生前死亡、放弃受益权或者依法丧失受益权的，该受益人应得的受益份额按照保险合同的约定处理；保险合同没有约定或者约定不明的，该受益人应得的受益份额按照以下情形分别处理：

（一）未约定受益顺序和受益份额的，由其他受益人平均享有；

（二）未约定受益顺序但约定受益份额的，由其他受益人按照相应比例享有；

（三）约定受益顺序但未约定受益份额的，由同顺序的其他受益人平均享有；同一顺序没有其他受益人的，由后一顺序的受益人平均享有；

（四）约定受益顺序和受益份额的，由同顺序的其他受益人按照相应比例享有；同一顺序没有其他受益人的，由后一顺序的受益人按照相应比例享有。

第十三条 保险事故发生后，受益人将与本次保险事故相对应的全部或者部分保险金请求权转让给第三人，当事人主张该转让行为有效的，人民法院应予支持，但根据合同性质、当事人约定或者法律规定不得转让的除外。

第十四条 保险金根据保险法第四十二条规定作为被保险人的遗产，被保险人的继承人要求保险人给付保险金，保险人以其已向持有保险单的被保险人的其他继承人给付保险金为由抗辩的，人民法院应予支持。

第十五条 受益人与被保险人存在继承关系，在同一事件中死亡且不能确定死亡先后顺序的，人民法院应根据保险法第四十二条第二款的规定推定受益人死亡在先，并按照保险法及本解释的相关规定确定保险金归属。

第十六条 保险合同解除时，投保人与被保险人、受益人为不同主体，被保险人或者受益人要求退还保险单的现金价值的，人民法院不予支持，但保险合同另有约定的除外。

投保人故意造成被保险人死亡、伤残或者疾病，保险人依照保险法第四十三条规定退还保险单的现金价值的，其他权利人按照被保险人、被保险人继承人的顺序确定。

第十七条 投保人解除保险合同，当事人以其解除合同未经被保险人或者受益人同意为由主张解除行为无效的，人民法院不予支持，但被保险人或者受益人已向投保人支付相当于保险单现金价值的款项并通知保险人的除外。

第十八条 保险人给付费用补偿型的医疗费用保险金时，主张扣减被保险人从公费医疗或者社会医疗保险取得的赔偿金额的，应当证明该保险产品在厘定医疗费用保险费率时已经将公费医疗或者社会医疗保险部分相应扣除，并按照扣减后的标准收取保险费。

第十九条 保险合同约定按照基本医疗保险的标准核定医疗费用，保险人以被保险人的医疗支出超出基本医疗保险范围为由拒绝给付保险金的，人民法院不予支持；保险人有证据证明被保险人支出的费用超过基本医疗保险同类医疗费用标准，要求对超出部分拒绝给付保险金的，人民法院应予支持。

第二十条 保险人以被保险人未在保险合同约定的医疗服务机构接受治疗为由拒绝给付保险金的，人民法院应予支持，但被保险人因情况紧急必须立即就医的除外。

第二十一条 保险人以被保险人自杀为由拒绝给付保险金的，由保险人承担举证责任。

受益人或者被保险人的继承人以被保险人自杀时无民事行为能力为由抗辩的，由其承担举证责任。

第二十二条 保险法第四十五条规定的“被保险人故意犯罪”的认定，应当以刑事侦查机关、检察机关和审判机关的生效法律文书或者其他结论性意见为依据。

第二十三条 保险人主张根据保险法第四十五条的规定不承担给付保险金责任的，应当证明被保险人的死亡、伤残结果与其实施的故意犯罪或者抗拒依法采取的刑事强制措施的行为之间存在因果关系。

被保险人在羁押、服刑期间因意外或者疾病造成伤残或者死亡，保险人主张根据保险法第四十五条的规定不承担给付保险金责任的，人民法院不予支持。

第二十四条 投保人为被保险人订立以死亡为给付保险金条件的保险合同，被保险人被宣告死亡后，当事人要求保险人按照保险合同约定给付保险金的，人民法院应予支持。

被保险人被宣告死亡之日在保险责任期间之外，但有证据证明下落不明之日在保险责任期间之内，当事人要求保险人按照保险合同约定给付保险金的，人民法院应予支持。

第二十五条 被保险人的损失系由承保事故或者非承保事故、免责事由造成难以确定，当事人请求保险人给付保险金的，人民法院可以按照相应比例予以支持。

第二十六条 本解释自2015年12月1日起施行。本解释施行后尚未终审的保险合同纠纷案件，适用本解释；本解释施行前已经终审，当事人申请再审或者按照审判监督程序决定再审的案件，不适用本解释。

【解　　读】

解读《关于适用〈中华人民共和国保险法〉若干问题的解释（三）》

一、问题的提出

《最高人民法院关于适用〈中华人民共和国保险法〉若干问题的解释（三）》（以下简称解释（三））已于2015年11月26日公布，并于2015年12月1日起施行。解释（三）是对《中华人民共和国保险法》保险合同章人身保险部分有关法律适用问题的解释，共26条。为正确理解和适用该司法解释，现对其制定背景和主要内容予以说明。

（一）起草背景和经过

保险是现代经济的重要产业和风险管理的基本手段。改革开放以来，我国保险业快速发展，服务领域不断拓宽。2014年，我国保险业保费收入突破2万亿元，保费规模跃居全球第三，保险业总资产突破10万亿元，为全社会提供风险保障1114万亿元，保险业赔款与给付7216.2亿元，为促进经济社会发展和保障人民群众生产生活作出了重要贡献。2014年8月，国务院出台了《关于加快发展现代保险服务业的若干意见》，要求加快发展现代保险服务业，保险行业发展迎来良好机遇。

社会主义市场经济是法治经济，实现保险行业的又好又快发展，离不开良好的法治环境。1995年，我国第一部保险法实施，采用保险合同法与保险业法统一规范的立法模式，确立了保险合同法和保险监管法的基本框架，为保险市场健康发展起到重要作用。2002年以后，保险法经历多次修订，其中2009年对保险法保险合同章作了较大改动，推动了保险合同法律制度的完善。受制于各方面原因，保险法保险合同章所占的比重轻，条文少，相关规定较为原则，未能满足保险市场发展的需要，保险合同纠纷不断发生，人民法院受理的保险合同纠纷案件逐年上升。据统计，2009年全国保险合同纠纷一审案41752件，2010年59767件，2011年73206件，2013年76430件，2014年94957件，2015年前10个月为91555件。

为更好地指导各级人民法院审理保险合同纠纷案件，最高人民法院民二庭积极开展保险审判调研，抓紧司法解释的起草制定工作。2009年10月，为了解决修订前后的保险法适用衔接的问题，最高人民法院适时出台了《关于适用〈中华人民共和国保险法〉若干问题的解释（一）》，与修订后的保险法同步施行，取得了较好的效果。2013年6月，为解决保险法保险合同章一般规定部分适用中存在的问题，最高人民法院出台了《关于适用〈中华人民共和国保险法〉若干问题的解释（二）》（以下简称解释（二）），为各级人民法院正确审理保险合同纠纷案件起到积极作用。解释（二）出台实施后，最高人民法院又及时启动了解释（三）的起草工作，以解决保险法保险合同章人身保险部分在适用中存在的争议。

为确保司法解释更符合保险审判实践的需要，更好地服务保险市场发展，最高人民法院民二庭进行了深入调研和充分论证。在起草过程中，我们广泛征求了各级人民法院、全国人大法工委、国务院法制办、保监会以及保险行业协会的意见，听取了保险以及保险法专家、学者的意见。为了更好地听取社会各界的意见，我们还通过最高人民法院网站向社会公开征求意见。毫无疑问，这些意见使得这部司法解释更加具有针对性、科学性和合理性。2015年9月21

日，最高人民法院审判委员会第1661此会议讨论通过了解释（三）。解释（三）全文26条，适用于人身保险合同纠纷案件的审理。

（二）制定解释的指导思想

人身保险合同的投保人通常是个人，存在保险合同存续期间较长、法律关系较为复杂等特征，保险市场创新活跃，道德风险防范、保险消费者保护、鼓励保险创新、明晰法律关系等需求更为突出。因此，我们在司法解释起草中，坚持以下指导原则：

一是注重防范道德风险。人身保险以人的寿命和身体为保险标的，道德风险的发生意味着被保险人的生命健康受到侵害。人身保险不适用损害填补原则，保险金额不受限制，相关利益主体更可能存在实施道德风险骗取保险金的意图。因此，防范道德风险在人身保险合同中的责任更加重大。

二是注重保护保险消费者。保险合同的一方主体为专门经营风险的保险公司，另一方是普通投保人，双方的经济实力和专业知识存在明显不对等，因此，加强保险消费者保护，是各国保险合同立法的基本原则，我国保险法也不例外。保险消费者保护一直是历次保险法修订的基本理念，也是近年来保险监管部门监管工作的重要内容。解释（三）也延续这一原则。

三是支持保险创新。随着保险市场的发展，人身保险产品不再局限于传统的人寿保险、医疗保险、意外伤害保险，而是发展出具有投资功能的万能险、分红险、投资连接险等保险产品。这些保险产品兼具保障与投资功能，且投资性内容所占比例逐步增大，市场上围绕这些保险产品发展出了新的交易模式。对于这些新类型保险产品及其交易模式，因相关法律规则不明确，实践中存在不少争议，亟需规范。解释（三）一方面确立规则，为新型保险产品的发展创造条件，另一方面适当留白，为新型保险产品的不断创新留下空间。

四是厘清保险合同法律关系。人身保险合同的主体，除保险人与投保人外，还有被保险人和受益人，理论界与实务界对被保险人与受益人的法律地位存在不同认识。尽管保险法明确投保人是保险合同当事人，但仍有观点认为，被保险人也是保险合同当事人。解释（三）遵循合同相对性基本原理，以投保人作为保险合同当事人来构建保险合同法律关系，同时注重维护被保险人的合法权益。

二、理解与适用

（一）关于本解释的适用范围

保险合同根据保障对象的不同可分为人身保险合同与财产保险合同，不同的保险合同基于各自的特点适用不同的法律规则。我国保险法保险合同章分为一般规定、人身保险合同、财产保险合同三个部分，一般规定部分的内容同时适用于人身保险合同与财产保险合同，人身保险合同部分与财产保险合同部分的内容则分别适用于人身保险合同与财产保险合同。解释（三）是对人身保险合同部分的解释，相关条文仅适用于人身保险合同，不能简单将解释（三）的条文直接适用于财产保险合同中。例如，医保标准条款不仅存在于人身保险的医疗保险合同中，也可能存在于财产保书全的第三者责任险，解释（三）第19条关于医保标准条款的规则仅适用于人身保险的医疗保险，能否适用于财产保险的第三者责任险还有待研究。

（二）关于以死亡为给付保险金条件的保险合同

以死亡为给付保险金条件的保险合同，关系被保险人的生命安全，防范道德风险的责任重大。为防止他人为谋取保险金杀害被保险人，保险法第三十四条规定，以死亡为给付保险金条件的合同，未经被保险人同意并认可保险金额的，合同无效。该规定要求投保人为他人订立死亡险时，必须经过被保险人同意并认可保险金额，这是对投保人和保险人的共同要求。实践中，该要求并没有得到很好落实，很多附带死亡险的保险产品并没有得到被保险人的同意并认可保险金额，保险合同效力认定存在隐患，给投保人和保险人的逆向选择留下空间，投保人以及保险人均可根据保险事故是否发生作出对自己有利的选择。尤其是有些保险人为展业需要，在订立死亡险合同时不主动审查死亡险是否经过被保险人同意并认可保险金额，甚至明知死亡险合同未经被保险人同意并认可保险金额仍然承保，收取保险费，但在保险事故发生后，却以死亡险合同未经被保险人同意为由主张合同无效，拒绝给付保险金。针对该问题，解释（三）第1条规定："当事人订立以死亡为给付保险金条件的合同，根据保险法第三十四条的规定，'被保险人同意并认可保险金额'可以采取书面形式、口头形式或者其他形式；可以在合同订立时作出，也可以在合同订立后追认。有下列情形之一的，应认定为被保险人同意投保人为其订立保险合同并认可保险金额：（一）被保险人明知他人代其签名同意而未表示异议的；（二）被保险人同意投保人指定的受益人的；（三）有证据足以认定被保险人同意投保人为其投保的其他情形。"

对该规定的适用，应注意以下几个问题：第一，以死亡为给付保险金条件的合同，需要经过被保险人同意并认可保险金额，适用于投保人与被保险人为不同主体的情形。投保人为自己订立死亡险，不需要通过被保险人同意并认可保险金额来判断合同效力。第二，以死亡为给付保险金条件的合同，被保险人的同意包括两个层次：一是同意投保人以其为被保险人订立死亡险；二是同意保险合同约定的保险金额。第三，被保险人的同意可以采取书面形式、口头形式和其他形式。被保险人的同意在实践中主要以书面形式作出，最为常见的是被保险人在投保单上对死亡险保险合同的订立签名同意。当然，这种签名如果是他人代签的，则不能认为被保险人已经表示同意，除非有证据证明被保险人明知他人代其签名同意而未表示异议的。口头形式证据难以保存，但如确有证据证明被保险人以口头方式表示同意的，也应予认可。例如，保险人对被保险人本人进行电话回访，被保险人在电话回访中对保险合同表示同意。其他形式主要是指网销中，被保险人通过网络平台同意的情形。第四，被保险人同意可以在保险合同订立时作出，也可以在保险合同订立后追认。此处的保险合同订立后，包括保险事故发生后。有观点认为，允许被保险人在保险事故发生后进行追认，会给保险人的逆向选择留下空间，被保险人可以根据保险事故是否发生决定追认与否。我们认为，死亡险以被保险人死亡为保险事故，保险事故的发生意味着被保险人死亡，故实际上不存在保险事故发生后追认的问题。当然，死亡险可能同时附带其他险种，如医疗险，医疗险保险事故发生的，被保险人如仍然生存，允许其进行追认不存在道德风险的问题，没有必要进行限制。同时，允许被保险人事后追认其实也是对保险人的一种督促，可以促使保险人在核保死亡险时，切实按照保险法的要求，征求被保险人的意见。

以死亡为给付保险金条件的合同，需要经过被保险人同意并认可保险金额，立法目的在于防范道德风险，同时也体现对被保险人自主决定权的尊重。人身保险合同存续期间长，被保险人虽在订立保险合同时同意投保人为其订立死亡险，但合同存续期间，二者之间的关系可能发生变化甚至恶化，被保险人不愿意投保人继续为其投保死亡险的，此时应允许被保险人撤销之前作出同意的意思表示，尊重被保险人的意愿，故解释（三）规定：“被保险人以书面形式通知保险人和投保人撤销其依据保险法第三十四条第一款规定所作出的同意意思表示的，可认定为保险合同解除。”对于该规定的适用，应注意以下几个方面：第一，被保险人撤销同意仅适用于以死亡为给付保险条件中的被保险人同意，不适用于人身保险利益中的被保险人同意。第二，被保险人撤销同意，应采用书面形式作出，并且需要同时通知保险人和投保人。第三，被保险人撤销同意的法律后果，视为投保人解除保险合同，保险人应向投保人返回保险单现金价值。第四，被保险人同意的撤销属于被保险人的自主决定权，被保险人可以选择放弃该权利，故应允许投保人、保险人与被保险人通过约定的方式对被保险人撤销的权利进行限制，只是这种限制不能违反公序良俗。

无民事行为能力人自我保护能力低，容易受到伤害，故应对以无民事行为能力人为被保险人订立死亡险给予限制。保险法第三十一条规定，投保人不得为无民事行为能力人投保以死亡为给付保险金条件的人身保险，保险人也不得承保；父母为其未成年子女投保的人身保险，不受前款规定限制。这种仅允许未成年人父母为未成年人投保死亡险的做法，虽能很好地保护未成年人免于被他人作为骗保的对象，但也带来新的问题。实践中，未成年人父母之外的其他人也可能为未成年人子女投保死亡险，一律不承认这类保险合同的效力并不尽合理。例如，有些未成年人所在的幼儿园、学校可能为未成年人投保附带死亡险的保险；有些未成年人外出旅游期间，负责看护未成年人的人员也可能为未成年人投保附带死亡险的意外险；还有的未成年人并不与父母一起生活，而是与祖父母、外祖父母等亲属生活在一起，这些人也可能为未成年人投保死亡险。对于以上这些保险合同，保险人通常都同意承保，收取保费并签发保险单，但当保险事故发生后可能以父母之外的其他人不得为未成年人投保死亡险为由主张合同无效，并拒绝给付保险金，引起纠纷。诉讼中，如果一律认定这类保险合同无效，纵容了保险人的不诚信行为，不利于保护未成年人家属的合理期待。

鉴于此，解释（三）第6条规定："未成年人父母之外的其他履行监护职责的人为未成年人订立以死亡为给付保险金条件的合同，当事人主张参照保险法第三十三条第二款、第三十四条第三款的规定认定该合同有效的，人民法院不予支持，但经未成年人父母同意的除外。"该规定的适用，应注意以下几个方面：第一，原则上父母之外的任何人不得为未成年人订立死亡险，经父母同意的其他履行监护职责的人除外。此处的父母应是有监护能力的父母，其他经父母同意可以为未成年人订立死亡险的人也仅限于其他履行监护职责的人。第二，未成年人父母的同意可以在保险合同订立时作出，也可以在保险合同订立后追认。是否允许父母在保险事故发生后追认，还应根据审判实践进行探索。父母的同意可以是明示的方式，也可能是通过可推断的行为进行判断，实践中应结合具体案件进行判断，一方面防止增加未成年人可能遭受的风险，另一方面防止保险人不诚信拒赔。第三，未成年人父母死亡的，父母之外的其他法定监护人或者其他履行监护职责的人不得为未成年人订立死亡险。

（三）关于人身保险的保险利益

根据保险法第三十一条，保险合同订立时，投保人需对被保险人具有保险利益，否则保险合同无效。人身保险合同期限较长，投保人与被保险人的关系可能在合同存续期间发生变化，从而使在保险合同订立时对被保险人有保险利益的投保人丧失了保险利益，此时保险合同效力是否受到影响，存在不同认识。例如，夫妻一方在婚姻存续期间为另一方投保人身险，后双方离婚，此时保险合同效力是否受到影响，存在有效与无效两种观点。鉴于此，解释（三）依据立法原意，明确保险合同的效力不因投保人在合同存续期间丧失保险利益受到影响。实践中，投保人丧失被保险人的保险利益，可能是基于投保人与被保险人之间的身份关系发生变化，也可能是因保单转让或者继承导致投保人与被保险人身份关系发生变化。不管何种原因导致投保人丧失对被保险人的保险利益，保险合同效力均不应受到影响。

人身保险利益以及死亡险中被保险人同意并认可保险金额，目的在于防止被保险人因他人为其投保而遭受伤害，关系社会公共利益，故直接影响合同效力。根据民事诉讼的基本原理，此类影响合同效力、关系社会公共利益的事项，法院在审理案件时应主动审查，但这在实践中并没有得到贯彻执行，有的法院囿于可能增加的负担不愿主动审查，导致一些通过伤害被保险人骗取保险金的行为得逞。鉴于此，解释（三）明确规定，人民法院审理人身保险合同纠纷案件时，应主动审查投保人订立保险合同时是否具有保险利益，以及以死亡为给付保险金条件的合同是否经过被保险人同意并认可保险金额。

具体的审查方式可以采取这样几个步骤：第一，确定人身保险合同是否属于以死亡为给付保险金条件的合同。不属于上述情形的人身保险，法院仅需要审查保险利益有无即可。反之，法院则需要就保险利益有无和被保险人是否同意进行双重审查。第二，就投保人有无保险利益，区分投保人与被保险人有无特定身份关系。对符合保险法第三十一条第一款所列情形的，查明投保时相关的身份证明资料；对不具有上述身份关系的，调查被保险人于投保时是否作出了同意。第三，在被保险人也是案件当事人的情形下，询问其是否于投保时同意他人投保，签名是否属实，对以死亡为给付条件的保险是否同意并认可其金额。第四，在被保险人不是案件当事人或已死亡时，应当要求案件当事人提交被保险人同意的相关证据。主张合同无效的当事人也可以提交证据证明签名虚假、形成时间虚假。法院对上述证据进行审查，如发现疑点的，可以依据职权启动笔迹鉴定、走访调查被保险人等方式进行查证。第五，被保险人可以作为证人对上述事实问题进行证明，也可以作为无独立请求权的第三人介入诉讼。第六，在综合各方证据和调查取证后，法院审查认为证据可以证明保险利益、被保险人的同意具有高度可能性的，法院可以认定合同有效。

（四）关于体检与如实告知义务的关系

保险合同是最大诚信合同。为协助保险人准确评估风险，保险法第十六条规定，投保人在订立保险合同时应根据保险人的询问承担如实告知义务；投保人故意或者因重大过失未履行如实告知义务，足以影响保险人决定是否同意承保或者提高保险费率的，保险人有权解除合同。实践中，人身保险公司在承保特定险种时会安排被保险人进行体检，以更好地控制风险。被保险人根据保险公司的安排进行体检后，投保人是否仍需要如实告知，审判实践中存在不同观点。针对该问题，解释（三）第5条明确，被保险人在保险合同订立时根据保险人要求到指定医疗服务机构进行体检，投保人如实告知义务不能免除，鼓励最大诚信；保险人知道被保险人的体检结果仍同意订立保险合同，构成弃权，不得再以投保人未就相关情况履行如实告知义务为由要求解除合同。

对该规定的理解，应注意以下两个方面：第一，保险人知道被保险人的体检结果，应当包括保险人自身知道被保险人的体检结果以及医疗机构知道被保险人的体检结果这两种情形。医疗机构接受保险人的委托对被保险人进行体检，从而在医疗机构与保险人之间形成委托代理关系。医疗机构作为保险人的代理人，在保险人的授权范围内（即对被保险人进行体检），对外与投保人、被保险人发生法律关系，医疗机构所实施法律行为的后果由被代理人保险人承受。因此，医疗机构知道体检结果的，即视为保险人知道体检结果。因医疗机构的过错而产生的不利后果不应归属于投保人，保险人不能以其客观上确实不知体检结果为由行使保险合同解除权。第二，弃权的适用条件并不限于保险人明知投保人未如实告知的情形，还应包括其应当知道投保人未如实告知的情形。对于"应当知道"标准的把握，应以理性保险人因重大过失应知而不知作为判断标准。理性保险人标准是指，若一个理性的保险人在同等事实状态下能够知道投保人未如实告知的，即应认为应当知道。

（五）关于第三人代交保险费

保险合同的交费义务主体是投保人。人身保险合同中，投保人与被保险人、受益人经常为不同主体，作为交费义务主体的投保人可能因交费能力不足或者与被保险人、受益人关系恶化而没有继续交纳保险费，此时被保险人、受益人可能基于自身的利益代为交付保险费。这种行为从合同法角度来看属于第三人代为履行，应予准许。实践中，有些保险公司收取了他人代交的保险费，但却在保险事故发生时以投保人未交付保险费为由主张保险合同效力中止，甚至要求解除保险合同，并拒绝承担给付保险金的责任。针对这种不诚信行为，解释（三）第7条规定，当事人以被保险人、受益人或者他人已经代为支付保险费为由，主张投保人对应的交费义务已经履行的，人民法院应予支持。

对于第三人代为支付保险费的理解，应注意以下几个方面：第一，保险人不得随意拒绝第三人代为支付保险费。被保险人、受益人代为支付保险费的，投保人与保险人原则上不得拒绝。无利害关系人以自己名义代交保险费，且投保人拒绝代交的，保险人可以拒绝收取。第二，保险人收取第三人代为支付的保险费后，投保人交费义务因清偿而消灭，保险人不能再以投保人交费义务未履行主张保险合同效力中止或者解除保险合同。第三，第三人代为支付保险费后，可否向投保人进行追偿，要区分不同情况区别对待。在没有保险单现金价值的保险产品中，被保险人、受益人交付的保险费是保险人承保风险的对价，而保险事故发生时取得保险金的是受益人或者被保险人的继承人，投保人并未因被保险人、受益人交付保险费获得利益，故不应允许被保险人或者受益人向投保人进行追偿，防止强制投保人投保。存在保险单现金价值的保险产品中，被保险人、受益人交付的保险费如转化为投保人的保险单现金价值的，投保人因被保险人、受益人交付保险费的行为获得利益，应该允许被保险人、受益人向投保人进行追偿。保险事故发生前，投保人解除保险合同的，被保险人、受益人可向投保人进行追偿。投保人未解除保险合同的，被保险人、受益人如何追偿有待进一步研究。保险事故发生后，保险单现金价值转化为保险金，而受益人是保险金的真正受益人，此时不得再向投保人进行追偿。

（六）关于保险合同的复效

人身保险合同存续期间较长，为防止保险人仅因投保人未及时支付某期保险费解除保险合同，保险法确立了复效制度，允许投保人在逾期支付保险费之后的一定期限内补交保险费，恢复合同效力。保险法第二十七条规定，保险合同效力中止的，经保险人与投保人协商并达成协议，在投保人补交保险费后，合同效力恢复。该规定中的“保险人与投保人协商并达成协议”，实际上剥夺了投保人申请复效的权利，使保险合同复效制度丧失了应有的功能。鉴于此，解释（三）第8条第1款规定，投保人提出恢复效力申请并同意补交保险费的，除被保险人的危险程度在中止期间显著增加外，保险人应予恢复效力。

对于该规定，应正确认识“危险程度在中止期间显著增加”。第一，危险程度显著增加，应以危险变化达到影响保险人决定是否同意承保或提高保险费率为标准。第二，危险程度显著增加的客观判断因素大致有两大类：一类是被保险人自身危险增加的情形，如被保险人的职业变更为危险职业、健康状况恶化、到国外旅行等；另一类是可能产生道德危险的情形，如财务状况欠佳却投保巨额保险者。第三，危险程度显著增加的判断，应采取理性保险人标准，即在同一事实状态下，处于同一地位的一般保险人对投保人提出可保证明的判断。如果一般保险人认为投保人提交的可保证明符合复效的标准，则保险合同可以复效，反之则不能复效。第四，判断被保险人的危险程度是否显著增加，应当限定在效力中止期间。如果被保险人的危险程度在合同效力中止之前即已显著增加，则其申请复效不会增加逆选择的风险，保险人拒绝恢复效力缺乏正当性。

关于保险合同复效的时点，解释（三）第8条第3款规定，保险合同自投保人补交保险费之日恢复效力。据此，投保人补交保险费后保险合同应即时生效，而不是次日生效。这也就意味着，保险人同意投保人的复效申请且投保人已经补交了保险费后，合同随即生效，不存在空档期，发生保险事故的，保险人应承担保险责任。

（七）关于受益人的指定与变更

受益人是人身保险合同中特有的一类主体，是基于投保人或者被保险人的指定享有保险金请求权的人。实践中，受益人的指定一般都是由保险格式条款提前拟定，由投保人或者被保险人进行选择。由于保险格式条款不够明确以及被保险人身份关系的变化，受益人如何确定在实务中存在争议。针对实践中存在争议突出的情形，解释（三）第9条规定，当事人对保险合同约定的受益人存在争议，除投保人、被保险人在保险合同之外另有约定外，按照以下情形分别处理：受益人约定为法定或者法定继承人的，以继承法规定的法定继承人为受益人；受益人仅约定为身份关系，投保人与被保险人为同一主体的，根据保险事故发生时与被保险人的身份关系确定受益人，投保人与被保险人为不同主体的，根据保险合同成立时与被保险人的身份关系确定受益人；受益人的约定包括姓名和身份关系，保险事故发生时身份关系发生变化的，认定为未指定受益人。

对于该规定的适用。应注意以下几个方面的问题：第一。以继承法规定的法定继承人为受益人，不仅要考虑继承法规定的法定继承人范围，还应考虑继承法规定的法定继承人顺序，按照继承法规定的法定继承人顺序和范围确定受益人。有第一顺序继承人的，由第一顺序继承人作为受益人；没有第一顺序继承人的，才可由后顺序的继承人作为受益人。第二，受益人约定为身份关系的，应以被保险人的身份关系为依据来确定受益人，而不是以投保人的身份关系为依据确定受益人。第三，保险合同所约定受益人虽存在争议，但投保人或者被保险人在保险合同之外存在其他约定，而根据其他约定能够消除争议、准确确定受益人的，则不适用本规定。例如，投保人与被保险人在离婚协议中对受益人明确约定的，则应根据离婚协议的约定确定受益人。

保险法第四十一条规定，被保险人或者投保人变更受益人要书面通知保险人，保险人收到变更受益人的书面通知后，应当在保险单或者其他保险凭证上批注或者附贴批单。有观点认为，根据该规定，投保人或者被保险人变更受益人应当征得保险人同意，并且在保险人办理批注后才产生效力。这种观点不符合变更是单方法律行为的特征，不利于投保人或被保险人变更受益人，甚至将导致投保人和被保险人无法通过遗嘱变更受益人。鉴于此，解释（三）第10条规定：“投保人或者被保险人变更受益人，当事人主张变更行为自变更意思表示发出时生效的，人民法院应予支持。投保人或者被保险人变更受益人未通知保险人，保险人主张变更对其不发生效力的，人民法院应予支持。投保人变更受益人未经被保险人同意的，人民法院应认定变更行为无效。”

对于该规定的适用，应注意以下几个方面：第一，变更受益人的意思表示无需保险人与原受益人同意，为无需受领的意思表示，故只要被保险人或投保人完成变更受益人的表示行为，变更行为即产生效力，无需到达保险人。第二，受益人的变更，原则上应以明示的方式，被保险人或投保人可以口头方式发出变更的意思表示，也可以书面形式发出变更的意思表示。以书面形式变更受益人的，因有书面证据材料，实践中争议较少。以口头形式变更受益人的，实践中容易产生争议，诉讼中认定口头方式变更受益人的，应有充分的证据予以支撑。变更受益人原则上应以明示方式，但并不排除在特殊情况下，可以从被保险人或投保人的行为中间接推知其有变更受益人的意思表示。对于默示方式进行的变更，实践中的认定应更为慎重，需要全面审查证据材料，结合相关案件事实综合进行判断。第三，投保人或被保险人可以遗嘱方式变更受益人。受益人指定和变更属于投保人和被保险人单方自主行为，投保人、被保险人可以选择指定或者变更的方式，可以在订立保险合同时，也可以在保险合同订立后变更；可以在生前进行指定或者变更并通知保险人，也可以通过遗嘱的方式进行指定或者变更，待遗嘱生效后由遗嘱继承人通知保险人。当然，以遗嘱方式变更受益人，需要遵循遗嘱生效规则，只有在遗嘱产生效力时受益人的指定和变更才发生效力。根据保险法第四十一条规定，投保人指定和变更受益人，需要经过被保险人同意。投保人遗嘱指定、变更如未得到被保险人同意，则指定和变更行为不产生效力。第四，投保人或被保险人变更受益人，虽然不需要保险人的同意，但需要通知保险人才能对抗保险人。对于通知的主体，只有有权变更受益人的主体作出的通知才是有效的。投保人变更受益人需要经过被保险人的同意，故投保人与被保险人作出的变更受益人的通知均有效，受益人的通知无效。投保人单方通知保险人变更受益人，保险人应当审查该变更是否取得被保险人同意。第五，受益人享有的受益权根据保险事故是否发生具有不同性质。保险事故发生前，受益权是从属于保险合同的期待利益，投保人或被保险人可以变更受益人；保险事故发生后，受益权则从期待权变为确定性的权利，投保人与被保险人均不得变更受益人。需要注意的是，保险事故发生后，不得变更的是该次业已发生的保险事故所生保险金请求权对应之受益权。如果存在数份保险合同，投保人或被保险人仍可以变更尚未发生保险事故的保险合同受益人。如果保险合同约定的保险事故发生后，保险合同并不终止的，保险人则仍可以就将来发生的事故变更受益人，只是此次事故对应的保险金仍归原受益人。

受益人与被保险人在同一事件中死亡且不能确定死亡先后顺序的，保险法第四十二条第二款规定，应推定受益人先死亡。相互有继承关系的几个人在同一事件中死亡且不能确定死亡先后时间的，《关于贯彻执行〈中华人民共和国继承法〉若干问题的意见》（以下简称《意见》）第2条规定，应推定没有继承人的人先死亡；死亡人各自都有继承人的，如几个死亡人辈分不同，推定长辈先死亡。人身保险中的受益人与被保险人通常都是近亲属，存在继承关系，如二人在同一事件中死亡，且不能确定死亡先后顺序的，根据保险法的规定与《意见》可能出现不同的结论。鉴于此，解释（三）明确，保险法第四十二条是为了解决被保险人与受益人均死亡时保险金归属的问题，《意见》第2条则是为了解决继承人与被继承人均死亡的情况下，被继承人的遗产如何分配的问题，两者各有适用范围和不同的立法宗旨。在确定保险金归属时应根据保险法第四十二条第二款推定受益人先死亡，并根据解释（三）第12条来确定其受益份额归谁所有；如果没有其他受益人的，则保险金作为被保险人的遗产；在保险金作为被保险人遗产进行分配时，则需根据《意见》第2条进行推定。

（八）关于保险单的现金价值

关于保险单现金价值的归属，理论界有观点认为，人身保险合同的被保险人虽不是保险合同的当事人，但却是保险合同的保障对象，是保险事故的承载主体，故投保人与被保险人、受益人为不同主体时，保单现金价值应属于被保险人，而不属于投保人。这种观点在实务界也有一些支持者。我们认为，这种观点不符合保险精算原理与实务，也不符合保险合同的基本原理，应予纠正。故解释（三）第16条第1款规定，保险合同解除时，投保人与被保险人、受益人为不同主体，被保险人或者受益人要求退还保险单的现金价值的，人民法院不予支持，但保险合同另有约定的除外。

该条规定的理由如下：第一，根据保险原理，保险单的现金价值来源于保险人在保险期间前期超收的保险费，具有储蓄性质，是投保人的财产，保险合同提前终止的，应当返还给投保人。第二，根据合同法原理，投保人是保险合同当事人，享有基于保险合同的现金价值请求权。保险合同的设立，依投保人与保险人的意志、意愿而定，投保人与保险人是合同的当事人，具有保险合同设立与否的决定权。保险合同解除时，无论退还的是保险费还是由保险费所形成的现金价值，均应归属于作为合同当事人的投保人。第三，投保人承担交纳保险费的义务，享有基于保险费产生的保险单现金价值。人身保险合同中，投保人是交费义务的主体。被保险人、受益人不是缴纳保险费的义务主体，即使在某些情况下，保险费因故转由被保险人或受益人实际缴纳，但此时的被保险人或受益人只是以投保人的名义履行交纳保险费义务。依据权利与义务对等的民法原则，理应由承担给付保险费义务的投保人享有对保险单现金价值的所有权。第四，域外相关立法和实践，均是将保险单现金价值支付给投保人。德国、日本、韩国以及我国台湾地区的保险合同立法，均明确规定保险单的现金价值归属于投保人，而不是被保险人和受益人。至于英美法系，一般认为保险单现金价值归属于保单持有人，但该保单持有人并不是被保险人，而更多是指投保人，除非被保险人实际持有保单。第五，从审判实践看，大部分法院在实践中判决保险单现金价值归属于投保人。

审判实践中，应当注意区分保险单现金价值与保险费。保险单现金价值虽然来源于保险费，但并不等同于保险费。根据保险精算原理，保险单的现金价值是投保人所交保险费，在扣除保险人各种经营费用后所剩余额，按照预定利率计算出的现值。保险单现金价值的计算，除了要考虑投保人交了多少保险费，还应考虑得到的保障成本、保险公司建立和处理保单中发生的费用等因素。从合同法角度来看，保险合同无效时，保险人返回的保险费，不是保险单现金价值；保险合同解除或者保险人依法不承担给伺保险金责任时，保险人返回的是保险单现金价值，而不是退还保险费。保险合同纠纷案件审理中，一定要注意区分保险合同无效与保险合同解除，准确认定保险人应当返还的是保险费还是保险单现金价值。

审判实践中，还应注意区分保险单现金价值与保险金。现金价值是保险期间内保险合同提前终止或者保险人依法不承担给付保险责任时需要向投保人返回的责任准备金。保险金是保险事故发生时保险人根据保险合同应当向受益人支付的金额。现金价值与保险金均是保险人根据保险合同应当支付的款项，但其产生基础、给付条件、给付对象以及计算方法均不一致：现金价值源于投保人在保险期间早期多交付的保险费的积累，保险金是保险人基于保险合同产生的主给付义务，是其收取保险费的对价；现金价值以保险合同提前终止或者保险人依法不承担给付保险责任为给付条件，保险金则以保险事故发生为给付条件；现金价值归属于投保人，保险金则应支付给投保人或者被保险人指定的受益人；现金价值是为了保障保险人未来支付保险金的准备金，保险金的数额通常高于现金价值。一般而言，保险事故发生前，投保人有权解除保险合同取得现金价值，受益人无权取得保险金，但在保险事故发生后，投保人不得再解除合同取得现金价值，而受益人可以基于保险合同约定要求保险人给付保险金。实践中，有投保人与受益人的利益不完全一致，在明知保险事故发生的情况下，未向保险人告知保险事故发生的事实，仍要求保险人解除保险合同并返回现金价值。此时如保险人可能因未审查到保险事故已经发生的事实，为投保人办理退保手续并返回现金价值，受益人如依据保险合同要求保险人给付保险金的，保险人仍需给付保险金，不能以保险合同已经解除为由作为抗辩。保险人因不当解除保险合同支出的现金价值，只能通过不当得利向投保人主张返还。在这类案件审理中，投保人解除保险合同的时点判断尤为重要。如解除保险合同是在保险事故发生前，投保人可取得现金价值，保险人不承担给付保险金责任；如解除保险合同是在保险事故发生后，保险合同因保险事故发生已经终止，投保人解除保险合同行为无效，不能取得现金价值，保险人承担给付保险金责任。

保险法第四十三条规定，投保人故意造成被保险人死亡、伤残或者疾病的，保险人不承担给付保险金的责任，应当按照合同约定向其他权利人（而不是投保人）退还保险单的现金价值。此处的“其他权利人”如何确定，存在被保险人与受益人两种观点。我们认为，在投保人指定受益人的情况下，受益人的指定体现了投保人的意志，如认为保险单现金价值仍由受益人享有，不能体现对投保人的惩罚，故由被保险人或者其继承人享有更为妥当。鉴于此，解释（三）第16条第2款规定，投保人故意造成被保险人死亡、伤残或者疾病，保险人依照保险法第四十三条规定退还保险单的现金价值的，其他权利人按照被保险人、被保险人继承人的顺序确定。

（九）关于投保人的任意解除权

人身保险合同除了作为当事人的保险人与投保人外，还有作为保障对象的被保险人、享有保险金请求权的受益人。投保人与被保险人、受益人为不同主体时，投保人解除保险合同是否需要经过被保险人和受益人同意，理论界与实务界存在截然相反的观点。鉴于此，解释（三）第17条规定：“投保人解除保险合同，当事人以其解除合同未经被保险人或者受益人同意为由主张解除行为无效的，人民法院不予支持，但被保险人或者受益人已向投保人支付相当于保险单现金价值的款项并通知保险人的除外。”理由在于：一是从保险立法来看，保险法第十五条确立了投保人的任意解除权，并没有对其行使进行限制，如要求投保人解除合同需征得被保险人或受益人同意，不符合立法精神。二是从合同原理来看，保险合同的当事人是投保人与保险人，被保险人与受益人是保险合同的保障对象和保险金请求权的主体，不承担交费义务，从合同法角度来看属于受益第三人，其权利依附于投保人与保险人之间的合同，不享有影响保险合同存续的权利。三是从保险行业发展来看，保险单转让与质押是人身保险未来发展的方向之一，这些业务的开展是以投保人能够随时解除保险合同并取得保险单现金价值为条件的，如要求投保人解除合同需要经过被保险人和受益人同意，可能限制保险单转让与质押业务的开展。四是虽然投保人解除保险合同无需经过被保险人与受益人的同意，但是保险合同的存续确实对被保险人与受益人的利益有较大影响，故如果被保险人、受益人同意向投保人支付相当于保单现金价值的款项，可以承受投保人的合同地位，保险合同无需解除。这样做，一方面保护投保人对保险单现金价值的权利，另一方面，也照顾被保险人、受益人的合理期待。

需要注意的是，投保人的任意解除权无需征得被保险人、受益人的同意，但不能因此认为，投保人行使解除权后一概无需对被保险人或者受益人进行补偿或赔偿。实务中，如被保险人、受益人以解除导致损失为由提起诉讼的，法院应当予以受理，并根据投保人与被保险人、受益人之间的基础关系确定案由和请求权基础，审查投保人解除有无违反约定或法律规定，判决投保人是否应当承担赔偿责任。比如，单位为企业高管投保人身保险，将保险费支付作为高管的福利待遇，而后又擅自退保的，就应当依据他们之间的劳动合同关系加以审查处理。

（十）关于医疗费用保险的相关条款

医疗保险是人身保险的重要类型。实践中，对医疗保险格式条款中关于商业医疗保险与社会医疗保险关系条款、按医保标准核定医疗费用条款、定点医院条款等内容的效力认定存在较大争议。鉴于此，解释（三）根据保险人承保风险与投保人支付保险费应当保持平衡的基本原理进行规定。

为协调商业医疗保险与公费医疗、社会医疗保险的关系，保监会《健康保险管理办法》要求，保险公司开发医疗保险应区分费用补偿型医疗保险与定额给付型医疗保险，前者不能在公费医疗、社会医疗保险之外重复给付，后者可以在公费医疗、社会医疗保险之外重复给付；保监会还要求，保险公司开发医疗费用补偿性医疗保险时，应区分被保险人是否存在公费医疗、社会医疗保险，有公费医疗或者社会医疗保险的被保险人因仅在公费医疗、社会医疗保险范围之外赔偿，保险费较低，没有公费医疗或者社会医疗保险的被保险人可以获得全部赔偿，保险费较高。保险公司如严格依据保监会的规则开发并销售医疗保险产品，不会产生争议，但有一些保险公司出于收取高额保险费的目的，明知被保险人有公费医疗或者社会医疗保险，仍然将其作为没有公费医疗和社会医疗保险的被保险人，并收取高额保费，但在保险事故发生时，却要求仅在公费医疗或者社会医疗保险范围之外给付保险金。为纠正这种不诚信行为，解释（三）第18条规定："保险人给付费用补偿型的医疗费用保险金时，主张扣减被保险人从公费医疗或者社会医疗保险取得的赔偿金额的，应当证明该保险产品在厘定医疗费用保险费率时已经将公费医疗或者社会医疗保险部分相应扣除，并按照扣减后的标准收取保险费。"保险人如能证明其厘定医疗费用保险费率时已将公费医疗或者社会医疗保险部分相应扣除，并按照扣减后的标准收取保险费，给付保险金时可以扣减被保险人从公费医疗或者社会医疗保险取得的赔偿金额；未能举证证明的，其要求扣减被保险人从公费医疗或者社会医疗保险取得的赔偿金额的主张不能得到支持。

为了控制经营风险，保险人开发的商业医疗保险产品往往会引入医保标准条款，即保险公司对被保险人支出的医疗费用，按照当地基本医疗保险的标准核定医疗费用。对于该类条款的效力，实践中曾存在两种截然相反的观点：一种认为，医保标准条款是保险公司厘定费率、控制风险的基础，应认可其效力，故同意保险公司拒赔；另一种则认为，保险公司拒赔不符合被保险人的合理期待，不应认可该条款的效力，保险公司应按照实际支出的费用进行赔付。经过多次论证，解释（三）第19条规定："保险合同约定按照基本医疗保险的标准核定医疗费用，保险人以被保险人的医疗支出超出基本医疗保险范围为由拒绝给付保险金的，人民法院不予支持；保险人有证据证明被保险人支出的费用超过基本医疗保险同类医疗费用标准，要求对超出部分拒绝给付保险金的，人民法院应予支持。"

对于该规定的理解，应注意以下两个方面：第一，保险人需对医保标准条款进行提示和明确说明。医保标准条款虽非无效条款，但符合免责条款的特征。医保标准条款虽设置于保险合同的"理赔处理"章节，并没有放置于"除外或免责条款"章节中，但从其文义及作用来看，对保险公司在赔偿限额内的责任又进行了限定，即保险公司对国家基本医疗保险标准以外的医疗费用不予赔付，该条款应当属于限制保险公司赔偿责任的责任免除条款。既然属于责任免除条款，则根据保险法第十七条第二款的规定，保险人未对医保标准条款履行提示和明确说明义务的，该条款不产生法律效力。第二，正确理解超过基本医疗保险同类医疗费用标准。司法解释条文使用的表述是"医疗费用标准"，而非"医疗费用范围"，因此，不能将超过基本医疗保险同类医疗费用标准理解为超过基本医疗保险用药范围。对于基本医疗保险范围外的医疗项目支出，保险人应当按照基本医疗保险范围内的同类医疗费用标准赔付。比如，使用了医保范围外的药品，而医保范围中有同种类或者同功能可使用的药品，则应按医保范围内同种类或者同功能药品的标准予以赔付。第三，正确理解保险人有证据证明。本规定将举证责任分配给了保险人，诉讼中，保险人主张被保险人支出的费用超过基本医疗保险同类医疗费用标准，但不能提供相关证据证明的，由保险人承担不利的法律后果。

医疗保险中，保险公司为控制风险，通常在格式条款中约定，被保险人必须到定点医院就医，否则不予赔付。对于该条款是否应予认可，实践中存在肯定说与否定说两种相反观点。解释（三）采折衷观点，其第20条规定："保险人以被保险人未在保险合同约定的医疗服务机构接受治疗为由拒绝给付保险金的，人民法院应予支持，但被保险人因情况紧急必须立即就医的除外。"理由在于：一是防范保险欺诈。被保险人与医院工作人员串通骗取保险金的情况在实践中时有发生，定点医院条款有助于保险公司控制风险，减少保险欺诈行为。二是保护被保险人的医疗需求。保险公司指定的定点医院涵盖大部分三级以上医院，基本上能够满足被保险人就医的需要，但考虑到被保险人在一些紧急情况下可能无法到指定医院就医，故增加例外条款，如被保险人因情况紧急必须立即就医的，则即使在定点医院之外就医，保险公司仍需赔付。

（撰稿人：杨临萍　刘竹梅　林海权）

【链　　接】

妥善审理保险合同纠纷　促进保险业健康发展

——最高人民法院民二庭负责人就《关于适用〈中华人民共和国保险法〉若干问题的解释（三）》答记者问

2015年11月26日，最高人民法院召开新闻发布会，发布《关于适用〈中华人民共和国保险法〉若干问题的解释（三）》（以下简称解释（三））。该司法解释于12月1日实施，旨在解决近年来出现的保险合同纠纷新问题，促进我国保险业健康发展。为更好的理解和适用解释，最高人民法院民二庭负责人接受了本报记者的采访。

一、问：解释（三）将于12月1日施行，请您谈谈制定该司法解释的相关背景？

答：保险业是现代金融体系的重要支柱，我国保险业近年来发展迅速，在经济社会发展中发挥着越来越重要的作用。2011年，全国保险保费收入1.43万亿元，2012年上升至1.55万亿元，2013年上升至1.72万亿元，2014年上升至2.02万亿元。随着保险业的繁荣发展，保险纠纷案件数量呈连续增长态势。司法统计数据显示：2009 年全国一审保险合同纠纷案件 41752 件，2010 年 59767 件，2011 年 73206 件，2013 年 76430 件，2014 年 94957 件，2015 年前 10 个月的案件数为 91555 件。

《中华人民共和国保险法》自 1995 年颁布实施以来，虽经 2002 年第一次修订，但因受历史条件所限，实践中很多问题一直未得到很好解决。2009 年保险法的修订，为维护金融秩序稳定，促进保险业健康发展，特别是保护投保人、被保险人利益方面发挥了积极的作用。但就保险合同部分而言，保险法的规定仍然比较原则，对一些问题的规定不够具体。同时，保险市场发展日新月异，保险行业内部结构和外部环境发生了较大变化，实践中出现了一些新情况、新问题。基于以上原因，保险合同纠纷案件的审理存在争议较多，裁判标准不够统一问题较为突出，个别案件审理结果甚至截然相反，影响了司法权威和法制统一，也不利于保险行业的健康发展。鉴于此，最高人民法院启动了保险法司法解释的起草工作。

二、问：本解释是对保险法保险合同章人身保险部分的解释，请问人身保险合同具有哪些不同于财产保险合同的特征？这对我们起草司法解释有什么影响？

答：人身保险是以人的寿命和身体为保险标的的保险，包括人寿保险、健康保险、意外伤害保险等。人身保险合同的投保人通常是个人，存在保险合同存续期间较长、法律关系较为复杂等特征，保险市场创新活跃，道德风险防范、保险消费者保护、鼓励保险创新、明晰法律关系等需求更为突出。因此，我们在司法解释起草中，坚持以下指导原则：

一是注重防范道德风险。人身保险以人的寿命和身体为保险标的，道德风险的发生意味着被保险人的生命健康受到侵害。人身保险不适用损害填补原则，保险金额不受限制，相关利益主体更可能存在实施道德风险骗取保险金的意图，因此，防范道德风险在人身保险合同中的任务更加繁重。

二是注重保护保险消费者。保险合同的一方主体为专门经营风险的保险公司，另一方是普通投保人，双方在经济实力和专业知识存在明显不对等，因此，加强保险消费者保护，是各国保险合同立法的基本原则，我国保险法也不例外。保险消费者保护一直是历次保险法修订的基本理念，也是近些年保险监管部门的监管工作的重要内容。解释（三）也延续这一原则。

三是支持保险创新。随着保险市场的发展，人身保险产品不再局限于传统的人寿保险、医疗保险、意外伤害保险，而是发展出具有投资功能的万能险、分红险、投连险等保险产品。这些保险产品兼具保障与投资功能，且投资性内容所占比例逐步增大，市场上围绕这些保险产品发展出了新的交易模式。对于这些新类型保险产品及其交易模式，因相关法律规则不明确，实践中存在不少争议，亟需规范。解释（三）一方面确立规则，为新型保险产品的发展创造条件，另一方面适当留白，为新型保险产品的不断创新留下空间。

四是厘清保险合同法律关系。人身保险合同的主体，除保险人与投保人外，还有被保险人和受益人，理论界与实务界对被保险人与受益人的法律地位存在不同认识。尽管保险法明确投保人是保险合同当事人，但仍有观点认为被保险人也是保险合同当事人。解释（三）遵循合同相对性基本原理，以投保人作为保险合同当事人来构建保险合同法律关系，同时注重维护被保险人的合法权益。

三、问：人身保险利益以及死亡险特殊规定是人身保险合同中防范道德风险的重要制度，解释（三）对此是如何规定的？

答：为防范道德风险，保险法第三十一条要求，投保人为他人订立人身保险合同必须具有保险利益；第三十四条规定，投保人为他人订立死亡险，需要经过被保险人同意并认可保险金额。以上规定目的在于为防止他人图谋保险金伤害甚至杀害被保险人，关系社会公共利益，直接影响合同效力。根据民事诉讼的基本原理，对于此类影响合同效力、关系社会公共利益的事项，法院在审理案件时应主动审查。为此，解释（三）第三条要求各级人民法院审理人身保险合同纠纷案件时，主动审查投保人订立保险合同时是否具有保险利益，以及以死亡为给付保险金条件的合同是否经过被保险人同意并认可保险金额，目的在于强化各级人民法院防范道德风险的意识，以更好地保护被保险人。

对于以死亡为给付保险金条件的合同，保险法第三十四条规定，未经被保险人同意并认可保险金额，合同无效。实践中，有保险人为展业需要，在订立合同时不主动审查死亡险是否经过被保险人同意，甚至明知死亡险未经被保险人同意仍然承保，收取保险费，但在保险事故发生后，却以该合同未经被保险人同意为由主张合同无效，拒绝给付保险。该规定成为个别保险人规避责任的工具之一，引发了不少纠纷。针对该问题，解释（三）第一条规定，被保险人的同意可以采取书面、口头或者其他形式作出，并对可以认定被保险人同意的几种情形进行列举，引导审理案件的法官正确认定被保险人是否同意，一方面防范可能存在的道德风险，另一方面规制保险人的不诚信拒赔行为。

四、问：保险法规定，人身保险订立时，投保人需对被保险人有保险利益，如果保险合同订立后，投保人丧失保险利益的，应怎么对待？

答：人身保险合同期限较长，投保人与被保险人的关系可能在合同存续期间发生变化，从而使在保险合同订立时对被保险人有保险利益的投保人丧失了保险利益，此时保险合同效力是否受到影响，实务中存在不同认识。最为典型的情况是，夫妻一方在婚姻关系存续期间为另一方投保人身险，后双方离婚，此时保险合同效力是否受到影响，存在有效与无效两种观点。针对该问题，解释（三）规定，保险合同的效力不因投保人在合同存续期间丧失保险利益受到影响，理由在于：一是保险法第三十一条第三款仅要求投保人在订立保险合同时需对被保险人具有保险利益，并没有要求整个合同存续期间都有保险利益；二是投保人在合同存续期间丧失保险利益，不会增加被保险人的道德风险，不应影响保险合同的效力；三是维护保险合同的效力更符合投保人的真实意愿，有利于鼓励交易。第四，被保险人保护问题可通过其他制度来解决。

五、问：人身保险合同的投保人通常都是自然人，需要更加注重保险消费者的保护，解释（三）如何贯彻这一原则？

答：保护保险消费者，是历次保险法修订的基本理念，也是保险法司法解释起草以及保险合同纠纷案件审理的指导思想。对此，保险法第十七条、第十九条、第三十条均有相应规定，《关于适用〈中华人民共和国保险法〉若干问题的解释（二）》第九条至第十四条、第十七条亦对此做了细化，这些规定同样适用于人身保险合同。

解释（三）针对人身保险合同特点，从以下几个方面加强保险消费者保护：

一是维持合同效力，防止保险人随意拒赔。人身保险以被保险人的寿命和身体为保险标的，防范道德风险的问题较为突出，人身保险合同立法中一些对保险合同效力有影响的规定在实践中存在被滥用可能。鉴于此，解释（三）第一条、第三条、第六条对相关规定进行细化，明确适用标准，尽可能维持保险合同效力，防止保险人以保险合同违法无效为由拒赔。

二是明确保险合同中止条件，保障投保人申请恢复效力的权利。人身保险合同存续期间较长。实践中，投保人可能因各方面原因未及时支付某期保险费，违反合同义务，此时有保险人可能会要求解除合同，这对已经交纳长时间保险费的投保人而言并非有利，因此，保险法确立了保险合同的复效制度，允许投保人在逾期支付保险费之后的一定期限内补交保险费，恢复合同效力。但保险法第三十七条关于复效条件的表述为“经保险人与投保人协商并达成协议”，这意味着投保人的申请恢复效力必须征得保险人同意，否则不能复效，实际上剥夺了投保人申请复效的权利，不符合保险法设置复效制度的目的。针对该问题，解释（三）第八条规定，投保人提出恢复效力申请并同意补交保险费的，保险人原则上不得拒绝恢复效力，除非被保险人的危险程度在中止期间显著增加。

三是规范医疗保险格式条款，解决医疗保险中的理赔难。医疗保险格式条款中通常会有定点医院条款和医保标准条款，要求被保险人在定点医院就医，且所支出医疗费用不得超出基本医疗保险范围，否则保险人可以拒赔。解释

（三）第十九条、第二十条基于对价平衡原理，认可以上条款的效力，但同时规定：被保险人因情况紧急必须在非定点医院就医的，保险人不得拒赔；被保险人支出的医疗费用超过基本医疗保险范围的，保险人仍应参照基本医疗保险同类医疗费用标准给付保险金。

四是明确宣告死亡属于死亡险保险事故，解决死亡险的理赔争议。死亡险以被保险人死亡为保险事故。针对实践中宣告死亡是否属于死亡险的保险事故的争议，解释（三）第二十四条第一款规定，被保险人宣告死亡的时间在保险责任期间内的，则保险事故发生，保险公司应当按照保险合同约定给付保险金。针对被保险人下落不明之日与宣告死亡之日不一致时，应以哪个时间点作为死亡险保险事故发生时点的问题，解释（三）第二十四条第二款规定，被保险人宣告死亡时间虽不在保险责任期间之内，但如有证据证明其下落不明之日在保险责任期间之内的，保险人应当按照保险合同约定给付保险金。

五是规范故意犯罪条款，防止保险人不当拒赔。保险法第四十五条规定，因被保险人故意犯罪或者抗拒依法采取的刑事强制措施导致其伤残或者死亡的，保险人不承担给付保险金的责任。实践中，保险公司存在不当扩大适用该条款的趋势，只要被保险人存在犯罪行为，则无论该犯罪行为与保险事故发生有没有关系，均根据该规定拒赔。鉴于此，解释（三）第二十三条限制故意犯罪条款的适用，要求被保险人故意犯罪或者抗拒依法采取的刑事强制措施与保险事故发生存在因果关系，保险人才可以拒赔，防止保险人不当拒赔。

六、问：人寿保险产品，尤其是投资性保险产品，通常存在保险单现金价值，实践中对于保险单现金价值归谁所有存在诸多争议，解释（三）如何看待？

答：保单现金价值，是指带有储蓄性质的人身保险单所具有的价值。从保险原理来看，保单现金价值是投保人在保险期间早期支付的超过自然保险费部分的金额的积累。实践中，投保人与被保险人不一致时，保单现金价值归谁所有存在较大争议，理论界与实务界均有观点认为被保险人有权领取保单的现金价值，甚至有观点认为受益人也有权领取保单现金价值。我们认为，该观点也不符合保单现金价值产生原理，也与保险合同的基本原理相悖。第一，保单现金价值是投保人交付的保险费形成的，但该保险费因超过与被保险人可能遭受的风险相对应的自然保险费，故实际上是投保人的储蓄和投资，不是保险金。第二，人身保险合同中，与保险人订立保险合同的投保人承担交付保险费的义务，是保险合同的当事人，享有基于保险合同产生的各项权利，例如解除合同权利、请求保单现金价值权利、保险费返还请求权等。被保险人是保险合同的保障对象，并不是保险合同的当事人，其权利来源于投保人与保险人之间的约定，在保险合同没有赋予被保险人取得保险合同权利的情况下，被保险人不享有保险合同的各项权利，不享有保单现金价值请求权。第三，受益人是投保人或者被保险人指定的享有保险金请求权的主体。受益人不是保险合同的当事人，而是受益第三人。受益人在保险事故发生后才取得保险金请求权，在保险事故发生前享有期待性质的受益权，但不享有保单现金价值请求权。基于以上原因，解释（三）第十六条规定，保单现金价值属于投保人，投保人丧失权利的，由被保险人及其继承人享有。

七、问：您刚才讲到，被保险人不是保险合同当事人，但其毕竟是保险事故承载的对象，解释（三）对保护被保险人的合法利益有无体现？

答：被保险人不是保险合同的当事人，但却是保险合同不可缺少的主体。作为保险事故的承载对象，被保险人以自己的寿命和身体作为保险合同的标的，当然应该给予保护。解释（三）从以下几个方面强化被保险人的保护：

一是被保险人可以撤销其同意他人为其订立死亡险的意思表示。投保人为被保险人订立死亡险，必须经过被保险人的同意并认可保险金额。实践中，被保险人虽在订立保险合同时同意投保人为其订立死亡险，但合同存续期间，其与投保人的关系可能发生变化，甚至恶化，被保险人不愿意投保人继续为其投保死亡险的，应该允许被保险人撤销同意的意思表示，故解释（三）第二条借鉴域外相关规定，明确被保险人可以撤销之前作出的同意的意思表示，尊重被保险人的自主决定权。

二是被保险人可以代投保人支付保险费。人身保险合同的交费义务主体是投保人。实践中，投保人可能因交费能力不足或者与被保险人、受益人关系恶化而没有继续交纳保险费，此时的被保险人可基于自身的利益代为交付保险费，以维持保险合同的效力。

三是投保人指定或者变更受益人必须经过被保险人同意。根据保险法第三十九条和第四十一条的规定，投保人可以指定或者变更受益人，但须经被保险人的同意。解释（三）第九条、第十条明确，投保人指定或者变更受益人未经被保险人同意的，指定或者变更行为不发生效力。

四是被保险人在投保人解除合同时有介入权。投保人与被保险人不一致时，投保人解除保险合同无需经过被保险人同意，但被保险人可以向投保人支付相当于保险单现金价值的款项来维持合同效力。

八、问：受益人享有人身保险合同的保险金请求权，如何确定受益人直接影响保险金的归属。实践中，受益人的确定存在不少争议，解释（三）如何处理？

答：受益人的指定实践中一般都是由保险格式条款提前拟定，由投保人或者受益人进行选择。由于保险格式条款不够规范以及被保险人身份关系的变化，导致审判实践中受益人如何确定存在争议，解释（三）第九条针对实践中容易产生争议的几种情形进行规定。

1. 受益人约定为“法定”或者“法定继承人”的，实务中存在未指定受益人以及以法定继承人为受益人两种观点，鉴于这两种情形均可根据继承法关于法定继承人的规定予以确定，我们认为应以继承法规定的法定继承人为受益人。

2. 受益人仅约定为身份关系，但保险事故发生时身份关系发生变化，应以保险合同成立时的身份关系还是保险事故发生时的身份关系来判断受益人？例如，保险合同约定的受益人为“配偶”的，被保险人如在保险合同存续期间离婚并再婚，导致保险合同成立时的配偶与保险事故发生时的配偶不一致，此时应以成立时的配偶为受益人还是事故发生时的配偶为受益人，容易产生争议。我们根据投保人与被保险人是否为同一主体区别对待，以尽可能地符合当事人的真实意思：投保人与被保险人为同一主体时，根据保险事故发生时与被保险人的身份关系确定受益人；投保人与被保险人为不同主体时，根据保险合同成立时与被保险人的身份关系确定受益人。

3. 受益人的约定包括姓名和身份关系，保险事故发生时身份关系发生变化的，应以保险合同约定的姓名还是以保险事故发生时符合身份关系的人作为受益人？例如，张三以自己为被保险人投保，约定受益人为配偶李四，后张三与李四离婚后再婚，配偶为王五，此时应以李四还是王五为受益人。我们认为，保险合同所约定的身份与姓名一致是确定受益人的条件，但保险事故发生时，保险合同所约定的身份关系与约定的姓名已不一致，故应认为保险合同约定的受益人不明确，未指定受益人。

九、问：实践中不少争议的发生并不是保险人不愿给付保险金，而是因保险金给付规则不清晰，保险人不敢给付保险金造成的，解释（三）如何解决该问题？

答：你说的确实是当前保险人遇到的一个突出问题。实践中，大部分保险人还是较为诚信，在被保险人发生保险事故后，通常愿意按照保险合同约定给付保险金，但因客观情况的变化导致合同约定的保险金给付对象不清晰，其不敢支付保险金，这是造成当前社会关注的理赔难问题的原因之一，不符合保险消费者的利益，也损害了保险行业的形象。鉴于此，解释（三）从以下几个方面明确保险金给付规则：

一是明确共同受益人的受益权的分配。投保人或被保险人可以指定数人为受益人。实践中，有部分受益人在保险事故发生前死亡、放弃受益权或者依法丧失受益权的，该受益人应得的受益份额由谁享有存在争议。针对该问题，解释（三）第十二条区分几种情况分别进行规定：未约定受益顺序和受益份额的，由其他受益人平均享有；未约定受益顺序但约定受益份额的，由其他受益人按照相应比例享有；约定受益顺序但未约定受益份额的，由同顺序的其他受益人平均享有，同一顺序没有其他受益人的，由后一顺序的受益人平均享有；约定受益顺序和受益份额的，由同顺序的其他受益人按照相应比例享有，同一顺序没有其他受益人的，由后一顺序的受益人按照相应比例享有。通过该规定，明确受益权的分配规则，消除保险人支付保险金时的顾虑。

二是明确作为被保险人遗产的保险金的支付规则。保险法第四十二条规定，被保险人死亡时没有受益人或者受益人放弃、丧失受益权的，保险金作为被保险人的遗产，由被保险人的继承人享有。现实生活中，被保险人的继承人可能是多人，如仅其中一个继承人持有保险单向保险人申请理赔，保险人可否直接向该继承人给付保险金？保险人在实践中通常担心给付错误而造成损失，故在无法确认被保险人究竟有多少继承人时，拒绝给付保险金，导致被保险人的继承人只能通过诉讼主张权利。鉴于此，解释（三）第十四条规定，保险人可向持有保单的被保险人的继承人给付保险金即可，提高保险金给付效率。理由在于：被保险人继承人之间的关系属于继承法上的问题，不属于保险合同法律关系的内容，其他继承人与取得保险金继承人的争议应根据继承法相关规定处理。

三是明确受益人与被保险人在同一事件中死亡的推定规则。存在继承关系的受益人与被保险人在同一事件中死亡且不能确定死亡先后顺序，如何确定死亡顺序，根据保险法第四十二条第二款规定与《关于贯彻执行〈中华人民共和国继承法〉若干问题的意见》（以下简称《继承法意见》）第二条规定可能出现不同的结论。针对该问题，解释（三）第十五条明确，确定保险金归属时应根据保险法第四十二条第二款推定受益人先死亡，并根据保险法相关规定来确定其受益份额归谁所有；在保险金作为被保险人遗产进行分配时，则根据《继承法意见》第二条进行推定。

十、问：医疗费用是否能够双倍赔偿是当前理论界与实务界争议较大的问题，不知解释（三）对此有无规定？

答：医疗费用保险在理论上属于定额给付保险，适用损害填补原则，被保险人或受益人不能就医疗费用获得双倍赔偿。但我国保险法的立法体系上并不是采区分定额给付保险和损害填补保险的立法模式，而是区分财产保险与人身保险，并分别进行规定，财产保险适用损害填补原则，而人身保险不适用损害填补原则，且人身保险的保险人给付保险金后不享有对第三人的保险代位求偿权。这种立法模式导致医疗费用保险在实践中定位不清，是否适用损害填补原则存在争议。解释（三）起草过程中，曾拟对医疗费用保险相关问题进行规定，但受制于理论界通说与保险法第四十六条之间的矛盾，没能形成最终条文。

最高人民法院
关于适用《中华人民共和国保险法》若干问题的解释（四）

法释〔2018〕13号

（2018年5月14日最高人民法院审判委员会第1738次会议通过　2018年7月31日最高人民法院公告公布　自2018年9月1日起施行）

为正确审理保险合同纠纷案件，切实维护当事人的合法权益，根据《中华人民共和国保险法》《中华人民共和国合同法》《中华人民共和国民事诉讼法》等法律规定，结合审判实践，就保险法中财产保险合同部分有关法律适用问题解释如下：

第一条　保险标的已交付受让人，但尚未依法办理所有权变更登记，承担保险标的毁损灭失风险的受让人，依照保险法第四十八条、第四十九条的规定主张行使被保险人权利的，人民法院应予支持。

第二条　保险人已向投保人履行了保险法规定的提示和明确说明义务，保险标的受让人以保险标的转让后保险人未向其提示或者明确说明为由，主张免除保险人责任的条款不生效的，人民法院不予支持。

第三条　被保险人死亡，继承保险标的的当事人主张承继被保险人的权利和义务的，人民法院应予支持。

第四条　人民法院认定保险标的是否构成保险法第四十九条、第五十二条规定的“危险程度显著增加”时，应当综合考虑以下因素：

（一）保险标的用途的改变；

（二）保险标的使用范围的改变；

（三）保险标的所处环境的变化；

（四）保险标的因改装等原因引起的变化；

（五）保险标的使用人或者管理人的改变；

（六）危险程度增加持续的时间；

（七）其他可能导致危险程度显著增加的因素。

保险标的危险程度虽然增加，但增加的危险属于保险合同订立时保险人预见或者应当预见的保险合同承保范围的，不构成危险程度显著增加。

第五条　被保险人、受让人依法及时向保险人发出保险标的转让通知后，保险人作出答复前，发生保险事故，被保险人或者受让人主张保险人按照保险合同承担赔偿保险金的责任的，人民法院应予支持。

第六条 保险事故发生后，被保险人依照保险法第五十七条的规定，请求保险人承担为防止或者减少保险标的的损失所支付的必要、合理费用，保险人以被保险人采取的措施未产生实际效果为由抗辩的，人民法院不予支持。

第七条 保险人依照保险法第六十条的规定，主张代位行使被保险人因第三者侵权或者违约等享有的请求赔偿的权利的，人民法院应予支持。

第八条 投保人和被保险人为不同主体，因投保人对保险标的的损害而造成保险事故，保险人依法主张代位行使被保险人对投保人请求赔偿的权利的，人民法院应予支持，但法律另有规定或者保险合同另有约定的除外。

第九条 在保险人以第三者为被告提起的代位求偿权之诉中，第三者以被保险人在保险合同订立前已放弃对其请求赔偿的权利为由进行抗辩，人民法院认定上述放弃行为合法有效，保险人就相应部分主张行使代位求偿权的，人民法院不予支持。

保险合同订立时，保险人就是否存在上述放弃情形提出询问，投保人未如实告知，导致保险人不能代位行使请求赔偿的权利，保险人请求返还相应保险金的，人民法院应予支持，但保险人知道或者应当知道上述情形仍同意承保的除外。

第十条 因第三者对保险标的的损害而造成保险事故，保险人获得代位请求赔偿的权利的情况未通知第三者或者通知到达第三者前，第三者在被保险人已经从保险人处获赔的范围内又向被保险人作出赔偿，保险人主张代位行使被保险人对第三者请求赔偿的权利的，人民法院不予支持。保险人就相应保险金主张被保险人返还的，人民法院应予支持。

保险人获得代位请求赔偿的权利的情况已经通知到第三者，第三者又向被保险人作出赔偿，保险人主张代位行使请求赔偿的权利，第三者以其已经向被保险人赔偿为由抗辩的，人民法院不予支持。

第十一条 被保险人因故意或者重大过失未履行保险法第六十三条规定的义务，致使保险人未能行使或者未能全部行使代位请求赔偿的权利，保险人主张在其损失范围内扣减或者返还相应保险金的，人民法院应予支持。

第十二条 保险人以造成保险事故的第三者为被告提起代位求偿权之诉的，以被保险人与第三者之间的法律关系确定管辖法院。

第十三条 保险人提起代位求偿权之诉时，被保险人已经向第三者提起诉讼的，人民法院可以依法合并审理。

保险人行使代位求偿权时，被保险人已经向第三者提起诉讼，保险人向受理该案的人民法院申请变更当事人，代位行使被保险人对第三者请求赔偿的权利，被保险人同意的，人民法院应予准许；被保险人不同意的，保险人可以作为共同原告参加诉讼。

第十四条 具有下列情形之一的，被保险人可以依照保险法第六十五条第二款的规定请求保险人直接向第三者赔偿保险金：

（一）被保险人对第三者所负的赔偿责任经人民法院生效裁判、仲裁裁决确认；

（二）被保险人对第三者所负的赔偿责任经被保险人与第三者协商一致；

（三）被保险人对第三者应负的赔偿责任能够确定的其他情形。

前款规定的情形下，保险人主张按照保险合同确定保险赔偿责任的，人民法院应予支持。

第十五条 被保险人对第三者应负的赔偿责任确定后，被保险人不履行赔偿责任，且第三者以保险人为被告或者以保险人与被保险人为共同被告提起诉讼时，被保险人尚未向保险人提出直接向第三者赔偿保险金的请求的，可以认定为属于保险法第六十五条第二款规定的“被保险人怠于请求”的情形。

第十六条 责任保险的被保险人因共同侵权依法承担连带责任，保险人以该连带责任超出被保险人应承担的责任份额为由，拒绝赔付保险金的，人民法院不予支持。保险人承担保险责任后，主张就超出被保险人责任份额的部分向其他连带责任人追偿的，人民法院应予支持。

第十七条 责任保险的被保险人对第三者所负的赔偿责任已经生效判决确认并已进入执行程序，但未获得清偿或者未获得全部清偿，第三者依法请求保险人赔偿保险金，保险人以前述生效判决已进入执行程序为由抗辩的，人民法院不予支持。

第十八条 商业责任险的被保险人向保险人请求赔偿保险金的诉讼时效期间，自被保险人对第三者应负的赔偿责任确定之日起计算。

第十九条 责任保险的被保险人与第三者就被保险人的赔偿责任达成和解协议且经保险人认可，被保险人主张保险人在保险合同范围内依据和解协议承担保险责任的，人民法院应予支持。

被保险人与第三者就被保险人的赔偿责任达成和解协议，未经保险人认可，保险人主张对保险责任范围以及赔偿数额重新予以核定的，人民法院应予支持。

第二十条 责任保险的保险人在被保险人向第三者赔偿之前向被保险人赔偿保险金，第三者依照保险法第六十五条第二款的规定行使保险金请求权时，保险人以其已向被保险人赔偿为由拒绝赔偿保险金的，人民法院不予支持。保险人向第三者赔偿后，请求被保险人返还相应保险金的，人民法院应予支持。

第二十一条 本解释自2018年9月1日起施行。

本解释施行后人民法院正在审理的一审、二审案件，适用本解释；本解释施行前已经终审，当事人申请再审或者按照审判监督程序决定再审的案件，不适用本解释。

【解　读】

解读《关于适用〈中华人民共和国保险法〉若干问题的解释（四）》

为正确适用《中华人民共和国保险法》，审理好保险合同纠纷案件，2018年5月14日，最高人民法院审判委员会第1738次会议讨论通过了《关于适用〈中华人民共和国保险法〉若干问题的解释（四）》（以下简称解释（四）），并于2018年9月1日起施行。现就《解释》涉及的主要问题谈谈我们的认识。

一、解释（四）的制定背景

近年来，我国保险业发展迅速，保险市场日趋繁荣，在经济社会发展中发挥着越来越重要的作用。随着保险市场的快速发展，保险纠纷案件也逐年增多。2013年，全国各级人民法院新收一审保险合同纠纷案件82564件，2017年达127611件，呈连续增长态势。此外，大量侵权纠纷案件中也涉及保险合同纠纷，如道路交通事故人身损害赔偿纠纷案件中多数涉及保险合同问题。我国保险法自1995年颁布实施以来，先后经历3次修订，其中2009年对保险法保险合同章作了较大改动，推动了保险合同法律制度的完善，为保险业的健康发展奠定了坚实的法治基础。同时也应当承认，现行保险法有的规定较为原则，尚不能完全满足保险市场发展和审判实践的需要。鉴于此，最高人民法院自2009年起启动保险法系列司法解释的起草工作。

2009年10月，最高人民法院出台了《关于适用〈中华人民共和国保险法〉若干问题的解释（一）》，解决新旧保险法衔接适用问题；2013年6月，出台了《关于适用〈中华人民共和国保险法〉若干问题的解释（二）》，解决保险法保险合同章一般规定部分的法律适用问题；2015年11月，出台了《关于适用〈中华人民共和国保险法〉若干问题的解释（三）》，解决人身保险合同部分的法律适用问题。解释（四）着重解决财产保险合同部分有关法律适用的问题，进一步统一裁判标准，保护保险消费者合法权益，促进保险行业健康发展。

二、解释（四）遵循的原则

一是坚持以人民为中心，注重保护保险消费者合法权益。加强对保险消费者合法权益的保护，既是我国保险立法坚持的价值取向，也是坚持以人民为中心思想的必然要求。解释（四）制定过程中始终秉持这一精神，正确处理契约自由与契约正义之间的关系，始终将保护投保人、被保险人的合法权益作为贯穿司法解释的一条主线。

二是坚持平衡保护，促进保险业健康发展。保险审判是商事审判工作的重要组成部分，妥善化解保险纠纷，为保险业健康有序发展提供司法保障，也是人民法院的法定职责。解释（四）在保护投保人、被保险人利益的同时，注重寻找与保险业健康发展的平衡点，充分关照我国保险业发展的客观实际，完善和细化了保险代位求偿权、责任保险等制度，促进保险业健康发展，为提升我国保险业的国际竞争力提供更加有力的司法保障。

三是尊重保险司法规律，恪守保险的一般原理。保险是当事人之间就分担意外事故损失达成的一种合意，具有其自身独有的规律和特点。解释（四）制定过程中，注意尊重保险特性，坚持损失补偿原则等财产保险基本原则；遵照保险利益原则，合理认定保险标的转让时的权利行使主体；结合责任保险的特点，科学确定诉讼时效起算时点等。

四是立足保险业发展现状，预留未来创新空间。解释（四）立足行业现状，规范市场行为，解决争议问题，同时考虑保险行业未来发展的需要，对一些正在探索、尚不成熟的做法未作出统一的裁量标准，留待实践进一步检验，为市场创新留出空间，推动我国保险业持续健康发展。

三、保险标的转让时的权利行使主体

保险法第四十九条第一款规定，保险标的转让的，保险标的的受让人承继被保险人的权利和义务。但对于保险标的已经交付给受让人却尚未办理所有权变更登记时，发生保险事故的，谁有权请求支付保险金，实践中存在争议。保险人往往以受让人尚未取得所有权为由拒赔，又以转让人在发生保险事故时不具有保险利益为由拒绝支付给转让人。

保险法第四十八条规定，保险事故发生时，被保险人对保险标的不具有保险利益的，不得向保险人请求赔偿保险金。根据该条规定，财产保险被保险人是否有权主张保险金，要看发生保险事故时被保险人对保险标的是否具有保险利益。在发生保险事故时，如被保险人对保险标的不具有保险利益，则其并无损失可言，自然无权请求保险人赔偿保险金，而保险人也不应对未受损失的被保险人进行赔偿。因此，判断谁有权主张保险金，要看谁具有保险利益，谁受到损失。

此处需要探究的是我国物权变动规则与风险转移规则。我国物权法第九条规定，不动产物权的设立、变更、转让和消灭，经依法登记，发生效力；未经登记，不发生效力，但法律另有规定的除外。第二十三条规定，动产物权的设立和转让，自交付时发生效力，但法律另有规定的除外。通过上述规定可知，除法律另有规定外，登记是不动产物权变动的生效要件，交付是动产物权变动的生效要件。至于特殊动产的物权变动，物权法第二十四条规定，船舶、航空器和机动车等物权的设立、变更、转让和消灭，未经登记，不得对抗善意第三人。根据该条规定，登记为船舶、航空器和机动车等特殊动产物权变动的对抗要件。最高人民法院《关于审理买卖合同纠纷案件适用法律问题的解释》10条规定："出卖人就同一船舶、航空器、机动车等特殊动产订立多重买卖合同，在买卖合同均有效的情况下，买受人均要求实际履行合同的，应当按照以下情形分别处理：……（四）出卖人将标的物交付给买受人之一，又为其他买受人办理所有权转移登记，已受领交付的买受人请求将标的物所有权登记在自己名下的，人民法院应予支持。"根据该条规定，在交付与登记发生冲突时，交付优先于登记。该司法解释起草小组认为，交付为船舶、航空器、机动车等物权变动的生效要件，登记仅为对抗善意第三人的要件。最高人民法院《关于适用〈中华人民共和国物权法〉若干问题的解释（一）》6条进一步规定，转让人转移船舶、航空器和机动车等所有权，受让人已经支付对价并取得占有，虽未经登记，但转让人的债权人主张其为物权法第二十四条所称的善意第三人的，不予支持，法律另有规定的除外。应当说，上述两个司法解释在动产物权变动问题上的立场是一致的。

关于风险转移规则，合同法第一百四十二条规定，标的物毁损、灭失的风险，在标的物交付之前由出卖人承担，交付之后由买受人承担，但法律另有规定或者当事人另有约定的除外。根据该条规定，保险标的物毁损、灭失的风险，自标的物交付之日起移转，交付之前由出让人承担，交付之后由受让人承担。该条规定的风险负担规则，并未区分动产、不动产，均是将交付作为风险转移时点。因此，除法律另有规定或者合同另有约定外，动产物权变动与风险负担转移时点是一致的，均以交付时为准；不动产所有权变动以登记为生效要件，风险转移采交付主义，在登记与交付并非同时进行的情况下，则会发生物权变动时点与风险转移时点不一致的情况。因此，在动产转让的情况下，一般不会产生所有权和保险利益分离的情况。解释（四）第1条规定的是保险标的转让应当依法办理所有权变更登记而尚未办理的情况，即主要是指不动产转让的情况。

司法实践中应当注意的是，该条规定保险标的转让尚未依法办理所有权变更登记，但已交付受让人时，承担保险标的毁损灭失风险的受让人，有权主张行使被保险人权利。此种情况下，并非一概是由受让人主张保险金。关键要看保险事故发生时，谁承担标的物毁损、灭失的风险。如果根据法律规定或者合同约定，由转让人承担毁损灭失风险，则转让人有权主张保险金。该条规定是保险利益原则的重要体现，明确权利行使主体，最终目的是使受到损失的主体及时获得救济。

四、保险标的转让时的提示和明确说明

保险法第十七条第二款规定，对保险合同中免除保险人责任的条款，保险人在订立合同时应当在投保单、保险单或者其他保险凭证上作出足以引起投保人注意的提示，并对该条款的内容以书面或者口头形式向投保人作出明确说明；未作提示或者明确说明的，该条款不产生效力。保险标的转让后发生保险事故，受让人以保险人未向其提示和明确说明为由主张免除保险人责任的条款不生效，保险人则以已向投保人履行了提示和明确说明义务为由进行抗辩，对此是否予以支持，各地法院裁判尺度不一。

解释（四）第2条规定，保险人已向投保人履行了保险法规定的提示和明确说明义务，保险标的受让人以保险标的转让后保险人未向其提示或者明确说明为由，主张免除保险人责任的条款不生效的，人民法院不予支持。主要基于以下理由：首先，提示和明确说明义务是保险人对投保人在订立保险合同时所负的义务。根据保险法第四十九条的规定，保险标的受让人承继的是被保险人的地位，其身份并非投保人。其次，保险标的转让，原保险合同仍然存续，并没有导致订立新的保险合同。再次，从现实角度考虑，在保险标的转让时，要求保险人再向受让人提示和明确说明，对于保险人来说负担过重，尤其是我国保险法规定受让人自动承继被保险人权利义务的立法模式下，更加不具有现实可行性。当然，该条适用的前提是免除保险人责任的条款未发生变化，如果免除保险人责任的条款发生变化，则要根据保险法第十七条、第二十条等规定确定各方权利义务。

五、保险标的转让空档期的保险责任承担

我国保险法第四十九条规定，保险标的转让的，保险标的受让人承继被保险人的权利和义务。同时规定，保险标的转让的，被保险人或者受让人应当及时通知保险人。但对于被保险人、受让人向保险人发出转让通知之后，保险人行使解除权之前，因转让导致保险标的危险程度显著增加而发生保险事故的，保险人是否应承担保险金赔偿责任，并未作出明确规定，在理论和实践中引发争议。解释（四）第5条规定，被保险人、受让人依法及时向保险人发出保险标的转让通知后，保险人作出答复前，发生保险事故，被保险人或者受让人主张保险人按照保险合同承担赔偿保险金的责任的，人民法院应予支持。该规定主要基于以下方面考虑：

第一，从合同法原理来说，保险标的转让后，被保险人、受让人履行了法律规定的通知义务，在保险人行使合同解除权之前，保险合同依然有效。对于合同解除前发生的保险事故，保险人应当承担保险责任。第二，从法律条文的

文义来看，保险人拒绝承担空档期的保险责任，缺乏明确法律依据。根据保险法第四十九条的规定，被保险人、受让人未履行该条第二款规定的通知义务的，因转让导致保险标的危险程度显著增加而发生的保险事故，保险人不承担赔偿保险金的责任。虽然有观点认为，该条仅规定了被保险人、受让人未履行本条第二款规定的通知义务的，保险人不承担赔偿保险金的责任，并不能必然得出，被保险人、受让人履行了本条第二款规定的通知义务的，保险人即应承担赔偿保险金责任这一结论，但是，根据该款规定也不能得出，被保险人、受让人履行了法定通知义务后保险人行使解除权之前发生保险事故的，保险人有权拒绝承担保险金赔偿责任这一结论。此种情况下，保险合同仍然有效，保险人主张不承担保险责任，缺乏明确的法律依据。第三，该规定符合被保险人的合理期待。被保险人或受让人已经尽到法定的及时通知义务，其对于转让后保险标的是否仍符合承保条件，保险人是否行使解除权等，很难作出判断，在保险人作出答复前，其对于保险标的仍享有保险保障具有合理期待。在保险合同解除前，保险合同存续并继续有效，在空档期发生保险事故的，风险由被保险人或受让人承担，并不妥当。另外，在空档期发生保险事故为小概率事件，从保险精算的角度讲，并不会明显增加保险人经营成本。立法机关意见认为，根据保险法第四十九条规定，因保险标的转让导致危险程度显著增加的，在保险标的转让通知发出后，保险人回复解除合同前，保险合同继续有效，原被保险人的权利义务由受让人承继，在此期间发生保险事故的，保险人应当向受让人承担赔偿保险金的责任。

需要注意的是，该条适用需要具备两个条件：一是保险事故是因转让导致保险标的危险程度显著增加而发生；二是被保险人、受让人依据保险法第四十九条第二款的规定及时发出了保险标的转让通知。如果被保险人、受让人虽然向保险人发出了转让通知，但超过了合理期间，不符合及时通知这一法定条件，在保险人答复前，发生保险事故的，则不适用解释（四）第5条的规定。

六、被保险人预先放弃对第三者赔偿请求权

保险法第六十一条规定，保险事故发生后，保险人未赔偿保险金之前，被保险人放弃对第三者请求赔偿的权利的，保险人不承担赔偿保险金的责任。保险人向被保险人赔偿保险金后，被保险人未经保险人同意放弃对第三者请求赔偿权利的，该行为无效。保险法对于保险事故发生后，被保险人放弃对第三者请求赔偿权利的法律后果作了规定，但是对保险合同订立之前被保险人放弃赔偿权利的问题未予明确。为了回应实践需要，解释（四）第9条对此明确规定，在保险人以第三者为被告提起的代位求偿权之诉中，第三者以被保险人在保险合同订立前已放弃对其请求赔偿的权利为由进行抗辩，人民法院认定上述放弃行为合法有效，保险人就相应部分主张行使代位求偿权的，人民法院不予

支持。保险合同订立时，保险人就是否存在上述放弃情形提出询问，投保人未如实告知，导致保险人不能代位行使请求赔偿的权利，保险人请求返还相应保险金的，人民法院应予支持，但保险人知道或者应当知道上述情形仍同意承保的除外。作此规定主要基于以下理由：

首先，在被保险人预先放弃对第三者赔偿请求权的情况下，存在通过保险制度分散风险的客观需要。保险实务中，存在着被保险人在保险合同订立前，预先放弃将来求偿权利的情形，如运输、物流、快递、旅游、保管等很多行业也都有类似的合同条款。保险人在保险理赔后向第三者行使保险代位权时，第三者就会以其与被保险人签有预先免除条款予以抗辩。有观点认为，被保险人预先放弃对第三者的赔偿请求权侵害了保险人的代位求偿权，保险人不应承担保险责任。也有观点认为，保险人不能免除保险赔偿责任，也无权向第三者行使保险代位权。应当说，两种观点均有其片面性。应当认识到，在被保险人预先放弃对第三者赔偿请求权的情况下，仍然存在通过保险制度分散风险的客观需要，有些投保人恰恰是因为存在对第三者免责的情形，才投保以分散风险，此种情况下，如果保险人一概拒赔，显然不符合投保人的投保目的，也不利于保险业务的维持和发展。其次，由于我国的代位求偿权制度在理论上采法定债权的理论，保险人依据保险代位制度取得的权利不能大于被保险人的权利，如果被保险人的预先放弃行为有效，则保险人不得再向第三者行使代位求偿权。再次，预先放弃赔偿请求权，属于对合同订立具有重大影响的事实，保险合同订立时，保险人就此提出询问的，投保人应当如实告知。投保人未如实告知，导致保险人不能行使代位求偿权的，保险人有权请求被保险人返还相应保险金，以避免和减少道德风险。

司法实践中，应当注意以下问题：第一，实践中，有些免责条款存在效力瑕疵，人民法院在审理此类案件时，要注意审查被保险人放弃行为的效力。如果无效，第三者不得以此为由对抗保险人的代位求偿权。第二，投保人未如实告知，导致保险人不能行使代位求偿权的，保险人有权请求被保险人返还的是相应保险金，是因放弃赔偿请求权导致保险人无法行使代位求偿权相应的部分，并非采取全有或全无的方式，是利益平衡原则的体现。

七、保险代位求偿权制度的完善

解释（四）第7条至第13条是关于保险代位求偿权的规定。

第一，明确了保险代位求偿权的行使基础。保险法第六十条规定，因第三者对保险标的的损害而造成保险事故的，保险人自向被保险人赔偿保险金之日起，取得代位求偿权。有观点认为，第三者对保险标的的损害，专指第三者对保险标的以侵权的方式造成的损害。另有观点认为，其既应包括侵权损害，也应包括因违反合同约定等其他法律关系造成的损害。设立代位求偿权制度的法理基础是禁止双重受偿、避免产生不当得利，只要保险事故的发生使被保险人享有对第三者的赔偿请求权，则保险人均可向第三者行使代位求偿权。解释（四）第7条规定，保险人有权依法代位行使被保险人因第三者侵权或者违约等享有的请求赔偿的权利。

第二，明确了保险人能否向投保人行使代位求偿权的问题。因财产保险的保障对象是被保险人，在投保人和被保险人为不同主体时，投保人不在保险保障的范围内，属于保险法第六十条规定的第三者。解释（四）第8条规定，在这种情况下，保险人可以对投保人行使保险代位求偿权。当然，法律另有规定或者保险合同另有约定的情况除外。

第三，对保险代位求偿权相关程序问题作出规定。解释（四）第13条规定，保险人提起代位求偿权之诉时，被保险人已经向第三者提起诉讼的，人民法院可以依法合并审理。同时规定，保险人行使代位求偿权时，被保险人已经向第三者提起诉讼，在被保险人同意的情况下，保险人可以向受理该案的人民法院申请变更当事人，代位行使被保险人对第三者请求赔偿的权利。被保险人不同意的，保险人可以作为共同原告参加诉讼。该条规定的目的主要是方便当事人诉讼，降低当事人解纷成本。

司法实践中，应当特别注意的是，在被保险人同意的情况下，保险人可以向受理该案的人民法院申请变更当事人，变更当事人后，保险人进入诉讼中，实际上行使的是代位求偿权，其范围应限于保险人已经赔付给被保险人的部分，以避免保险人的权利与被保险人权利发生冲突。

八、被保险人承担连带责任的保险责任承担

司法实践中，存在大量被保险人与其他人构成共同侵权，依法应当对第三者承担连带责任的情况，这种情况在多车碰撞造成他人损害的保险事故中尤为突出。责任险保险人应当先承担连带责任再向其他责任人追偿，还是仅就被保险人在事故中所负责任的比例承担赔偿责任？该问题在理论和实务中引发争议，司法尺度亟待统一。

解释（四）第16条明确规定，责任保险的被保险人因共同侵权依法承担连带责任，保险人以该连带责任超出被保险人应承担的责任份额为由，拒绝赔付保险金的，人民法院不予支持。保险人承担保险责任后，主张就超出被保险人责任份额的部分向其他连带责任人追偿的，人民法院应予支持。该规定的主要理由如下：

第一，责任保险是指以被保险人对第三者依法应负的赔偿责任为保险标的的保险。被保险人因侵权行为对第三者所负的连带责任，属于被保险人对第三者依法应负的赔偿责任，应属于责任保险保障的范围。

第二，责任保险制度设立是以填补和分散被保险人的责任风险为目的，投

保人投保的目的亦在于此。投保人签订保险合同时，保险事故尚未发生，是否发生处于不确定状态，更无法得知将来承担的是按份责任还是连带责任。其投保的目的是转移其将来可能对第三者承担的全部责任，从繁重的赔偿责任中解脱出来。如果保险人只支付被保险人在连带责任中自己应分担的份额，则被保险人对受害人的赔偿责任实际上并未被免除，不符合投保人、被保险人的期待。长远来看，则会削减责任保险的功能，不利于责任保险制度的发展。

第三，该规定有利于受害人获得更充分的救济，降低受害人因侵权人无清偿能力或者怠于清偿而造成的风险，也节约了受害人的维权成本。

第四，根据保险法第六十五条的规定，被保险人对第三者应负的赔偿责任确定，是保险人承担保险责任的前提条件。在侵权纠纷中，如果基于当事人的诉讼等案件具体情况，人民法院判令当事人承担连带责任的同时并未直接认定各责任人之间的责任份额，连带责任人需要另行提起诉讼认定责任份额并追偿。如果允许保险人只支付被保险人在连带责任中应分担份额部分的保险金，在人民法院判令当事人承担连带责任但并未直接认定各责任人之间的责任份额的情况下，则不排除保险人会以赔偿责任尚未确定为由拒绝赔付，进而导致大量拖延赔付的情形。

需要特别指出的是，保险金额或者保险合同约定的赔偿限额是保险赔偿的最高额，保险人并非就被保险人的全部责任承担无限制的责任，其可以通过约定保险金额或赔偿限额的方式控制经营成本。另外，本条中的“拒绝赔付保险金”，包括拒绝赔付全部保险金和拒绝赔付连带责任与被保险人依法应自行承担部分之间的差额部分两种情况。

九、商业责任险的诉讼时效

保险法第二十六条规定了被保险人或者受益人保险金请求权诉讼时效期间自其知道或者应当知道保险事故发生之日起计算。但在责任保险中，如何确定该诉讼时效起算点，存在颇多争议。解释（四）第18条规定，商业责任险的被保险人向保险人请求赔偿保险金的诉讼时效期间，自被保险人对第三者应负的赔偿责任确定之日起计算。该规定的主要理由如下：

第一，有利于保护被保险人利益。在财产损失保险合同中，保险事故为造成被保险财产损毁的不确定性事件，比如火灾保险的保险事故就是火灾，保险金支付并不以被保险人对第三者的赔偿责任确定为条件。一旦被保险人知道或应当知道保险事故发生，即可向保险人提出理赔请求。但是，在责任保险中，因为被保险人责任确定要经过事故认定、诉讼、协商等阶段，在损害事故与责任确定之间存在时间间隔，往往因不可归责于被保险人的客观原因造成诉讼时效结束，进而导致被保险人丧失保险金给付请求权。如果不顾责任保险的特点，从损害事故发生之日起计算诉讼时效期间，对投保人、被保险人来说，是不公平的。

第二，该规定符合法律规定和法理。所谓责任保险，是指以被保险人对第三者依法应负的赔偿责任为保险标的的保险。保险法第六十五条第二款规定，责任保险的被保险人给第三者造成损害，被保险人对第三者应负的赔偿责任确定的，根据被保险人的请求，保险人应当直接向该第三者赔偿保险金。根据该条规定，被保险人对第三者依法应负的赔偿责任确定，是被保险人行使保险金请求权的前提条件。损害事故发生并不意味着被保险人必然要对第三人承担责任。因此，责任保险的保险事故并非损害事故本身，而应当理解为被保险人向第三者承担赔偿责任之确定，因此，将被保险人责任确定作为诉讼时效期间的起算时点，是符合法律规定和法理的。

第三，按照现代保险理论，责任保险的承保方式有期内发生式和期内索赔式之分。在期内发生式的责任保险中，从损害事故发生到被保险人责任确定，通常要有一个时间差。在期内索赔式的责任保险中，从第三人索赔到责任确定，也需要一个过程。无论是在期内发生式责任保险还是期内索赔式保险中，以被保险人责任确定之日作为诉讼时效期间起算点，均可以避免因定损索赔等导致被保险人诉讼时效超过的情况。解释（四）本着保护被保险人合法权益的基本原则，作出现行规定。

也有观点认为，责任保险被保险人保险金请求权应当自被保险人实际履行赔偿责任之日起算。诉讼时效制度的目的是促进交易安全和降低成本，促使权利人积极行使权利。如果采纳该观点，就会出现只要被保险人不履行赔偿责任，则永远不会超过诉讼时效的情况，使诉讼时效处于不确定状态，有违诉讼时效制度设立的目的。

审判实践中，应当注意以下两点：第一，关于本条的适用范围。责任保险合同纠纷中，涉及被保险人保险赔偿金给付请求权的诉讼时效问题和第三者保险赔偿金给付请求权的诉讼时效问题，其中，交强险属于强制保险，其理赔等与商业责任险存在较大不同。而第三者保险赔偿金给付请求权涉及情形和问题较为复杂，解释（四）暂未予规定。解释（四）第18条仅就商业责任险中被保险人保险赔偿金给付请求权的诉讼时效问题进行规定。第二，关于被保险人的主观状态问题。被保险人对第三者应负的赔偿责任，要经过诉讼、仲裁、和解、协商等方式予以确定，被保险人在主观上绝大多数知道或者应当知道赔偿责任确定，因此条文中并未强调知道或者应当知道这一要件。如果在极端个例中存在被保险人不知道或者不应当知道的情况，则要根据案件具体情况，本着保护权利人的原则，从被保险人知道或者应当知道责任确定之时起算。

十、被保险人与第三人达成和解协议的情况

在责任保险纠纷中，被保险人和受害第三者达成和解的，和解协议对于保

险人是否有约束力？解释（四）第19条规定，责任保险的被保险人与第三者就被保险人的赔偿责任达成和解协议且经保险人认可，被保险人主张保险人在保险合同范围内依据和解协议承担保险责任的，人民法院应予支持。被保险人与第三者就被保险人的赔偿责任达成和解协议，未经保险人认可，保险人主张对保险责任范围以及赔偿数额重新予以核定的，人民法院应予支持。该条规定理由在于：一是通过调解方式解决保险纠纷，成本低，效率高，有利于化解矛盾。除非和解协议存在合同法规定的无效或可撤销比如欺诈、胁迫、损害国家利益等情形，保险人已参与到和解中并且同意和解协议的，保险人应受其约束。二是根据合同相对性原则，合同只能约束合同当事人，除法律和合同另有规定以外，合同当事人不能为第三人随意设置合同义务，除非第三人明确表示同意承担义务和责任。

司法实践中，应当注意的是：第一，保险人虽然因认可被保险人与第三者就被保险人的赔偿责任达成和解协议而受其约束，但其保险责任仍是在保险合同范围内承担。保险合同约定保险金额是保险责任的最高限额，保险人在保险金额的范围内承担责任。具体到案件中，保险责任的承担要结合和解协议条款的文义等确定各方的真实意思。在实践中，各方当事人应当就保险责任的承担予以明确，避免将来产生争议。第二，被保险人与第三者就被保险人的赔偿责任达成和解协议，未经保险人认可的，保险人不受和解协议的约束，并不意味着保险人免除了保险责任。只是在此种情况下，保险人有权请求依法确定被保险人对第三者依法所负的赔偿责任，并依据保险合同对保险责任进行核定。

（撰稿人：贺小荣　关　丽　高燕竹）

【链 接】

妥善审理保险合同纠纷案件
促进保险业持续健康发展

——最高人民法院民二庭负责人就《关于适用〈中华人民共和国保险法〉若干问题的解释（四）》答记者问

一、问：消费者权益保护一直是社会各界高度关注的问题，解释（四）就保险消费者权益保护作出了怎样规定？

答：保护保险消费者合法权益，是我国保险法的基本立法精神。解释（四）严循立法精神，就保护消费者的权益保护作出如下规定：

1. 明确保险标的转让时相关权利的行使主体。解释（四）第1条根据保险利益原则，规定保险标的已交付受让人，但尚未依法办理变更登记时，发生保险事故的，承担标的物毁损、灭失风险的受让人，有权主张保险金。需要注意的是，如果依照法律规定或者合同约定，标的物毁损、灭失的风险仍然由转让人承担的，则转让人有权主张保险金。

2. 明确转让空档期的保险责任承担。解释（四）遵循立法原意，规定被保险人、受让人发出转让通知后，保险人作出答复前这段期间发生的保险事故，保险人应当承担保险责任。这一规定体现了对保险消费者合法权益的保护。

3. 明确连带责任中保险责任的承担。实践中，存在被保险人与他人构成共同侵权，依法应当承担连带责任的情况，解释（四）综合考量立法目的及法律规定原旨，规定保险人先承担连带责任再向其他责任人追偿。这里需要注意的是，保险人就连带责任承担的赔偿数额，不应超出保险合同约定的赔偿限额。这一规定能够分散被保险人的责任风险，填补被保险人的损失，也有利于第三者获得及时、充分的救济。

二、问：促进保险业健康发展是保险法的重要立法目的，解释（四）如何贯彻这一立法目的？

答：为保险业健康发展提供司法保障是解释（四）起草中始终坚持的原

则，主要表现在以下方面：

1. 坚持平衡保护，促进保险业健康发展。解释（四）尊重我国保险业发展的客观实际，立足行业现状，规范市场行为。如解释（四）第2条规定：保险人已向投保人履行了提示和明确说明义务后，保险标的受让人以保险人未向其再次提示或者明确说明为由，主张免责条款不生效的，人民法院不予支持。解释（四）第10条针对第三者重复赔偿如何处理的规定，体现了对保险人、被保险人和第三者各方主体之间的利益平衡。

2. 明确交易规则，促进保险业规范发展。明确交易规则可以增强市场主体对行为的可预期性，降低交易成本。解释（四）通过细化法律条文，弥补法律漏洞，用7个条文，对保险代位求偿权的行使基础、行使对象等实体问题以及程序问题作了系统的补充性规定，为市场主体提供规范指引和制度保障。

3. 着眼行业未来，促进保险业可持续发展。解释（四）充分考虑保险行业未来发展需要，回应实践需求，对责任保险的保险金请求权行使条件、诉讼时效期间的起算、保险人和解参与权、保险金支付等问题作出规定，解决实际问题的同时，为责任保险未来发展提供有力司法支持。

三、问：被保险人预先放弃对第三者的赔偿请求权是否有效，是保险行业非常关注的问题，解释（四）就此问题是如何规定的？

答：保险法对于保险事故发生后，被保险人放弃对第三者请求赔偿权利的法律后果作了规定，但对保险合同订立前被保险人预先放弃赔偿权利的问题未予明确。为弥补法律漏洞，统一司法尺度，《解释》第9条遵循保险人依据代位制度取得的权利不能大于被保险人权利的原则，规定如果被保险人的预先放弃行为有效，则保险人不得再向第三者行使代位求偿权。法院在审理此类案件时，要注意审查被保险人放弃行为的效力。如果无效，第三者则不得以此为由对抗保险人的代位求偿权。

解释（四）同时对被保险人预先放弃赔偿请求权，造成保险人不能行使代位求偿权的法律后果作出规定。预先放弃赔偿请求权，属于对合同订立具有重大影响的事实，保险合同订立时，保险人就此提出询问的，投保人应当如实告知，投保人未如实告知，导致保险人不能行使代位求偿权的，保险人有权请求被保险人返还相应保险金，但保险人知道或应当知道存在该情形仍同意承保的除外。解释（四）秉持最大诚信原则和公平原则，通过设计合理的规则，力求达到各方主体之间的利益平衡。

四、问：在责任保险纠纷中，被保险人和受害第三者达成和解的，和解协议对保险人是否有约束力？

答：实践中，责任保险的被保险人和受害第三者通过达成和解协议的方式解决纠纷，成本低，效率高，是化解矛盾的重要方式。解释（四）第19条根据法律基本原理，维护和解效力，规定就赔偿责任达成和解协议且经保险人认可，被保险人主张保险人在保险合同范围内依据和解协议承担保险责任的，应予支持。未经保险人认可的，保险人有权主张对其保险责任范围以及赔偿数额重新予以核定。

最高人民法院
关于审理出口信用保险合同纠纷案件适用相关法律问题的批复

法释〔2013〕13号

（2013年4月15日最高人民法院审判委员会第1575次会议通过　2013年5月2日最高人民法院公告公布　自2013年5月8日起施行）

广东省高级人民法院：

你院《关于出口信用保险合同法律适用问题的请示》（粤高法〔2012〕442号）收悉。经研究，批复如下：

对出口信用保险合同的法律适用问题，保险法没有作出明确规定。鉴于出口信用保险的特殊性，人民法院审理出口信用保险合同纠纷案件，可以参照适用保险法的相关规定；出口信用保险合同另有约定的，从其约定。

（三）司法文件

最高人民法院
关于财产保险单能否用于抵押的复函

1992年4月2日　　法函〔1992〕47号

江西省高级人民法院：

你院赣法经〔1991〕6号《关于保险单能否抵押的请示》收悉。经商中国人民银行和中国人民保险公司，答复如下：

依照《中华人民共和国民法通则》第八十九条第（二）项的规定，抵押物应当是特定的、可以折价或变卖的财产。财产保险单是保险人与被保险人订立保险合同的书面证明，并不是有价证券，也不是可以折价或者变卖的财产。因此，财产保险单不能用于抵押。

最高人民法院
关于对私营客车保险期满后发生的车祸事故保险公司应否承担保险责任的请示的复函

1993年8月4日 法经〔1993〕161号

四川省高级人民法院：

你院川高法〔1992〕111号关于私营客车保险期满后发生的车祸事故，保险公司应否承担保险责任的请示收悉。经研究，答复如下：

根据1989年12月28日四川省财政厅、交通厅、保险分公司、人寿保险公司89字第56号文件批准实施的《公路旅客意外伤害保险条款》的规定，旅客乘坐经国家有关部门批准营运的客车，均应向中国人民保险公司投保公路旅客意外伤害保险。投保的形式是旅客购买由交通管理部门统一印制的客运票，车票注明“内含保险费”，保险公司不再另行签发保险凭证。客票中所含保险费由公路客运部门代收汇缴保险公司。公路旅客意外伤害保险条款属法定强制保险，旅客购买车票经验票进站后，或者中途上车购票后，即为投了意外伤害险，至于公路客运部门（或私营客车车主）是否向保险公司汇缴保险费，并不影响保险责任的发生。你院请示的问题，符合上述情况，保险公司应承担保险责任。至于私营客车不按规定投保，保险公司有权依有关规定要求私营车主承担相应的责任和赔偿有关损失，你院也可向有关主管机关提出司法建议。

此复。

最高人民法院研究室
关于对保险法第十七条规定的“明确说明”应如何理解的问题的答复

2000年1月24日　　法研〔2000〕5号

甘肃省高级人民法院：

你院甘高法研〔1999〕06号《关于金昌市旅游局诉中保财产保险公司金川区支公司保险赔偿一案的请示报告》收悉。经研究，答复如下：

《中华人民共和国保险法》第十七条规定：“保险合同中规定有保险责任免除条款的，保险人应当向投保人明确说明，未明确说明的，该条款不发生法律效力。”这里所规定的“明确说明”，是指保险人在与投保人签订保险合同之前或者签订保险合同之时，对于保险合同中所约定的免责条款，除了在保险单上提示投保人注意外，还应当对有关免责条款的概念、内容及其法律后果等，以书面或者口头形式向投保人或其代理人作出解释，以使投保人明了该条款的真实含义和法律后果。

此复。

最高人民法院

关于人民法院能否提取投保人在保险公司所投的第三人责任险应得的保险赔偿款问题的复函

2000年7月13日　　〔2000〕执他字第15号

江苏省高级人民法院：

你院〔1999〕苏法执他字第15号《关于人民法院能否提取投保人在保险公司所投的第三人责任险应得的保险赔偿款的请示》收悉。经研究，答复如下：

人民法院受理此类申请执行案件，如投保人不履行义务时，人民法院可以依据债权人（或受益人）的申请向保险公司发出协助执行通知书，由保险公司依照有关规定理赔，并给付申请执行人；申请执行人对保险公司理赔数额有异议的，可通过诉讼予以解决；如保险公司无正当理由拒绝理赔的，人民法院可依法予以强制执行。

此复。

最高人民法院
关于保险船舶发生保险事故后造成第三者船舶沉没而引起的清理航道费用是否属于直接损失的复函

2001年2月18日　　〔2000〕交他字第12号

上海市高级人民法院：

你院〔2000〕沪高经终字第367号《关于保险船舶发生保险事故后造成第三者船舶沉没而引起的清理航道费用是否属直接损失的请示》收悉。经研究同意你院审判委员会的倾向性意见，即根据中国人民银行《沿海、内河船舶保险条款》和《沿海、内河船舶保险条款解释》的有关规定，保险船舶发生保险事故造成第三者船舶沉没而引起的清理航道费用不属于直接损失，亦不属于保险责任。

此复。

最高人民法院
关于长春大成玉米开发公司与中国人民保险公司吉林省分公司海上保险合同纠纷一案的请示的复函

2001 年 11 月 7 日　　〔2001〕民四他字第 25 号

辽宁省高级人民法院：

你院〔2001〕辽经一终字第 13 号请示报告收悉，经研究，答复如下：

本案中预约保险合同是当事人就长期货物运输保险达成的一种协议。投保人长春大成玉米开发有限公司（以下简称大成公司）依据该协议向中国人民保险公司吉林省分公司（以下简称保险公司）投保，保险公司在协议约定的期限内不得拒绝投保人大成公司的投保，投保人大成公司也要在协议约定的期限内将其出运的货物全部在保险公司投保，这应是预约保险合同的对等义务，但预约保险合同不具备我国《海商法》第二百一十七条规定的海上保险合同的全部内容，故其不能直接产生保险合同义务，大成公司不能据此向保险公司主张保险权益。

本案中，大成公司向保险公司投保时，已经知道四份保险单项下货物全部随船沉没，货损事故已经发生。同意你院审判委员会多数人意见，根据我国《海商法》第二百二十四条的规定，保险公司不应承担保险赔偿责任。

此复。

最高人民法院
关于如何理解《中华人民共和国保险法》第六十五条“自杀”含义的请示的答复

2002 年 3 月 6 日　　〔2001〕民二他字第 18 号

江西省高级人民法院：

你院〔2001〕赣经请字第 3 号关于如何理解《中华人民共和国保险法》第六十五条“自杀”含义的请示收悉。经研究，答复如下：

本案被保险人在投保后两年内因患精神病，在不能控制自己行为的情况下溺水身亡，不属于主动剥夺自己生命的行为，亦不具有骗取保险金的目的，故保险人应按合同约定承担保险责任。

此复。

最高人民法院
关于中国人民保险公司青岛市分公司与巴拿马浮山航运有限公司船舶保险合同纠纷一案的复函

2002 年 12 月 25 日　　〔2002〕民四他字第 12 号

山东省高级人民法院：

你院鲁高法函〔2002〕24 号《关于中国人民保险公司青岛市分公司与巴拿马浮山航运有限公司船舶保险合同纠纷一案的请示》收悉。经研究，答复如下：

关于巴拿马浮山航运有限公司所属的“浮山”轮与“继承者”轮在青岛主航道发生的无接触碰撞是否属于船舶碰撞的问题，根据最高人民法院法发〔1995〕17 号《关于审理船舶碰撞和触碰案件财产损害赔偿的规定》第十六条的规定，船舶碰撞包括两艘或者两艘以上船舶之间发生接触或者无接触的碰撞。“浮山轮”投保了“一切险”，船舶保险条款属于格式条款，该条款第一条订明的碰撞责任包括因被保险船舶与其他船舶碰撞而引起被保险人应负的法律赔偿责任，订立船舶保险合同时保险人并未向被保险人明示船舶碰撞排除无接触碰撞。根据诚信原则和《中华人民共和国和合同法》第四十一条的规定，对格式条款有两种以上解释的，应当作出不利于提供格式条款一方的解释。因此，本案船舶保险条款所指碰撞应当包括无接触碰撞。

此复。

最高人民法院
关于对四川省高级人民法院关于内江市东兴区农村信用合作社联合社与中国太平洋保险公司内江支公司保险合同赔付纠纷合同是否成立等请示一案的答复

2003 年 7 月 10 日　　　　〔2003〕民二他字第 09 号

四川省高级人民法院：

你院〔2002〕川民终字第 90 号关于内江市东兴区农村信用合作社联合社与中国太平洋保险公司内江支公司（以下简称内江太保公司）保险合同赔付纠纷一案，保险合同是否成立等问题的请示收悉。经研究，答复如下：

一般保险合同只要双方签字盖章，或者保险人向投保人签发保险单或者其他保险凭证，该保险合同即应认定已经成立。内江太保公司在签发保险单时如投保人未提供借款合同，则该公司不应签发保险单。内江太保公司经审核向钟玉琪签发了保险单，故应认定所涉借款合同已报送内江太保公司。虽投保人提供的借款合同与保险条款中所列的消费借款合同种类不一致，但至出险前内江太保公司未提出异议，应视为内江太保公司认可了钟玉琪提交的商业贷款合同代替了保险合同中的消费贷款。故同意你院研究的第一种意见，应认定本案保险合同有效，内江太保公司依约承担保险责任。

此复。

最高人民法院研究室
关于新的人身损害赔偿审理标准是否适用于未到期机动车第三者责任保险合同问题的答复

2004 年 6 月 4 日　　法研〔2004〕81 号

中国保险监督管理委员会办公厅：

你厅《关于新的人身损害赔偿审理标准是否适用于未到期机动车第三者责任保险合同问题的函》（保监厅函〔2004〕90 号）收悉。经研究，答复如下：

《合同法》第四条规定，“当事人依法享有自愿订立合同的权利，任何单位和个人不得非法干预。”《合同法》本条所确定的自愿原则是合同法中一项基本原则，应当适用于保险合同的订立。《保险法》第四条也规定，从事保险活动必须遵循自愿原则。因此，投保人与保险人在保险合同中有关“保险人按照《道路交通事故处理办法》规定的人身损害赔偿范围、项目和标准以及保险合同的约定，在保险单载明的责任限额内承担赔偿责任”的约定只是保险人应承担的赔偿责任的计算方法，而不是强制执行的标准，它不因《道路交通事故的处理办法》的失效而无效。我院《关于审理人身损害赔偿案件适用法律若干问题的解释》施行后，保险合同的当事人既可以继续履行 2004 年 5 月 1 日前签订的机动车辆第三者责任保险合同，也可以经协商依法变更保险合同。

最高人民法院
关于2006年7月1日以前投保的
第三者责任险性质的答复*

2006年4月19日　　〔2006〕民一他字第1号

浙江省高级人民法院：

你院〔2005〕浙法民一他字第1号《中国人民财产保险股份有限公司浦江支公司与楼棕荣、吴林宵、楼超建、张伏莲、邱朝阳道路交通事故损害赔偿纠纷一案的请示报告》收悉。经研究，答复如下：

根据《中华人民共和国道路交通法》第十七条的规定，本案第三者责任险的性质为商业保险。交通事故损害赔偿纠纷发生后，应当依照保险合同的约定，确定保险公司承担的赔偿责任。

---

* 原名“最高人民法院民一庭〔2006〕民一他字第1号复函”。

最高人民法院
关于大众保险股份有限公司苏州中心支公司、大众保险股份有限公司与苏州浙申实业有限公司海上货物运输保险合同案适用法律问题的请示的复函

2007 年 7 月 24 日　　〔2007〕民四他字第 8 号

湖北省高级人民法院：

你院鄂高法〔2007〕115 号《关于大众保险股份有限公司苏州中心支公司、大众保险股份有限公司与苏州浙申实业有限公司海上货物运输保险合同案适用法律问题的请示》收悉。

经研究认为：根据你院查明的事实，大众保险股份有限公司苏州中心支公司与苏州浙申实业有限公司之间的海上货物运输保险合同合法有效，双方的权利义务应当受保险单及所附保险条款的约束。依照本案“海洋运输货物保险条款”的规定，一切险除平安险和水渍险的各项责任外，还包括被保险货物在运输途中由于外来原因所致的全部或部分损失。保险条款中还列明了保险人不负赔偿责任的五项除外责任条款。因此，“一切险”的承保风险应当为非列明风险，如保险标的的损失系运输途中的外来原因所致，且并无证据证明该损失属于保险条款规定的除外责任之列，则应当认定保险事故属于一切险的责任范围。同意你院倾向性意见的处理结果。

此复。

最高人民法院
关于保证保险合同纠纷案件法律适用问题的答复

2010年6月24日　　〔2006〕民二他字第43号

辽宁省高级人民法院：

你院《关于保证保险问题的请示报告》（〔2006〕辽高法疑字第4号）收悉。经研究答复如下：

汽车消费贷款保证保险是保险公司开办的一种保险业务。在该险种的具体实施中，由于合同约定的具体内容并不统一，在保险公司、银行和汽车销售代理商、购车人之间会形成多种法律关系。在当时法律规定尚不明确的情况下，应依据当事人意思自治原则确定合同的性质。你院请示所涉中国建设银行股份有限公司葫芦岛分行诉中国人民保险股份有限公司葫芦岛分公司保证保险合同纠纷案，在相关协议、合同中，保险人没有作出任何担保承诺的意思表示。因此，此案所涉保险单虽名为保证保险单，但性质上应属于保险合同。同意你院审判委员会多数意见，此案的保证保险属于保险性质。

此复。

最高人民法院
关于在道路交通事故损害赔偿纠纷案件中机动车交通事故责任强制保险中的分项限额能否突破的请示的答复

2012 年 5 月 29 日　　〔2012〕民一他字第 17 号

辽宁省高级人民法院：

你院〔2012〕辽民一他字第 1 号《关于在道路交通事故损害赔偿纠纷案件中，机动车交通事故责任强制保险中的分项限额能否突破的请示》已收悉，经研究，答复如下：

根据《中华人民共和国道路交通安全法》第十七条、《机动车交通事故责任强制保险条例》第二十三条，机动车发生交通事故后，受害人请求承保机动车第三者责任强制保险的保险公司对超出机动车第三者责任强制保险分项限额范围予以赔偿的，人民法院不予支持。

最高人民法院
关于保险利益认定问题的答复

2012 年 11 月 9 日　　　　　　　　〔2012〕民四他字第 44 号

山东省高级人民法院：

你院〔2012〕鲁民四终字第 7 号《关于济宁九龙国际贸易有限公司与永安财产保险股份有限公司济宁中心支公司海上保险合同纠纷一案的请示》收悉。

经研究，同意你院审判委员会认为济宁九龙国际贸易有限公司（以下简称九龙公司）具有保险利益的少数意见。理由如下：依照《中华人民共和国保险法》（2002 年）第十二条第三款的规定，保险利益是指投保人对保险标的具有的法律上承认的利益。只要投保人对保险标的具有法律上的经济利害关系，即可认定其具有保险利益。虽然九龙公司与国外买方口头约定货物出口的价款条件为 FOB，但涉案货物买卖双方并没有严格按照 FOB 价格条件履行，主要表现为：货物运输险实际由卖方九龙公司投保；货物在运输途中发生损失后，九龙公司接受国外买方从货款中扣除货物损失，即实际承担了货物运输途中的损失。涉案货物买卖双方的实际履行表明其已经变更了 FOB 价格条件下由买方投保运输险和货物在装运港越过船舷后风险转移给买方的做法。九龙公司实际承担了货物运输途中的风险与损失，与货物具有法律上的经济利害关系，因此应当认定其对货物具有保险利益。

至于保险人永安财产保险股份有限公司济宁中心支公司最终是否应当承担保险赔付责任，请你院在查明事实后依法认定。

此复。

最高人民法院　中国保险监督管理委员会
关于在全国部分地区开展建立保险纠纷诉讼与调解对接机制试点工作的通知

2012年12月18日　　法〔2012〕307号

各省、自治区、直辖市高级人民法院，新疆维吾尔自治区高级人民法院生产建设兵团分院，各保监局，各保险行业协会：

为贯彻中央关于诉讼与非诉讼相衔接的矛盾纠纷解决机制改革的总体部署和人民法院“调解优先、调判结合”的工作原则，充分发挥保险监管机构、保险行业组织预防和化解社会矛盾纠纷的积极作用，依法、公正、高效化解保险纠纷，最高人民法院与中国保险监督管理委员会决定在全国部分地区联合开展建立保险纠纷诉讼与调解对接机制试点工作（试点地区名单附后）。现就有关事项通知如下：

一、工作目标

1. 建立、完善保险纠纷多元解决机制，促进依法、公正、高效、妥善化解矛盾纠纷，为保险纠纷当事人提供更多可选择的纠纷解决渠道，维护各方当事人的合法权益，推进保险业持续健康发展。

二、工作原则

2. 依法公正原则。保险纠纷诉讼与调解对接工作应当依法、公正进行，严格遵守法律、行政法规、司法解释规定的程序，充分尊重当事人意愿，不得强制调解；相关调解工作不得损害当事人及利害关系人的合法权益，不得违反法律的基本原则，不得损害社会公共利益。

3. 高效便民原则。开展保险纠纷诉讼与调解对接工作，应注重工作效率，不得以拖促调，不得久调不决；应根据纠纷的实际情况，灵活确定调解的方式、时间和地点，尽可能方便当事人，降低当事人解决纠纷的成本。

4. 积极稳妥原则。建立保险纠纷诉讼与调解对接机制采取先试点、后推广的方式进行，试点地区法院和保险监管机构应积极探索，稳妥推进，认真总结和积累经验，待条件成熟后，逐步在全国其他地区推广。

三、工作要求

5. 试点地区法院和保险监管机构应充分认识此项工作的重要性，加强组织领导，建立健全制度，不断提高保险纠纷诉讼与调解对接工作的公正性和公信力。

6. 试点地区法院可以根据《最高人民法院关于扩大诉讼与非诉讼相衔接的矛盾纠纷解决机制改革试点总体方案》（法〔2012〕116 号）的精神，建立特邀调解组织名册、特邀调解员名册。要健全名册管理制度，向保险纠纷当事人提供完整、准确的调解组织和调解员信息，供当事人自愿选择。要充分利用法院诉讼与调解对接工作平台，有条件的法院还可以提供专门处理保险纠纷的调解室，供特邀调解组织、特邀调解员开展工作。

7. 保险监管机构应加强对保险行业调解组织的工作指导，监督其规范运行。应指导当地保险行业协会建立行业调解组织并明确调解组织经费来源，协助保险行业调解组织建立、完善调解员遴选制度，为调解提供稳定资金和人员保障。

8. 保险行业协会负责保险行业调解组织的建设和运行管理，完善工作制度和程序，制定调解员工作规则和职业道德准则，加强对调解员的培训，不断提高调解员的业务素质和调解水平，推动调解工作依法公正的进行。

9. 试点地区法院要在尊重当事人意愿的前提下，按照《最高人民法院关于建立健全诉讼与非诉讼相衔接的矛盾纠纷解决机制的若干意见》（法发〔2009〕45 号）的相关规定，采用立案前委派调解、立案后委托调解等方式，引导当事人通过保险纠纷诉讼与调解对接机制高效、低成本的解决纠纷。

10. 保险监管机构应引导保险公司积极通过保险纠纷诉讼与调解对接机制处理矛盾纠纷，敦促其积极履行调解、和解协议。

11. 根据《最高人民法院关于建立健全诉讼与非诉讼相衔接的矛盾纠纷解决机制的若干意见》（法发〔2009〕45 号）、《最高人民法院关于扩大诉讼与非诉讼相衔接的矛盾纠纷解决机制改革试点总体方案》（法〔2012〕116 号）及民事诉讼法的相关规定，保险纠纷当事人经调解组织、调解员主持调解达成的调解协议，具有民事合同性质，经调解员和调解组织签字盖章后，当事人可以申请有管辖权的人民法院确认其效力。经人民法院确认有效的调解协议，具有强制执行效力。

12. 试点地区法院和保险监管机构、保险行业协会应通过多种途径，加大对保险纠纷诉讼与调解对接机制的宣传力度，加强公众对该纠纷解决机制的了解和认识。

13. 试点地区法院和保险监管机构应加强合作交流，建立沟通联系和信息共享机制，确定联系部门和联系人，及时就保险纠纷诉讼与调解对接工作中遇到的问题进行协商，提高调解质量和效率。

14. 最高人民法院民二庭与中国保险监督管理委员会保险消费者权益保护局具体负责对试点工作的指导。各试点地区法院所在辖区的高级人民法院或中级人民法院应指导、督促、检查其辖区内的试点工作，并注意总结试点经验，确保试点工作顺利进行。试点地区法院和保险监管机构在试点工作中遇到的问题，应及时层报最高人民法院和中国保险监督管理委员会。

15. 非试点地区的人民法院、保险监管机构和保险行业协会可以积极探索保险纠纷的多元解决方式，借鉴试点地区的成功经验，为保险纠纷诉讼与调解对接机制的建立和完善奠定良好的基础。

最高人民法院 中国保险监督管理委员会
关于全面推进保险纠纷诉讼与调解对接机制建设的意见

2016年11月4日　　法〔2016〕374号

开展保险纠纷诉讼与调解对接（下称诉调对接）机制建设，是贯彻落实党的十八大和十八届三中、四中、五中、六中全会精神完善多元化纠纷解决机制推进社会治理现代化的重要举措。自2012年最高人民法院和中国保监会联合下发《关于在全国部分地区开展建立保险纠纷诉讼与调解对接机制试点工作的通知》（法〔2012〕307号）以来，试点地区人民法院与保险监管机构加强协同运作，发挥预防和化解社会矛盾的积极作用，促进保险纠纷依法、公正、高效解决，有效维护各方当事人合法权益，圆满完成各项试点任务。为贯彻落实《中共中央关于全面推进依法治国若干重大问题的决定》（中发〔2014〕10号）有关完善多元化纠纷解决机制精神及《最高人民法院关于人民法院进一步深化多元化纠纷解决机制改革的意见》（法发〔2016〕14号），现就进一步推进保险纠纷诉调对接机制建设工作提出以下意见：

一、总体要求

（一）指导思想

全面贯彻党的十八大和十八届三中、四中、五中、六中全会精神，以邓小平理论、“三个代表”重要思想、科学发展观为指导，深入贯彻习近平总书记系列重要讲话精神，紧紧围绕协调推进“四个全面”战略布局和“五大发展理念”，切实落实党中央国务院关于完善矛盾纠纷多元化解机制的要求，充分发挥人民法院、保险监管机构、保险行业组织预防和化解社会矛盾纠纷的积极作用，依法、公正、高效化解保险纠纷，不断提高调解公信力，为保险纠纷当事人提供便捷、高效、低成本的纠纷解决途径。

（二）基本原则

一是坚持依法公正。保险纠纷诉调对接工作应当依法、公正进行，严格遵守法律、行政法规和司法解释规定的程序，不得损害当事人及其他利害关系人的合法权益，不得违反法律的基本原则，不得损害社会公共利益。二是坚持调解自愿。开展保险纠纷诉调对接工作必须充分尊重各方当事人意愿，不得强制调解，保障当事人依法行使自己的民事权利和诉讼权利。三是坚持高效便民。

开展保险纠纷诉调对接工作应注重工作效率，根据纠纷的实际情况，灵活确定调解方式方法，充分运用信息化手段，尽可能方便当事人。

（三）目标任务

1. 建立完善的保险纠纷多元化解决机制，为保险纠纷当事人提供更多可选择的纠纷解决渠道，实现诉调对接工作制度健全，机制运转顺畅，调解组织管理规范，调解程序合法公正，调解队伍专业稳定，依法、公正、高效化解矛盾纠纷，切实保护各方当事人的合法权益。

2. 积极扩大开展地区范围。除前期试点地区继续开展诉调对接工作外，保险纠纷诉调对接工作扩展至所有直辖市和省会（自治区首府）城市。各省、自治区、直辖市高级人民法院和保险监管机构应本着积极稳妥的原则，适时将保险纠纷诉调对接机制扩展到有纠纷化解需求、工作基础较好的地区。

二、加强平台建设

（四）完善平台设置

开展地区法院要将保险纠纷诉调对接平台建设与诉讼服务中心建设结合起来，有条件的地区要积极设立保险纠纷调解室，供特邀调解组织、特邀调解员开展工作；要建立特邀调解组织名册、特邀调解员名册，向保险纠纷当事人提供完整、准确的调解组织和调解员信息，供当事人自愿选择。保险监管机构要结合辖区实际，指导当地保险行业协会建立健全保险纠纷调解组织，有条件的地区可以建立第三方保险纠纷调解组织，推动调解组织的规范化、标准化。保险行业协会应将本地区保险纠纷调解组织、调解员名单报当地保监局、保监分局备案，并由保监局、保监分局提供给对接法院建立本辖区调解组织、调解员名册。

（五）规范调解组织建设

保险行业协会要制定调解组织管理制度，建立调解组织的评价机制；筹集并管理调解组织运行经费，制定经费使用规范及费用支付标准；指导调解组织制定并完善调解组织的调解规则、档案管理、报表统计等制度，加强调解组织软硬件建设，实现调解组织规范化、标准化。

（六）加强调解员队伍建设

调解组织要建立和完善调解员的遴选、认证、培训、考核、奖惩、退出等制度；挑选业务熟练、经验丰富的人员专职负责调解工作的组织和实施；组建调解专家库，组织相关专业人员为具体纠纷调解工作提供指导；将调解员培训纳入年度工作计划，提高调解员的职业道德、法律知识、保险知识和调解技能水平。开展地区法院要加强对调解员的指导，并通过观摩法庭审判、开展法律知识讲座等形式对调解员进行培训，促进保险纠纷诉调对接工作持续开展。

（七）积极推动建立“一站式”纠纷解决模式

开展地区法院和保险纠纷调解组织应积极推动引导交通事故纠纷处理、医疗纠纷处理等领域建立“一站式”纠纷解决模式，推进纠纷的快速处理，切实减轻当事人负担。

三、规范运作程序

（八）明确案件范围

开展地区法院要按照《最高人民法院关于建立健全诉讼与非诉讼相衔接的矛盾纠纷解决机制的若干意见》（法发〔2009〕45号）和《最高人民法院关于人民法院进一步深化多元化纠纷解决机制改革的意见》的相关规定，有序开展保险纠纷诉调对接工作。保险纠纷诉调对接的案件范围为最高人民法院《民事案件案由规定》（法〔2011〕41号）中规定的保险纠纷以及其他与保险有关的民商事纠纷。开展地区可视情况在上述纠纷案件范围内开展诉调对接工作。

（九）完善立案前委派调解对接流程

1. 诉前引导。在收到保险纠纷起诉状或者口头起诉之后、登记立案之前，人民法院立案部门应引导当事人选择调解方式解决纠纷。当事人同意进行诉前调解的，应填写《立案前（诉前）调解申请书》等并签字确认，或者由人民法院向当事人出具《立案前（诉前）调解建议书》、《立案前（诉前）调解确认书》等文件并由当事人签字确认。当事人明确表示不同意调解的，人民法院应当依法登记立案。

2. 委派调解。人民法院向保险纠纷调解组织发送立案前委派调解函及相关材料。

3. 组织调解。调解员根据调解程序依法开展调解工作。双方达成一致意见的，调解组织应制作调解协议书，由调解员和双方当事人签字确认；调解不成的，调解组织应及时函复人民法院，其中当事人申请立案的，人民法院应当依法登记立案。

4. 司法确认。当事人申请对调解协议进行司法确认的，人民法院应当根据《最高人民法院关于建立健全诉讼与非诉讼相衔接的矛盾纠纷解决机制的若干意见》、《最高人民法院关于人民法院进一步深化多元化纠纷解决机制改革的意见》以及民事诉讼法相关规定，及时对调解协议进行审查，依法确认调解协议的效力。

（十）完善立案后委托调解对接流程

1. 委托调解。保险纠纷已经登记立案的，开展地区法院根据案件情况，经双方当事人同意，可以委托保险纠纷调解组织调解。由人民法院出具委托调解函，写明委托法院和承办法官、双方当事人、案由及案情简介等，连同起诉书、答辩状、主要证据材料复印件及清单等材料移送调解组织。

2. 组织调解。调解员根据调解程序依法开展调解工作。双方达成一致意见的，由调解组织制作调解协议书，调解员和双方当事人签字确认。调解组织应将调解结果及相关文件及时书面报送委托法院，人民法院依法审查后出具民事调解书。调解不成的，保险纠纷案件应及时恢复审理。

（十一）严格调解时限

人民法院委派或者委托调解的保险纠纷案件，调解组织应当自接受案件之日起二十个工作日内调解完毕（不包含伤残鉴定、损失评估等时间）。经双方当事人同意，可以适当延长，但最长不得超过七个工作日。

四、健全工作机制

（十二）构建多层次的保险纠纷诉调对接沟通联系机制

开展地区法院、保险监管机构等相关方应当定期召开保险纠纷诉调对接联席会议，沟通工作情况，协调重大典型保险纠纷案件调解，推进保险纠纷诉调对接工作深入有效开展。开展地区法院、保险监管机构、保险纠纷调解组织应当加强日常性联系沟通，及时就保险纠纷诉调对接工作中遇到的具体问题进行协调，提高工作质量和效率。

（十三）建立保险纠纷诉调对接信息共享机制

开展地区法院、保险监管机构、保险纠纷调解组织应健全保险纠纷诉调对接工作信息和数据的统计汇总制度，并定期交流信息和数据。对审判工作中发现的保险纠纷共性问题，人民法院应向保险监管机构、保险行业协会发出司法建议。

（十四）建立疑难纠纷指导机制

保险纠纷调解组织可以就保险纠纷调解中遇到的疑难问题和涉及的法律适用问题向人民法院提出咨询，人民法院应及时予以指导和答复。

（十五）探索建立在线调解机制

开展地区法院和保险纠纷调解组织应积极发挥信息技术手段对诉调对接机制建设的支持作用，依托互联网探索建立保险纠纷在线调解模式，促进保险纠纷诉调对接机制的信息化发展。

五、强化措施保障

（十六）加强组织领导

开展地区法院、保险监管机构要加大对保险纠纷诉调对接工作的领导和指导力度，根据具体实际联合制定保险纠纷诉调对接工作细则。开展地区法院所在辖区的高级人民法院、中级人民法院应指导、督促辖区内的诉调对接工作，推动诉调对接工作顺利开展。开展地区法院应明确由一个庭室统一负责保险纠纷诉调对接工作的对外协调，各相关庭室要积极参与配合保险纠纷诉调对接工作，注重沟通协作。保险监管机构应加强对调解组织的指导和监督，鼓励保险公司建立调解权限动态授予、异地授权、及时应调、快速审批等机制，保障基层分支机构能够通过调解解决保险纠纷。保险行业协会应通过组织会员公司签订行业自律公约的形式督促保险公司各级机构积极参与调解并及时履行调解协议。开展地区法院、保险监管机构和保险行业协会可以对保险纠纷诉调对接工作中表现突出的集体和个人予以表彰和宣传。

（十七）保障经费来源

开展地区法院、保险监管机构要积极争取当地党委、政府对保险纠纷诉调对接工作的支持，将诉调对接工作纳入当地矛盾纠纷多元化解工作经费保障范围。鼓励保险行业协会依法采取增加专项会费或者根据各会员公司调解案件数量收取费用等方式落实诉调对接机制经费保障，确保诉调对接工作有效进行。

（十八）完善司法确认程序

经保险纠纷调解组织主持调解达成具有民事合同性质的调解协议，当事人可以向调解组织所在地基层人民法院或者人民法庭依法申请确认其效力。登记立案前委派给保险纠纷调解组织调解达成的协议，当事人申请司法确认的，由调解组织所在地或者委派调解的基层人民法院管辖。

六、加强政策引导与宣传教育

（十九）注重政策引导

开展地区法院、保险监管机构、保险行业协会要积极引导当事人通过调解解决矛盾纠纷。人民法院要向当事人告知保险纠纷诉调对接的相关情况。保险监管机构、保险行业协会应督促保险公司在投保提示、索赔告知书、投诉处理告知书及保险合同中添加通过调解方式解决纠纷的内容，保险监管机构应在投诉处理告知书中添加通过调解方式解决纠纷的内容。

（二十）重视宣传教育

开展地区法院、保险监管机构、保险行业协会要加大宣传力度。人民法院应将保险纠纷诉调对接纳入法律宣传活动体系，保险监管机构、保险行业协会应将保险纠纷诉调对接机制纳入消费者教育体系，提升保险纠纷当事人以及社会公众对保险纠纷诉调对接机制的知晓度和信任度，增进社会公众对诉调对接工作的参与度，形成有利于推进诉调对接工作的良好氛围。

二、司法观点篇

（一）一般规定

1. 在保险审判工作中，应当坚持的原则和理念

关键词

保险合同纠纷　商事裁判理念　保险市场　保险审判工作

最高人民法院司法政策精神

依法保障保险市场健康发展。各级人民法院要妥善审理因销售误导和理赔等引发的保险纠纷案件，规范保险市场秩序，推动保险服务水平的提高。要在保险合同纠纷案件审理中，注意协调依法保护投保人利益和平等保护市场各类主体、尊重保险的精算基础和保护特定被保险人利益、维护安全交易秩序和尊重便捷保险交易规则、防范道德风险和鼓励保险产品创新等多种关系，要积极支持保险行业协会等调处各类保险纠纷，维护保险业对经济社会发展的“助推器”和“稳定器”功能，促进保险业的健康持续发展。

——最高人民法院《印发〈关于人民法院为防范化解金融风险和推进金融改革发展提供司法保障的指导意见〉的通知》（2012 年 2 月 10 日，法发〔2012〕3 号）第 7 条。

妥善审理保险合同纠纷案件，依法保障各方当事人利益。充分发挥保险制度的核心功能，管理和分散实体经济运行中的自然灾害、意外事故、法律责任以及信用等风险。依法规范保险合同纠纷当事人、保险中介等各类市场主体行为，防范不同主体的道德风险，构建保险诚信法治体系。

——最高人民法院《印发〈关于进一步加强金融审判工作的若干意见〉的通知》（2017 年 8 月 4 日，法发〔2017〕22 号）第 6 条。

最高人民法院审判业务意见

第一，要坚持以人为本，注重保护保险消费者合法权益。正确处理契约自由与契约正义之间的关系，坚持合法性审查原则。保险公司作为格式合同的制

订方，具有专业知识和经济实力，拥有调整合同条款的主动权，而保险消费者并不具有这种专业性和主动性。所以，加强保险消费者合法权益保护，是各国保险法的基本原则，也是我国保险法的基本立法精神。我们以往在保险审判工作中均秉持这一原则，今后也要延续这一原则。

第二，要坚持平衡保护，妥善兼顾各方利益。一方面，要做好投保人、被保险人与保险人之间的利益平衡。保险合同虽是单个投保人与保险人签订，但条款设计的背后实际上是保险人与同类危险共同体之间的利益平衡、具体被保险人与同类危险共同体之间的利益平衡。唯认识到这一点，才能在保险纠纷案件审理中把握好裁量尺度，才能在注重保护投保人、被保险人利益的同时，更好地尊重我国保险业发展的客观实际，保障保险业的健康发展。另一方面，要做好投保人、被保险人、受益人等主体之间的利益平衡。保险合同所涉主体具有复杂性，除了合同两造主体外，还关涉保险相对人的利益。我们在合同解除权、保单现金价值归属等问题上均力求达到各方利益的基本平衡。要坚持自由裁量权合理性原则，包括其中的比例原则、妥当性原则、适当性原则。

第三，要坚持诚实守信，防范道德风险。保险合同是典型的射幸合同，对诚信的要求高于其他类型合同。在保险审判工作中，既要注重从正面引导市场诚信有序运行，又要注重防止、惩戒保险欺诈；既要规制投保人、被保险人的欺诈行为，又要规制保险人销售误导、逆选择等不诚信行为；既要防范保险合同主体的道德风险，又要防范其他市场主体的道德风险，从司法角度逐步构建保险诚信体系。保险审判尤其是人身保险纠纷案件的审理，防范道德风险责任重大。《保险法司法解释（三）》很多规则的设定，都体现了最大诚信原则。

第四，要坚持保险原理，尊重保险特性。保险是以大数法则为基础的制度，保险经营行为中保险费率的厘定、保险风险的选择、保险赔偿的计算以及各种准备金的提取等都需要以精算为基础。为此，我们在保险审判工作中，要掌握保险原理，尊重保险特性，坚持保险利益原则、近因原则等保险法基本原则。例如，司法解释采纳最新保险利益学说，明确同一保险标的上可存在不同保险利益。同时，针对实践中存在的投保险种与保险利益不符的问题，寻求解决路径。

第五，要规范保险市场行为，促进保险市场繁荣。现在，金融综合经营不断推进，科技进步突飞猛进，为保险业发展提供了新的动力。一方面，“互联网+”依托跨时间、跨空间的特性，从产品设计、经营管理到服务模式各个层面，对保险业产生深远影响。另一方面，金融跨界经营将给保险业带来深刻变化。保险审判工作既要立足行业现状，解决实际问题，引导保险市场规范发展，也要考虑保险行业未来发展的需要，对新类型保险产品和交易模式予以规范的同时适当留白，为市场创新留出空间，促进市场繁荣发展。人民法院在坚持保险法律科学的悖论中为保险法律的成长和保险市场的繁荣留出空间。

——杨临萍:《凝聚共识携手推进保险市场法治建设——在中国保险行业协会2016年保险合规年会上的发言》,载杜万华主编、最高人民法院民事审判第二庭编:《商事审判指导》2016年第2辑(总第41辑),人民法院出版社2017年版,第37~39页。

2. 保险合同的成立和生效

关键词

保险合同　合同成立　保费交付

最高人民法院司法政策精神

当事人在财产保险合同中约定以投保人支付保险费作为合同生效条件,但对该生效条件是否为全额支付保险费约定不明,已经支付了部分保险费的投保人主张保险合同已经生效的,人民法院依法予以支持。

——最高人民法院《关于印发〈全国法院民商事审判工作会议纪要〉的通知》(2019年11月8日,法〔2019〕254号)第97条。

附录:最高人民法院法官著述

保险合同的成立与生效是两种不同的合同制度,保险合同成立并不等于保险合同生效。保险合同成立表示投保人和保险人双方已经对保险合同的订立达成合意。而只有符合法律规定的合同有效要件,保险合同才能正式生效。保险合同是否有效成立对于保险合同双方具有重要的意义,只有保险合同有效成立才能对双方当事人产生约束力,在出现保险事故时,保险人也才可能承担保险责任。

在实践中,经常出现保险人与投保人对保险合同条款达成一致,有时甚至已经签发了保单,但投保人却因各种理由没有按照约定时间及时交纳保险费。此时一旦出现保险事故,保险公司一般都以投保人没有交付保费,保险合同尚未生效这由拒绝予以赔偿。

保险合同作为合同的一种,也应当遵循《合同法》的基本原则和基本制度。但是由于保险合同的特殊性,加之保险业务有许多运作方法打破了常规,实践中,经常有人误认为保险合同的成立应当与其他合同不同。《保险法》第13条(2009年修订后《保险法》第14条)规定:保险合同成立后,投保人按照约定交付保险费,保险人按照约定时间开始承担保险责任。这一规定容易给人们造成一种错觉,即保险合同与一般合同不同,如有的观点就认为保险合同应当属于实践合同，只有保险费被交纳之时，才能生效。还有人认为保险合同是附期限的合同，只有当合同所约定的时间到来时，合同才能生效。其实，上述观点都从不同的侧面描述了保险合同的特征，有一定道理却不够全面。

保险合同还是一种诺成性合同，而并不是实践性合同。投保人无需交纳保费，只有合同双方意思表示一致，合同就可以成立。但合同成立并不就等于合同生效。《保险法》第14条规定，保险合同成立后，投保人按照约定交付保险费；保险人按照约定的时间开始承担保险责任。可见，一般情况下，是合同成立后再交付保险费，是否交付保险费与合同成立之间没有关系。

而合同是否生效需要法律对当事人的合意进行评判。《合同法》第44条规定，依法成立的合同，自成立时生效。一般情况下，合同成立时即生效。但是如果合同存在当事人意思表示不真实或者欠缺合同有效要件、违反法律强制性规定等情形时，合同就不会及时正常生效，可能出现可变更、可撤销、效力待定甚至无效的情形。如果当事人另有约定，也可以约定合同生效的条件和时间。投保人不交付保险费并没有违反法律的强制性规定，也不涉及可变更、可撤销及效力待定的情况。因此，如果当事人没有将给付保险费作为合同生效的前提条件，不给付保险费就不能成为合同无效的原因。也就是说，交付保险费与否在合同没有特别约定的情况下，对合同的成立和生效都不能产生影响。

——宫邦友：《保险纠纷案件中欠缴保费涉及的几个法律问题》，载《人民司法》2005年第5期。

附录：司法信箱

未签发保险单的保险合同是否成立？

《人民司法》研究组认为：保险合同的成立，只以投保人和保险人之间的要约与承诺为条件，并不以保险人交付保险单或者保险凭证为条件。但是，保险合同成立后，保险人应当及时向投保人签发保险单或者其他保险凭证。保险单只是保险合同成立的凭证之一，不构成保险合同成立的条件。保单交付为保险人的法定义务，保险人不交付或者怠于交付保险单或者其他保险凭证时，投保人可以请求保险人交付。所以，本案中投保人与保险人之间的行为虽不甚规范，但投保人投保、保险人承保的意思表示真实，该保险合同依法已成立。故投保人有权向保险人请求交付保险单。

——《人民司法》2001年第3期（总第446期）。

3. 保险合同约定于交纳保险费后保险合同生效，保险人对交纳保险费前所发生的损失不承担赔偿责任

关键词

保险合同　交纳保险费　合同效力

最高人民法院公报案例

云南福运物流有限公司与中国人寿财产保险股份公司曲靖中心支公司财产损失保险合同纠纷案（最高人民法院民事裁定书）

裁判摘要：一、当事人就货物保险损失达成的《赔偿协议书》及《货运险赔偿确认书》是对财产损害赔偿金额的自认，是真实意思表示，是有效的民事法律行为。

二、保险合同以当事人双方意思表示一致为成立要件，即保险合同以双方当事人愿意接受特定条件拘束时，保险合同即为成立。签发保险单属于保险方的行为，目的是对保险合同的内容加以确立，便于当事人知晓保险合同的内容，能产生证明的效果。根据《中华人民共和国保险法》第十三条第一款关于“投保人提出保险要求，经保险人同意承保，保险合同成立。保险人应当及时向投保人签发保险单或者其他保险凭证，并在保险单或者其他保险凭证中载明当事人双方约定的全部内容”之规定，签发保险单并非保险合同成立时所必须具备的形式。

三、保险费是被保险人获得保险保障的对价。根据《中华人民共和国保险法》第十三条第三款关于“依法成立的保险合同，自成立时生效。投保人和保险人可以对合同的效力约定附条件或者附期限”之规定，保险合同可以明确约定以交纳保险费为合同的生效要件。如保险合同约定于交纳保险费后保险合同生效，则保险人对交纳保险费前所发生的损失不承担赔偿责任。

最高人民法院认为：一、本案一、二审法院驳回双方当事人要求撤销《赔偿协议书》及《货运险赔偿确认书》的请求并无不当。本案双方当事人达成的《赔偿协议书》及《货运险赔偿确认书》是双方对财产损害赔偿金额的自认，是真实意思表示，是有效的民事法律行为。虽然双方当事人均提出撤销《赔偿协议书》及《货运险赔偿确认书》的请求，但均未对可撤销的理由提出

相关证据。《中华人民共和国民法通则》第五十七条规定："民事法律行为从成立时起具有法律约束力。行为人非依法律规定或者取得对方同意，不得擅自变更或者解除。"根据上述规定，福运公司与人寿财保曲靖公司所签订的《赔偿协议书》及《货运险赔偿确认书》应受法律保护，双方当事人应受该协议的约束。

二、人寿财保曲靖公司不应赔偿福运公司的其余货物损失 1 873 207 元。首先，福运公司与人寿财保曲靖公司之间的保险合同关系成立且有效，本案一、二审法院关于保险合同成立的认定并无不当。其次，保险费是被保险人获得保险保障的对价，根据《中华人民共和国保险法》第十三条第三款关于"依法成立的保险合同，自成立时生效。投保人和保险人可以对合同的效力约定附条件或者附期限"之规定，本案福运公司向保险公司投保所提交的《国内货物运输保险投保单》上关于"投保人应当在保险合同成立时交付保险费。保险费未交清前发生的保险事故，保险公司不承担责任。保险责任开始后 15 天内投保人未交清保险费，保险人有权解除保险合同"的"特别约定"，属于附生效要件的合同。由于本案保险合同约定于交纳保险费后生效，故保险人对投保人保险费交纳前所发生的损失不承担赔偿责任。综上，福运公司要求人寿财保曲靖公司承担保险责任的请求，因与其投保单所载明的内容不相符，本院不予支持。福运公司关于人寿财保曲靖公司没有对特别约定向其履行明确说明条款内容义务的主张，本院不予采信。

综上，福运公司的再审申请不符合《中华人民共和国民事诉讼法》第二百条第（二）项、第（六）项规定的情形。

——《最高人民法院公报》2016 年第 7 期（总第 249 期）。

4. 电子保险合同自保险人收到保费时成立并生效，激活是确定被保险人和保险责任的开始时间

关键词

电子保险合同　如实告知义务　电子保险单

最高人民法院公报案例

韩龙梅等诉阳光人寿保险股份有限公司江苏分公司保险合同纠纷案（南京市鼓楼区人民法院民事判决书）

裁判摘要：《保险法》第 17 条第 1 款规定："订立保险合同，保险人应当向投保人说明保险合同的条款内容，并可以就保险标的或者

被保险人的有关情况提出询问，投保人应当如实告知。”保险人或其委托的代理人出售“自助式保险卡”未尽说明义务，又未对相关事项向投保人提出询问，自行代替投保人激活保险卡形成数据电文形式的电子保险单，在保险合同生效后，保险人以电子保险单内容不准确，投保人违反如实告知义务为由主张解除保险合同的，人民法院不予支持。

南京市鼓楼区人民法院认为，《保险法》第17条第1款规定："订立保险合同，保险人应当向投保人说明保险合同的条款内容，并可以就保险标的或者被保险人的有关情况提出询问，投保人应当如实告知。”对于投保人的告知义务而言，除了《保险法》第17条第1款的规定，被告阳光人保自行提供的保险条款也规定："订立本合同时，本公司会就投保人和被保险人的有关情况提出书面询问，投保人和被保险人应当如实告知。”可见，投保人的告知义务的范围应当以保险人询问的事项为限，对保险人未询问的事项，投保人不负告知义务。

本案中，证人宗芹出具证言称，在收取保险费时误以为刘继是农民而未询问其职业，涉案保险卡系保险代理公司根据业务员对被保险人职业状况的陈述代为激活，后又交付给刘继的内容，鉴于宗芹作为向刘继销售被告阳光人保保险业务的经办人，与阳光人保有利害关系，其出具的不利于阳光人保的证言可信度较高，且阳光人保未能举证证明涉案保险卡由刘继自己激活，亦未能举证证明在收取保险费时对刘继的职业提出了书面询问，故可以认定阳光人保未能全面履行对保险合同条款的说明义务。阳光人保网站上可查阅被保险人的职业分类表，网上激活的过程中，被保险人职业栏如选择“营业用货车司机”，保险卡会因被拒绝承保而不能激活。但是，本案所涉保险卡系民兴代理公司内勤代为激活，激活过程中，民兴代理公司仅向其业务员宗芹而未向投保人刘继进行询问，而宗芹并未询问过刘继的职业，使得刘继没有机会就其职业状况履行如实告知义务。因此，刘继并未违反投保人如实告知义务。阳光人保作为保险人认为刘继违反告知义务主张解除合同，要求免除相应的赔偿责任请求没有事实根据与法律依据。因此，涉案保险合同合法有效，保险责任期间自2009年3月16日0时起至2010年3月15日24时止。2009年4月20日，刘继因交通事故而意外死亡，已经构成保险事故，保险人应按保险合同约定承担赔偿责任。《保险法》第64条规定："被保险人死亡后，遇有下列情形之一的，保险金作为被保险人的遗产，由保险人向被保险人的继承人履行给付保险金的义务：（一）没有指定受益人的；……”本案中，涉案保险合同没有指定受益人，原告韩龙梅、刘娜、刘凯、刘元贞、王月兰作为刘继的法定继承人，有权要求阳光人保履行给付保险金的义务。

——《最高人民法院公报》2010年第5期（总第163期）。

说明

电子保单作为一种重要的保险营销手段和保险业务拓展手段，发展迅猛。与之相应的纠纷也日益增多，从而带来许多值得研究的问题。本裁判厘清了电子保单的生效条件，即保险公司收到保费时保险合同成立并生效。激活保险卡生成电子保单，是在保险人的网站上以数据电文形式确定被保险人和保险责任开始时间，而非保险合同之生效时间。其次，在订立电子保单过程中，保险人代投保人激活保险卡，必须直接向投保人询问，并保留相关询问与告知的证据。否则，保险人不得主张解除合同，亦不能免除赔偿责任。

5. 投保单由保险代理人代为填写时保险合同的效力认定

关键词

保险合同　投保单　保险代理人　合同效力

最高人民法院司法解释

投保人或者投保人的代理人订立保险合同时没有亲自签字或者盖章，而由保险人或者保险人的代理人代为签字或者盖章的，对投保人不生效。但投保人已经交纳保险费的，视为其对签字或者盖章行为的追认。

保险人或者保险人的代理人代为填写保险单证后经投保人签字或者善意确认的，代为填写的内容视为投保人的真实意思表示。但有证据证明保险人或者保险人的代理人存在《保险法》第一百一十六条、第一百三十一条相关规定情形的除外。

——最高人民法院《关于适用〈中华人民共和国保险法〉若干问题的解释（二）》（2013 年 5 月 6 日，法释〔2013〕14 号）第 3 条。

最高人民法院公报案例

卫勤俭诉中保财产保险股份有限公司台山市支公司、中国农业银行台山市支行下川营业所渔船保险合同纠纷案（广东省高级人民法院二审民事调解书）

广东省高级人民法院认为，本案的渔船险投保单由保险代理人代填写，投保人没有签字盖章却有保险人“中保财产公司台山支公司”的印章。渔船险投保单理论上应当由投保人（船东）逐项填写并签字，但事实上不能排除保险人或者保险代理人代投保人填写的情况。保险人或者保险代理人在保险业务操作中掌握主动权，这种不规范操作的后果应当由保险人或者保险代理人承担，不能由投保人负责。要求投保单由投保人逐项填写并签字，其目的是为了避免投保人和保险人或者保险代理人因投保人是否提出投保申请发生纠纷。由于本案的保险代理人和投保人在诉讼中都承认投保单内容是投保人的真实意思表示，双方对此没有争议，投保单的法律效力应予确认。上诉人台山保险公司否认本案投保单的法律效力，将其理解为投保人的投保意向，与事实不符。台山保险公司的第二点上诉理由不能成立。

由于被上诉人卫勤俭与原审被告农行营业所已经就渔船保险一事达成一致的意思表示，特别是卫勤俭已经履行了投保人交纳保险费的义务，且此项费用已经被农行营业所妥收入保险费账户，农行营业所代理上诉人台山保险公司与卫勤俭订立的保险合同依法成立。保险手续只是对保险合同的一种书面记载，并不能等同于保险合同。保险手续没有完善，不等于保险合同没有成立。就本案说，卫勤俭作为投保人，符合其意思表示的投保单已经填写出来，保险费已经交纳，投保人在保险合同中的义务已经完成。剩下的手续，应当由保险人或者其代理人去完善。农行营业所的工作人员为了促成此笔保险业务，同意给卫勤俭代办船舶年检证书，这是二人之间的另一法律关系。台山保险公司借此将农行营业所的工作人员说成是卫勤俭的代理人，把必须由农行营业所去完善的保险手续说成是必须由卫勤俭完成，而农行营业所的工作人员同意给其代理，不仅与事实不符，且于理不通。台山保险公司的第三点上诉理由不能成立。

——《最高人民法院公报》2001年第3期（总第71期）。

6. 关于“投保人已经交纳保险费的，视为其对代签字或者盖章行为的追认”的规定，不及于“投保人声明栏”处的代签章

关键词

签章　代理人　追认　投保单

最高人民法院司法解释

投保人或者投保人的代理人订立保险合同时没有亲自签字或者盖章，而由保险人或者保险人的代理人代为签字或者盖章的，对投保人不生效。但投保人已经交纳保险费的，视为其对代签字或者盖章行为的追认。

保险人或者保险人的代理人代为填写保险单证后经投保人签字或者盖章确认的，代为填写的内容视为投保人的真实意思表示。但有证据证明保险人或者保险人的代理人存在《保险法》第一百一十六条、第一百三十一条相关规定情形的除外。

——最高人民法院《关于适用〈中华人民共和国保险法〉若干问题的解

释（二）》（2013年5月6日，法释〔2013〕14号）第3条。

最高人民法院公布的典型案例

王某诉某人寿保险股份有限公司人身保险合同纠纷案

裁判要点：投保人在订立保险合同时应当亲自签章。保险业务员代为签字，但投保人已经交纳保险费的，视为其对代签字行为的追认。

简要案情：

保险公司的业务员张某与投保人王某是同学关系。在张某向王某推销保险产品时，王某在外地出差，于是王某让张某到自己家中找自己的妻子收取保险费。张某遂到王某家中找到王某的妻子取得了保险费，并代替王某在投保书上签字。投保书所记载的投保人与被保险人均为王某，投保的险种为重大疾病保险，保险期限为终生，交纳保险费期限为20年，每年应交纳保险费金额为2000元。王某出差回到北京以后，张某将保险合同及保险费发票交给了王某。此后，王某每年正常交纳保险费，累计交费12000元。直到2006年，王某、张某关系恶化，王某遂起诉保险公司，以投保书不是自己亲笔签字为由要求退还全部保险费。

法院认为：王某在张某代其签署投保书后，取得了张某转交的保险合同文本及保险费发票，应视为其对张某所实施的代签约行为已经明知。在此后长达五年的时间里，王某按照保险合同的约定及时足额交纳各年度保险费的行为，即属于以积极参与合同履行的方式表达了其对于张某代其签约行为的追认。据此，法院认定王某追认了张某代其订立保险合同的行为，判决驳回王某的诉讼请求。

——《准确理解适用〈解释（二）〉促进保险业健康稳定发展，最高人民法院公布三起保险合同纠纷典型案例》，载《人民法院报》2013年6月8日。

附录：最高人民法院主流观点

实践中，投保单需要投保人签章的地方可能会有两处：（1）以订约人（要约人）的身份在投保单相应部分签章；（2）在“投保人声明栏”处签章。目前，保险人为履行《保险法》所要求的对保险免责条款的明确说明义务而采用的较为普遍的做法，是在投保单上投保人声明栏载明“保险人已向本人详细介绍了保险条款，并就该条款中有关责任免除的内容做了明确说明，本人接受上述内容，自愿投保本保险”，由投保人签名认可。一旦投保单上发生代签名现象，往往是上述两处本应由投保人签章的地方均系代签名。需要指出的是，两处签名的目的和意义不同，在发生代签名现象后认定投保人以缴纳保险费的形式追认的效果亦不同。投保人交纳保险费的，仅表明其愿意订立该保险合同，是对代签保险合同行为的追认，保险合同对其生效。但不能因此认为投保人认可保险人已经向其履行了保险免责条款的明确说明义务，因为保险人是否已经向其履行了保险免责条款的明确说明义务是个事实问题，应当实事求是地认定，如果保险人事实上并未向其履行该项义务，不能仅因为投保人交纳了保险费而推定保险人向其履行了该项义务。

——最高人民法院民事审判第二庭编著：《最高人民法院关于保险法司法解释（二）理解与适用》，人民法院出版社2013年版，第101页。

7. 投保人的签字形成于代为填写保险单证之前的，代填内容不应视为投保人的真实意思表示

关键词

签字　意思表示　风险询问

最高人民法院司法解释

保险人或者保险人的代理人代为填写保险单证后经投保人签字或者盖章确认的，代为填写的内容视为投保人的真实意思表示。但有证据证明保险人或者保险人的代理人存在《保险法》第一百一十六条、第一百三十一条相关规定情形的除外。

——最高人民法院《关于适用〈中华人民共和国保险法〉若干问题的解释（二）》(2013年5月6日，法释〔2013〕14号）第3条第2款。

附录：最高人民法院主流观点

根据《保险法解释（二）》第三条第二款的规定，保险人或者保险人的代理人代为填写保险单证之后，经投保人签字或者盖章确认的，代为填写的内容才视为投保人的真实意思表示。如果有证据证明，保险展业人员在办理保险业务时，并未告知投保人需要回答风险询问表上的内容，而是直接让投保人在风险询问表的尾部签字，其收回风险询问表代为补填相关内容。此时，因投保人的签字形成于保险展业人员代为填写相关内容之前，投保人签字时并未看到代为填写的相关内容，不应认为保险人已经进行询问，相关内容也不应视为投保人的真实意思表示。

——最高人民法院民事审判第二庭编著:《最高人民法院关于保险法司法解释(二)理解与适用》,人民法院出版社2013年版,第103~104页。

8. 投保人对代填内容签章确认且无“但书”规定情形的,是否对保险人解除合同或拒赔的权利产生影响

关键词

签章　但书　意思表示　如实告知义务

最高人民法院司法解释

保险人或者保险人的代理人代为填写保险单证后经投保人签字或者盖章确认的,代为填写的内容视为投保人的真实意思表示。但有证据证明保险人或者保险人的代理人存在《保险法》第一百一十六条、第一百三十一条相关规定情形的除外。

——最高人民法院《关于适用〈中华人民共和国保险法〉若干问题的解释(二)》(2013年5月6日,法释〔2013〕14号)第3条第2款。

附录:最高人民法院主流观点

如果投保人对于保险人或其代理人代为填写的保险单证签章确认且无但书规定情形,则是否对保险人以投保人未履行如实告知义务为由解除合同或拒赔的权利产生影响。根据《保险法解释(二)》第三条第二款的规定,投保人对于保险人或其代理人代为填写的保险单证签章确认且无但书规定情形的,代为填写的内容视为投保人的真实意思表示。因此,如果代为填写的内容出现了虚假,则可以认定投保人违反了如实告知义务。问题在于,这种情形下投保人违反如实告知义务属于“故意”还是“重大过失”?如果构成“故意违反如实告知义务”,则根据《保险法》第16条第4款之规定,“保险人对于合同解除前发生的保险事故,不承担赔偿或者给付保险金的责任,并不退还保险费”;如果构成“重大过失违反如实告知义务”,则根据《保险法》第16条第2款及第5款之规定,“保险人对于合同解除前发生的保险事故,不承担赔偿或者给付保险金的责任”须满足特定的前提条件,即“投保人因重大过失未履行如实告知义务,对保险事故的发生有严重影响”,且保险人虽有权拒赔,“但应当退还保险费”。由此可见,在保险人或其代理人代为填写保险单证的情况下,探讨“投保人违反如实告知义务”在主观上属于“故意”还是“重大过失”,有其重要法律意义。对此,存在不同认识。一种意见认为,既然对于保险人或其代理人代为填写的保险单证投保人已经签章确认且无但书规定情形,

则不应当对保险人以投保人未履行如实告知义务为由解除合同或拒赔产生影响，如果代为填写的内容出现了虚假，则应当一概认定投保人故意不履行如实告知义务。我们倾向认为，在保险人或其代理人代为填写保险单证的情形下，出于对保险人及其代理人这一特殊主体的信赖，投保人会不自觉地疏于对代填内容的审查，如果代填内容存在虚假之处，投保人固然应当承担不利后果，保险人亦难辞其咎。因此，应当相应减轻投保人的主观过错程度，将其认定为“因重大过失未履行如实告知义务”，不宜认定其构成“故意违反如实告知义务”。如此处理，既与当事人的主观过错实际相符合，亦更好地平衡了投保人和保险人双方的利益，且有助于从源头上规范保险单证填写行为，减少保险人或其代理人的代填保险单证行为。

——最高人民法院民事审判第二庭编著：《最高人民法院关于保险法司法解释（二）理解与适用》，人民法院出版社2013年版，第105页。

9. 投保人对代填内容未签章确认的，能否视为保险人放弃了要求投保人履行如实告知义务的权利

关键词

签章　如实告知义务　保险人权利

最高人民法院司法解释

投保人或者投保人的代理人订立保险合同时没有亲自签字或者盖章，而由保险人或者保险人的代理人代为签字或者盖章的，对投保人不生效。但投保人已经交纳保险费的，视为其对代签字或者盖章行为的追认。

保险人或者保险人的代理人代为填写保险单证后经投保人签字或者盖章确认的，代为填写的内容视为投保人的真实意思表示。但有证据证明保险人或者保险人的代理人存在《保险法》第一百一十六条、第一百三十一条相关规定情形的除外。

——最高人民法院《关于适用〈中华人民共和国保险法〉若干问题的解释（二）》（2013年5月6日，法释〔2013〕14号）第3条。

附录：最高人民法院主流观点

实务中，保险人或其代理人不仅代投保人填写保险单证，亦代投保人签字的情形并不罕见，而且往往伴随着的是在投保单上亦代签名。如果代填内容出现虚假，则对投保人如实告知义务的履行产生何种影响？就此问题，存在争议。一种意见认为，如果投保人追认代其投保的行为，则其亦应认可代填保险

单证中的内容，对保险单证不实告知的内容承担责任，亦即，应视为投保人违反了告知义务。还有意见认为，“投保人对业务员于投保单上代为签字的行为未表示否认，则视为同意，因此，应当承担因代理行为所产生的法律后果。代理人签订保险合同时未依法履行法定的告知义务，应当由投保人本人承担由此所产生的责任。投保人没有履行法定的告知义务，固然应承担责任。但是，保险公司也应当承担一定的责任，作为专业的保险公司和保险代理人，应当知悉保险合同的如实告知义务，有责任提示投保人，指导其填写投保书并要求其亲笔签字。但是，该保险公司的保险代理人不仅没有这样做，反而违反职业规定，在没有得到投保人授权的情况下代其签字，致使投保人没有履行告知义务，保险公司应对保险代理人的失职行为承担一定的责任。”我们认为，保险人或其代理人代投保人填写保险单证并代投保人签字确认的，实质上放弃了就保险标的或被保险人的真实情况向投保人进行询问的权利，而我国《保险法》实行的是“询问告知主义”立法例，没有保险人的询问，也就不存在投保人的如实告知义务。按照“弃权与禁反言”的保险法原理，保险人在放弃就保险标的或被保险人的相关情况向投保人询问的权利之后，无权再以投保人未履行如实告知义务为由解除合同、拒绝赔偿或给付保险金。

——最高人民法院民事审判第二庭编著：《最高人民法院关于保险法司法解释（二）理解与适用》，人民法院出版社2013年版，第105~106页。

10. 保险合同履行期已经开始时甚至保险事故发生后，投保人还能否追认

关键词

合同履行投保人　追认　保险合同

最高人民法院司法解释

投保人或者投保人的代理人订立保险合同时没有亲自签字或者盖章，而由保险人或者保险人的代理人代为签字或者盖章的，对投保人不生效。但投保人已经交纳保险费的，视为其对代签字或者盖章行为的追认。

保险人或者保险人的代理人代为填写保险单证后经投保人签字或者盖章确认的，代为填写的内容视为投保人的真实意思表示。但有证据证明保险人或者保险人的代理人存在《保险法》第一百一十六条、第一百三十一条相关规定情形的除外。

——最高人民法院《关于适用〈中华人民共和国保险法〉若干问题的解释（二）》（2013年5月6日，法释〔2013〕14号）第3条。

附录：最高人民法院主流观点

《民法通则》第66条和《合同法》第48条均分别规定了无权代理情形下，被代理人可以通过追认使无权代理人签订的合同对其发生效力。两者不同的是，《合同法》明确规定了相对人的催告权，而《民法通则》未作规定。对于保险合同订立时保险人或其代理人代投保人签章这种无权代理情形，投保人自然可以通过追认行为使保险合同对其生效，追认的意思表示须向合同相对人即保险人（而非保险代理人）作出。问题在于，当保险合同履行期已经开始时，投保人还能否行使追认权？对此有不同见解。有一种意见认为，在无权代理合同履行期已经开始时，被代理人不能追认。换言之，此时追认期间已经届满。另一种意见认为，对于此种情形，应作具体分析。在被代理人在合同履行期开始前已经明知代理人以被代理人名义签订合同而不作否认表示的，依据《民法通则》第66条的规定，此种情况下视为被代理人同意，亦即视为被代理人已经追认。相应地，合同履行期开始时，被代理人已经进行了追认，不发生问题。在被代理人在合同履行期开始前不知代理人以被代理人名义签订合同，在合同履行期开始之后就不能追认，显然对于被代理人不够公平。

进一步的问题：损失（保险事故）发生之后投保人还能否追认？

对于上述两个问题，有待于实践中进一步探索，我们初步倾向认为，保险合同履行期开始包括损失发生之后，只要是在保险期间届满前，投保人均可行使追认权。除考虑了前述支持该意见的各种理由外，还有以下考虑：

1.《保险法解释（二）》第三条针对的代签名主体为保险人或其代理人，具有特殊性，由此决定了投保人只要是在保险期间内行使追认权，并不损害保险人的合法权益。一般的无权代理中，应当存在着被代理人、无权代理人、合同相对人这三方主体，较之于合同相对人，代理人与被代理人之间构成内部关系，而且合同相对人与代理人之间无从属或代理关系，合同相对人往往并不知道无权代理人系无权代理。但本条司法解释针对的代签名主体为保险人或其代理人，如代签名主体为保险人，则此处的无权代理仅存在两方主体；如代签名主体为保险代理人，则代理人与合同相对人之间具有代理关系，构成内部关系。在代投保人签字或盖章（所盖非投保人真实印章，或证实为盗盖投保人印章）的主体系保险人或其代理人的情况下，表明保险人订约时即明知（保险人代签章）或应知（保险代理人代签章）无权代理事宜，但希望该合同生效，希望履行该合同。而所谓履行该合同，即指投保人按照保险合同交纳保险费，保险人在保险期间内承担约定的保险责任。一旦投保人追认保险合同，保险合同则溯及自保险合同成立时起在投保人和保险人之间生效，而这正是保险人所追求的结果。因此，只要投保人是在保险合同所定的保险期间内（哪怕保险事故已经发生）行使追认权，则完全符合保险人缔约时的真实意思，且未加大保险人的承保风险（承保风险如何是应当在缔约时加以判断和解决的问题），不违背保险的精算基础，因此并不损害保险人的合法权益。

2. 对于保险人或其代理人未经授权的代签名行为，应当发挥司法的规范和引导作用。我们认为，对于市场主体不规范行为的规制，主要包括立法规制、行政规制和司法规制。保监会对保险公司和保险代理人的监督管理属于行政规制范畴。人民法院应当通过案件审理发挥司法应有的规制和引导功能。就投保人行使追认权的时点而言，支持投保人在保险期间届满前均可行使追认权的主张，有助于规范保险合同订立时的签名行为，从源头上减少保险人或其代理人的代签名违规行为。

——最高人民法院民事审判第二庭编著：《最高人民法院关于保险法司法解释（二）理解与适用》，人民法院出版社2013年版，第101~103页。

11. 保险公司的业务员（正式员工）不属于保险代理人，其展业行为系职务行为，视为保险人的行为

关键词

保险公司　业务员　保险代理人　职务行为

最高人民法院司法解释

投保人或者投保人的代理人订立保险合同时没有亲自签字或者盖章，而由保险人或者保险人的代理人代为签字或者盖章的，对投保人不生效。但投保人已经交纳保险费的，视为其对代签字或者盖章行为的追认。

保险人或者保险人的代理人代为填写保险单证后经投保人签字或者盖章确认的，代为填写的内容视为投保人的真实意思表示。但有证据证明保险人或者保险人的代理人存在《保险法》第一百一十六条、第一百三十一条相关规定情形的除外。

——最高人民法院《关于适用〈中华人民共和国保险法〉若干问题的解释（二）》（2013年5月6日，法释〔2013〕14号）第3条。

附录：最高人民法院主流观点

《中国保险监督管理委员会关于规范人身保险经营行为有关问题的通知》（保监发〔2000〕133号）第12条就“保险公司正式员工展业”问题作了如下规定：“保险公司的正式员工可以承揽保险业务，但保险公司不得向其支付佣金、手续费。严禁正式员工假冒营销员之名销售保单，再通过营销员领取佣金、手续费。”保险公司业务员并非保险中介人，但其与个人保险代理人都承

担保险展业任务，而且收入不同程度上也与其展业业绩有关，因而往往容易混淆，但二者间存在本质区别，明白其区别有助于理解保险展业行为的性质和后果。(1) 个人保险代理人与保险人之间是平等主体之间的关系，个人保险代理人开展展业活动的依据是其与保险人之间的保险代理合同，个人保险代理人获得保险人的授权后，方能以保险人的名义开展活动，其法律后果归属于保险人；保险公司的业务员开展展业活动的依据是其与保险公司签订的劳动合同，二者间是管理与服从的劳动关系、管理关系。(2) 个人保险代理人的收入来源于保险人支付的代理费，一般按照其业绩的一定比例计算，无固定工资，无职工福利；保险公司的业务员的收入是固定的，或者是底薪加上业绩提成，属于工资性质。(3) 个人保险代理人以保险人的名义开展保险业务，其行为实质是民事代理行为，效力由民事代理规则确定；保险公司业务员以保险人的名义开展保险业务，实际上是其执行职务行为，效力由职务代理规则来确定。

——最高人民法院民事审判第二庭编著：《最高人民法院关于保险法司法解释（二）理解与适用》，人民法院出版社2013年版，第108～109页。

12. 保险公司设立的营销部出售内容、形式与真保单一致的假保单并加盖伪造的保险公司业务专用章，投保人有理由相信其购买保险是真实的

关键词

保险赔偿　保险合同　伪造印章

最高人民法院公报案例

刘雷诉汪维剑、朱开荣、天安保险盐城中心支公司交通事故人身损害赔偿纠纷案（苏州市中级人民法院二审民事判决书）

裁判摘要：投保人通过保险公司设立的营销部购买机动车第三者责任险，营销部营销人员为侵吞保费，将自己伪造的、内容和形式与真保单一致的假保单填写后，加盖伪造的保险公司业务专用章，通过营销部的销售员在该营销部内销售并交付投保人。作为不知情的善意投保人有理由相信其购买的保险是真实的，保单的内容也并不违反有关法律的规定，营销部的行为在民法上应当视为保险公司的行为。因此，虽然投保人持有的保单是假的，但并不能据此免除保险公司根据保险合同依法应当承担的民事责任。

常熟市人民法院一审认为：原告刘雷就本起事故所造成的损失向法院提起诉讼的时间在2006年4月1日以前，根据2006年7月1日以前的规定，机动车发生交通事故造成人身伤亡、财产损失的，由保险公司就事故所产生的损失在第三者责任险的保险责任限额内予以赔偿。保险公司在第三者责任险的保险责任限额内所承担的赔偿责任是无过错责任，无论交通事故当事人是否有过错，保险公司都应予以赔偿。超过保险责任限额的部分，机动车与非机动车驾驶人、行人之间发生交通事故的，由机动车一方承担责任；但是，有证据证明非机动车驾驶人、行人违反道路交通安全法律、法规，机动车驾驶人已经采取必要处置措施的，减轻机动车一方的责任。

被告汪维剑在事故后向交警部门提供的苏JFR978"新感觉"正三轮载货摩托车的保险单（编号0500064813）确为假保单，但系由刘明星的犯罪行为所造成，而刘明星在使用假保单实施犯罪时，其是天安盐城支公司设在响水的营销部的负责人，假保单是通过营销部的销售门市销售的，可见天安盐城支公司对响水营销部管理不力，该公司在响水营销部销售刘明星伪造的假保单的过程中有明显过错。因此，天安盐城支公司应当为此承担责任。

交警部门认定被告汪维剑负该次事故的主要责任、原告刘雷负该次事故的次要责任并无不当，予以采纳。被告汪维剑、朱开荣分别为苏JFR978"新感觉"正三轮载货摩托车的驾驶人和登记车主，由于双方均未到庭，致法院无法查明其能否免责的事由，故应对刘雷在事故中造成的损失共同承担赔偿责任。鉴于刘雷对该事故的发生有过错，负事故的次要责任，应相应减轻汪维剑、朱开荣的赔偿责任。由汪维剑、朱开荣对事故造成的刘雷的损失承担80%的赔偿责任。

至于原告刘雷在事故中造成的损失及其所主张的赔偿费用，应按照最高人民法院《关于审理人身损害赔偿案件适用法律若干问题的解释》中规定的范围、项目和标准进行计算。

苏州市中级人民法院二审认为：上诉人天安盐城支公司在响水设有营销部，该营销部对外签订保险合同时使用天安盐城支公司的业务专用章，刘明星承认曾任该营销部的负责人，在任职期间，伪造了天安盐城支公司的业务专用章，私自印制了保单，并进行销售。上诉人认为刘明星2004年12月便擅自离开公司，自2005年起就不再是上诉人公司响水营销部负责人，但未能提供证据证实。且本案中，苏JFR978正三轮载货摩托车的保险单（编号0500064813）系刘明星通过响水营销部的销售员在该营销部内销售的，内容由销售员填写，保单的内容和形式与真保单一致。作为善意相对人的被保险人原审被告朱开荣在上诉人的响水营销部购买第三者综合损害责任险，朱开荣有理由相信其购买的保险是真实的，保单的内容也并不违反有关法律的规定，响水营销部的行为在民法上应当视为上诉人的行为，因此，虽然朱开荣持有的保单是假的，但此系由上诉人的工作人员利用职务上的行为所致，朱开荣无从察知，上诉人则应当加强管理监督，故不能据此免除上诉人应当承担的民事责任，常熟市人民法院判决上诉人在其保险限额内承担赔偿责任并无不妥。

——《最高人民法院公报》2012 年第 3 期（总第 185 期）。

说明

上述裁判意见实际上是合同法中表见代理制度在保险合同中具体运用。

13. 保险人因代理人的过错对外赔付保险金后可依代理合同约定向代理人追偿

关键词

保险金赔付　追偿　过错　保险代理人

最高人民法院司法解释

投保人或者投保人的代理人订立保险合同时没有亲自签字或者盖章，而由保险人或者保险人的代理人代为签字或者盖章的，对投保人不生效。但投保人已经交纳保险费的，视为其对代签字或者盖章行为的追认。

保险人或者保险人的代理人代为填写保险单证后经投保人签字或者盖章确认的，代为填写的内容视为投保人的真实意思表示。但有证据证明保险人或者保险人的代理人存在《保险法》第一百一十六条、第一百三十一条相关规定情形的除外。

——最高人民法院《关于适用〈中华人民共和国保险法〉若干问题的解释（二）》（2013 年 5 月 6 日，法释〔2013〕14 号）第 3 条。

附录：最高人民法院主流观点

在保险人、保险代理人、投保人三方关系中，保险人与保险代理人之间构成内部委托代理关系，为保护投保人、被保险人、受益人的利益，维护保险市场的交易安全，保险人不能以保险代理人的过错为由拒绝对外承担赔付责任，但并不意味着保险人最终自担损失。保险人可在对外承担赔付保险金的责任后，就因代理人的过错而给保险人造成的损失予以追偿，既弥补了自身损失，亦利于规范保险代理秩序，打击代签名现象。

——最高人民法院民事审判第二庭编著：《最高人民法院关于保险法司法解释（二）理解与适用》，人民法院出版社 2013 年版，第 109 页。

14. 在保险合同掩盖下的非法融资关系无效

关键词

保险合同　非法融资　合同效力

最高人民法院裁判文书

中国石油天然气管道局与太平洋人寿保险大连分公司等保险合同纠纷案
（最高人民法院〔2004〕民二终字第20号民事判决书）

裁判要点：以保险单为表现形式的出资人通过非银行金融机构将资金交与用资人的非法融资关系，属无效民事行为。

最高人民法院认为：保险法律规定，当投保人与保险人约定的风险成就后，保险受益人方可获得赔偿。所约定的风险没有成就，投保人不得要求返还所交纳的保险费，受益人也不能获得赔偿，更不应获得固定赔付。本案管道局与大连分公司、甘井子支公司签订的保险代理协议和家庭综合保险单，约定了无论出险与否管道局均享有固定的赔付，并在约定期限届满后由大连分公司、甘井子支公司返还管道局所有保险储金，故本案保险代理协议和家庭综合保险单，不具备保险法律关系的性质和特征。管道局与大连分公司、甘井子支公司发生的民事关系并非保险法律关系。根据辽宁省和大连市人民检察院在侦查相关人员职务犯罪和经济犯罪行为时的报告、检察建议书及其所附的《委托贷款核实情况一览表》查明的事实，结合董凤龙、朱宽涌和曲文羿等人的言词证据，自1994年9月至1996年9月，管道局通过投资银行大连分行、建行沈阳开发区分行、建行大连分行国际业务部、光大银行大连分行等九家金融机构委托贷款，由大连分公司和甘井子支公司提供担保或者直接签订所谓保险合同将共计9.266亿元分24笔交给了曲文羿控制的龙兴海运及其关联公司使用。龙兴海运已支付石油管道局高额利息1.05亿余元，返还石油管道局贷款本金5.466亿元，尚欠本金3.8亿元。本案审理的6000万元和9000万元两笔融资是24笔中的第17、18笔，发生在本院〔2004〕民二终字第19号案审理的石油管道局与龙兴海运由大连分公司、甘井子支公司提供履约保险的委托贷款2亿元关系之后。该案三方贷款及履约保险合同到期后，龙兴海运尚欠管道局贷款本金1.9亿元，大连分公司和甘井子支公司也未履行保险责任。管道局又与大连分公司、甘井子支公司以两份家庭综合财产保险费名义，将本案1.5亿元，通过建行大连信托投资公司交给了龙兴海运的下属公司使用。所以，本案当事人之间的行为，应当纳入大连分公司和甘井子支公司以提供担保方式或以保险费名义直接收取资金交给龙兴海运下属公司的方式，帮助管道局与龙兴海运之间形成的违法资金拆借行为中整体分析和认定。

国家禁止企业之间以获取收益为目的的借贷行为，且在本案民事关系发生之前，管道局与龙兴海运、大连分公司和甘井子支公司已在近两年时间内多次发生融资关系。尤其是当本院审理的〔2004〕民二终字第19号案的贷款履约保险合同到期后，管道局在没有收回本金的情况下，其仍通过大连分公司和甘井子支公司将1.5亿元交给龙兴海运，其行为性质是以保险单为表现形式的出资人通过非银行金融机构将资金交与用资人的非法融资关系，属于无效民事行为。大连分公司、甘井子支公司和太保集团关于本案民事关系既不是保险法律关系，也不是大连分公司、甘井子支公司与管道局之间的借贷关系，而是在保险合同掩盖下的管道局与龙兴海运之间的非法融资关系的上诉主张成立，本院予以支持。管道局利用大连分公司和甘井子支公司的保险机构身份，一方面为了获取高额利差，另一方面又要规避自己的风险，明知龙兴海运使用其巨额资金到期未偿还，在风险极为明显的情况下，仍将本案巨额资金通过保险机构交给龙兴海运使用，其主观上具有明显过错。对本案民事行为无效和不能收回的资金损失，管道局应自行承担相应过错责任。大连分公司、甘井子支公司作为专业保险机构，明知固定赔付和定期返还保险储金等内容不符合保险法律规定，仍故意假借保险合同之名帮助管道局与龙兴海运及其下属公司实施违法拆借资金行为，其对本案无效民事行为的法律后果亦应承担相应的过错责任。本案管道局未对用资人龙兴海运及其下属公司提出诉讼请求，且龙兴海运目前实际也无偿还欠款能力，根据《民法通则》第六十一条关于“民事行为被确认为无效或者被撤销后，当事人因该行为取得的财产，应当返还给受损失的一方。有过错的一方应当赔偿对方因此所受的损失，双方都有过错的，应当各自承担相应的责任”的规定，管道局应自行承担龙兴海运及其下属公司不能偿还本案非法融资本金损失60%的责任。大连分公司和甘井子支公司因其在本案非法融资的过程中亦有过错，故应对龙兴海运及其下属公司所欠管道局的本金部分承担40%赔偿责任。龙兴海运及其下属公司通过甘井子支公司已向管道局返回的1350万元高额利差，应当折抵本金。因大连分公司和甘井子支公司作为分支机构不具有法人资格，故太保集团应与大连分公司和甘井子支公司共同承担本案债务。

——中外民商裁判网，www. zwmscp. com。

15.《保险法》有关备案的规定并非强制性规定，违反该规定并不必然导致合同无效

关键词

保险法　备案的规定　强制性规定　合同无效

最高人民法院裁判文书

神龙汽车有限公司诉中保财产保险有限公司武汉市汉阳区支公司、武汉博大汽车贸易有限公司购车保险合同纠纷上诉案（最高人民法院〔1999〕经终字第428号民事判决书）

裁判要点：保险合同系双方当事人真实意思表示的，其所约定险种的保险条款和保险费率未报金融监管部门备案的，不能以此认定合同无效。

最高人民法院认为：本案涉及神龙公司与博大公司之间的购销轿车合同以及财保汉阳公司与神龙公司和博大公司之间的保险合同两个不同法律关系。本案保险合同是在购销合同的基础上产生的，博大公司的付款义务即是保险合同的标的，购销合同的权利义务关系与保险合同的权利义务关系密切相关，原审法院将上述两个法律关系合并审理并无不当。

本案购销轿车合同系当事人之间的真实意思表示，除利率和违约金的约定高出中国人民银行有关规定应认定无效外，其余条款应认定有效。神龙公司依约履行了交付车辆的义务，博大公司未按合同约定履行全部付款义务，其行为构成违约，应承担相应的民事责任，除应按合同约定的价格向神龙公司给付货款外，还应按国家法定利率支付期内利息和逾期付款违约金。

财保汉阳公司与神龙公司和博大公司于1998年4月15日签订的分期付款购车保险协议，约定当主债务人博大公司未能依分期付款购车合同履行付款义务时，则由保险人财保汉阳公司承担赔偿责任，故该分期付款购车保险协议的性质为保证保险合同。上述保证保险合同系当事人之间的真实意思表示。《保险法》第106条规定，“商业保险的主要险种的基本条款和保险费率，由金融监督管理部门制订。保险公司拟定的其他险种的保险条款和保险费率，应当报金融监督管理部门备案”。（2009年修订后《保险法》第136条第1款规定：关系社会公众利益的保险险种、依法实行强制保险的险种和新开发的人寿保险险种等的保险条款和保险费率，应当报国务院保险监督管理机构批准。国务院

保险监督管理机构审批时，应当遵循保护社会公众利益和防止不正当竞争的原则。其他保险险种的保险条款和保险费率，应当报保险监督管理机构备案）。虽然本案保证保险合同所约定险种的保险条款和保险费率未报经金融监督管理部门备案，有关金融监督管理部门可以依照上述法律规定对财保汉阳公司予以行政处罚，但并不能因此而认定本案所涉保证保险合同无效。本案保证保险合同应为有效，当博大公司不能偿还神龙公司的欠款时，财保汉阳公司应依照约定承担相应的赔偿责任。对于财保汉阳公司承担相应的赔偿责任的范围，由于财保汉阳公司、神龙公司和博大公司在《分期付款购车保险协议》中约定保险人免赔金额为损失金额的5%，故财保汉阳公司应对博大公司不能偿还神龙公司的欠款在95%的范围内承担赔偿责任。原审判决认定事实基本清楚，但适用法律不当，应予纠正。神龙公司的上诉理由成立，本院予以支持。财保汉阳公司答辩称，神龙公司未履行保险协议第6条约定的“检查分期付款合同的执行情况，做好车款的催收工作和催收记录”的义务，是导致本案损失的主要原因，与事实不符，本院不予支持。

——肖扬总主编、最高人民法院民事审判第二庭编：《中华人民共和国最高人民法院判案大系》（民商事卷—1999年卷·下卷），人民法院出版社2003年版，第1178～1182页。

说明

如何认定本案保证保险合同的效力？这是正确处理本案的关键所在。原审判决以当事人签订的分期付款保险合同违反了《保险法》第106条之规定为由，认定该合同无效，并同时认定财保汉阳公司负有主要责任，博大公司、神龙公司亦负有一定责任。本案保险合同无效，财保汉阳公司不承担保险责任。但鉴于神龙公司是基于对财保汉阳公司承诺保险的信任，才与博大公司签订购销合同，神龙公司的损失与财保汉阳公司的保险行为之间有一定的因果关系，财保汉阳公司明知本案险种的保险条款未报金融监督管理部门备案，但仍为博大公司办理保险，存在缔约上的过错，其应对博大公司的债务承担相应赔偿责任。依照无效合同的返还原则，财保汉阳公司同时应返还博大公司交纳的保险费。

《保险法》第106条规定：“商业保险的主要险种的基本条款和保险费率，由金融监督管理部门制订。保险公司拟订的其他险种的保险条款和保险费率，应当报金融监督管理部门备案。”对该条规定有两种理解：一种观点认为，该条规定属于强制性规定，若违反该规定，则保险合同必然无效（原审判决采信了这种观点）。另一种观点认为，应当认定上述有关备案的规定并非强制性规定，违反上述规定并不必然导致合同无效。当然，如果法律规定此种情形应当报金融监督管理部门审批或批准，则可以理解为审批或批准是合同生效的法定事由，未经审批或批准的，合同不生效。最高人民法院二审判决采信了第二种观点，确立了以下司法原则：虽然保险合同所约定险种的保险条款和保险费率未报经金融监督管理部门备案，有关金融监督管理部门可以依照上述规定予以行政处罚，但不能因此而认定该保险合同无效；保险合同应认定有效。① 根据2009年修订后《保险法》第136条的规定，对于需要经国务院保险监督管理机构批准的保险条款与保险费率，根据该法第137条的规定，保险公司使用的保险条款和保险费率违反法律、行政法规或者国务院保险监督管理机构的有关规定的，由保险监督管理机构责令停止使用，限期修改；因此未经批准保险险种的保险条款与保险费率无效。

16. 保险利益原则的理解与适用

关键词

保险合同　保险利益

最高人民法院答复

山东省高级人民法院：

你院〔2012〕鲁民四终字第7号《关于济宁九龙国际贸易有限公司与永安财产保险股份有限公司济宁中心支公司海上保险合同纠纷一案的请示》收悉。

经研究，同意你院审判委员会认为济宁九龙国际贸易有限公司（以下简称九龙公司）具有保险利益的少数意见。理由如下：依照《保险法》（2002年本）第十二条第三款的规定，保险利益是指投保人对保险标的具有法律上承认的利益。只要投保人对保险标的具有法律上的经济利害关系，即可认定其具有保险利益。虽然九龙公司与国外方口头约定货物出口的价款条件为FOB，但涉案货物买卖双方并没有严格按照FOB价格条件履行，主要表现为：货物运输实际由卖方九龙公司投保；货物在运输途中发生损失后，九龙公司接受国外买方从货款中扣除货物损失，即实际承担了货物运输途中的损失。涉案货物买卖双方的实际履行表明其已经变更了FOB价格条件下由买方投保运输险和货物在装运港越过船舷后风险转移给买方的做法。九龙公司实际承担了货物运输途中的风险与损失，与货物具有法律上经济利害关系，因此应当认定其对货

① 徐瑞柏：《违反法律应当备案规定的合同效力——神龙汽车有限公司诉中保财产保险有限公司武汉市汉阳区支公司、武汉博大汽车贸易有限公司购车保险合同纠纷上诉案》，载吴庆宝主编：《保险诉讼原理与判例》，人民法院出版社2005年版，第576～584页。

物具有保险利益。

至于保险人永安财产保险股份有限公司济宁中心支公司最终是否应当承担保险赔付责任，请你院在查明事实后依法认定。

此复。

——最高人民法院《关于济宁九龙国际贸易有限公司与永安财产保险股份有限公司济宁中心支公司海上保险合同纠纷一案的请示的复函》（2012年11月9日，〔2012〕民四他字第44号），载万鄂湘主编、最高人民法院民事审判第四庭编：《涉外商事海事审判指导》2012年第2辑（总第25辑），人民法院出版社2013年版，第177页。

附录：最高人民法院法官著述

保险利益是保险合同法特有的制度，投保人或被保险人是否具有保险利益涉及保险合同的效力及保险人保险责任的承担。2009年《保险法》将保险利益界定为“投保人或者被保险人对保险标的具有的法律上承认的利益”。该界定较为原则，实务界有代表建议司法解释对保险利益的内涵和外延作出较为一般性的界定，以提高保险利益原则的可操作性。考虑到保险利益的内涵伴随保险行业的发展不断变化，并非一成不变，且理论界与实务界对保险利益的分类尚未形成共识，《保险法司法解释（二）》没有采纳该建议，仅对实践中争议较大的问题进行规定，以解决人民法院对此类问题的执法依据问题。

保险利益是保险的标的，保险产品的开发必须以保险利益为基础，故从鼓励保险创新和交易的角度来看，实践中应当从宽认定保险利益，其不仅包括法定利益、现有利益，也包括其他经济利益、期待利益；不仅财产所有人具有保险利益，财产经营管理人、保管人、承揽人、承运人、承租人和抵押权人等对财产也具有保险利益。当然，从宽认定保险利益并不是说在实践中一概认定被保险人具有保险利益。保险利益原则具有防范赌博和道德风险的重要功能，这直接关系社会公共利益问题，不允许当事人通过任何形式予以变更。这就要求在审判实践中要处理好鼓励保险交易与防范道德风险之间的关系。一般来说，应从宽认定保险利益，防止保险人以被保险人不具有保险利益为由逃避保险责任，保护被保险人的合法权益，更好地发挥保险制度的功能。当然，如该认定可能存在道德风险或者增加道德风险，则应严格适用保险利益原则，不允许任何当事人通过保险合同获得额外利益。

由于保险利益不限于所有权利益，故同一财产上可能存在不同保险利益。需要注意的是，不同保险利益的内容并不相同，作为保险合同关系人的被保险人只能在各自的保险利益范围内获得赔偿。审判实践中，一定要正确认定不同保险利益的归属主体，并确定不同保险利益的数额。以机动车辆为例，所有权人、抵押权人、质权人等主体基于物权关系享有相应的保险利益，其中所有权人的保险利益相当于机动车的价值，抵押权人、质权人的保险利益则以其担保的债权为限。在机动车辆所有权人将该车租赁给他人或委托他人保管、运输等情况下，承租人、保管人以及承运人等主体基于合同关系享有相应的保险利益，该保险利益属于责任利益，以被保险人因保险事故发生可能需向机动车所有权人承担的赔偿数额为限。该机动车驾驶过程中，可能因发生保险事故造成他人损失，从而基于侵权责任产生相应的保险利益，该保险利益以被保险人对第三人承担的赔偿数额为限。

从理论上看，由于不同主体对于同一保险标的具有不同保险利益，保险公司在设计保险产品时，应当考虑不同性质的保险利益，确定不同险种。但从保险实务看，保险市场上没有包容保险标的所承载之全部保险利益的产品，且不同性质的保险利益之间，可能在保险中相容，也可能在保险中互相冲突。因此，保险人设计的具体险种、险别，都针对某一种或数种性质的保险利益。这就需要审慎研究具体险种、险别的保险责任、责任免除等条款，以确定其包含哪些不同性质的保险利益。以机动车辆损失险为例，这个险种的目的是保障车辆所有人利益，车辆所有人是该险种的终极受益人，无论谁驾车出险，最终获得经济补偿的应当是车辆所有人。但是，任何人驾驶该车辆都可能出险，对第三人承担赔偿责任，故在第三者责任险中，被保险人为“被保险人或其允许的合法驾驶人”。再以家庭财产保险为例，该险种同样为房屋等家庭财产的所有人量身定做，房屋所有人为终极受益人。但房屋所有人与使用人分离的状况经常出现，作为房屋租赁人，在租赁期间处于实际占有人地位，对房屋损毁负有管理责任，应当投保相应的责任保险，但租房期间，租赁人通常搬进大量自有财物，也有投保家庭财产保险的需求。若仅以保险利益的外在结构审视，租赁人要分别投保两种保险，既烦琐又多花保费，显然不利于保险业务发展。于是，考虑到家庭房屋损毁的风险较小，不当得利的道德风险通过承保技术可以防止等种种因素，保险人在设计家庭财产保险时，将所有人、租赁人均视为具有同一性质保险利益的被保险人。其保险责任条款中规定，“被保险人自有、租用或代他人保管或者与他人共有而由被保险人负责保管的房屋建筑及室内财产损失”，保险人都承担保险责任。这在一定程度上表明，不同性质的保险利益，经过保险技术的运用，可能被内在结构视为具有同一性质的保险利益。但是，并不是所有不同保险利益都可能被归属于其他性质保险利益中。例如，在类似的“货物运输保险”中，考虑到运输过程风险太大，承运人的责任保险利益被排除在具有所有权保险利益的被保险人之外，只能投保与责任利益匹配的“承运人责任保险”。

——宫邦友、林海权：《解读〈最高人民法院关于适用《中华人民共和国保险法》若干问题的解释（二）〉》，载最高人民法院民事审判第二庭编：《商事审判指导》2013年第2辑（总第34辑），人民法院出版社2013年版，第37～39页。

17. 审判实践中应当从宽认定保险利益

关键词

保险利益　从宽认定

附录：最高人民法院主流观点

保险利益原则具有区分赌博、防范道德风险的功能，是在技术上确定保险合同标的、限定被保险人赔偿范围的重要工具。从保险行业发展角度来看，保险利益的认定，关系到保险行业的创新与发展；从被保险人角度来看，保险利益的有无与大小，直接决定被保险人能否得到理赔以及得到多少理赔的问题。对于财产保险而言，审判实践中应当从宽认定保险利益。

保险制度具有经济补偿、资金融通和社会管理功能，发展保险事业对于促进经济发展、完善社会保障体系具有重要的积极作用，保险立法与保险审判实践应当体现鼓励保险交易的基本原则。保险利益是保险的标的，保险产品的开发必须以保险利益为基础。因此，从鼓励保险创新的角度来看，应当从宽认定保险利益，允许保险公司针对不同保险利益开发各种适合被保险人需要的保险产品。保险实践中，由于保险公司没有开发相应的保险产品，且展业人员在保险合同订立时没有尽到合理的说明义务，导致一些投保人为被保险人订立了不具有保险利益的保险合同，此时如果允许保险公司以被保险人不具有保险利益为由拒绝承担保险责任，无异于鼓励保险公司的不诚信行为。因此，从维护诚信市场角度来看，也应当从宽认定保险利益。

当然，从宽认定保险利益并不是说在实践中一概认定被保险人具有保险利益。保险利益原则具有防范赌博和道德风险的重要功能，这直接关系社会公共利益问题，不允许当事人通过任何方式予以变更。这就要求在审判实践中要处理好鼓励保险交易与防范道德风险之间的关系。一般来说，应从宽认定保险利益，以更好地发挥保险制度的功能，更好地保护被保险人的合法权益，但如该认定可能存在道德风险或者增加道德风险的，则应严格适用保险利益原则，不允许任何当事人通过保险合同获得额外利益。

——最高人民法院民事审判第二庭编著：《最高人民法院关于保险法司法解释（二）理解与适用》，人民法院出版社2013年版，第47页。

18. 如何理解“法律上承认的利益”

关键词

保险利益　直接利益

附录：最高人民法院主流观点

我国《保险法》将保险利益界定为对“对保险标的具有的法律上承认的利益”。对于第12条所表述的“法律上承认的利益”，有观点认为，法律上承认的利益在多数场合与法律利益含义相通，皆指法律上能够受保护和强制执行的财产上的权利或合同权利。因此，对某项财产有直接利害关系的人才对该财产享有保险利益，这些人通常是指财产所有人、经营管理人、保管人、承揽人、承运人、承租人和抵押权人等。可见，只有对保险标的有“直接”利害关系才可能成为保险利益，倘若是间接利益，则不会被认为是保险利益并且不能投保。① 该说实际上认为《保险法》第12条采纳了技术性保险利益说。

该理解可能过于狭隘。技术性保险利益说与一般性保险利益说的区别在于，其将保险利益从保险标的物中脱离出来；与经济性保险利益说的区别在于，其认为保险利益存在以实体法上的权利为基础，而不是以事实上的利益关系为基础。《保险法》第12条所采用的表述是“法律上承认的利益”而不是“法律上的权利”，“利益”的范围比“权利”要广。至于“法律上承认”，指的应是“保险利益”的“合法性”要求，而不是要求以“法定权利”为基础。该合法性要求并非仅针对技术性保险利益说，经济性保险利益说也需要符合合法性要求。正如我国台湾地区学者刘宗荣所言，保险利益，不只是必须有利害关系，而且这种利害关系，必须是可以保险的，也就是经过法律的价值判断，被认定为正面的。因此，“法律上承认的利益”不能解释为“合法权利”，而应理解为“合法的经济利益”。如果一个利益具有经济性，正常情况下就应当允许投保，这样才能将保险制度避免、分散风险的功能发挥到最大。

至于保险利益自身所应具有的“合法性”如何判断，大陆法系学说一般以其是否违反公序良俗为标准。违反强行法规或公序良俗，即为不适法利益。从美国相关案例来看，似乎更多是基于公共政策对保险利益是否存在进行判断。例如，对于被盗财产的买受人是否具有保险利益，早期法院持否定态度，但最近的判例逐渐改变了立场，普遍认为被盗窃车辆的善意购买人拥有保险利

---

① 梁鹏：《保险利益概念立法之检讨——以我国〈保险法〉第12条为中心的研究》，载《中国青年政治学院学报》2006年第5期。

益。在此，被保险人必须是不知情、善意的买主。无论是根据法定利益标准还是实质性期待标准，被保险人对于财产所具备的利益都必须是合法的，而被保险人如果是非法购买到这项财产，或者明知道、有理由知道这是赃物的话，这就不能算保险利益。对于即将拆除的负价值财产，只要可以准确地计算出利益的价值，认定被保险人对其拥有保险利益并不违反公共政策。当然，如果房屋的价值为零，保险利益的价值可能为零。实际上，在判断保险利益是否存在时，法院经常考虑的是，被保险人是否对被保险的事物享有占有权，被保险人是否对保险对象投入了金钱或劳动力以改善或保持保险对象。

以上做法值得借鉴。对于违章建筑，其虽然不符合行政管理法规，但只是在价值形式上不能等同于合法产权的房屋，其所有人为建设该房屋需投入一定的资金、劳务，其使用的建筑、装饰材料等客观上具有一定的经济价值，如发生火灾等事故，其仍将可能遭受一定的损失。而且，该建筑物上存在的瑕疵并不当然意味着该瑕疵无法消除或补正，被保险人仍可能取得完全合法的所有权。因此，不能否认其可保性。盗抢物品是否具有保险利益，则应根据取得该物品的主体在主观上是否善意进行判断。如果其是善意的，可认为其具有保险利益。毒品、走私物品则属于强制性法律明确禁止交易的物品，任何人对其不具有保险利益。当然，走私物品与毒品尚有区别，其自身具有利用价值，如走私物品经过转让，买受人基于善意购得走私物品，应认为其具有保险利益。

——最高人民法院民事审判第二庭编著：《最高人民法院关于保险法司法解释（二）理解与适用》，人民法院出版社2013年版，第49~51页。

19. 将非法产品投保，因不具有保险利益，保险公司有权拒赔

关键词

保险利益　非法产品　拒赔

最高人民法院裁判文书

广东琪田农药化工有限公司与中国人民财产保险股份有限公司深圳市分公司、马育明保险合同纠纷抗诉案（最高人民法院〔2008〕民抗字第12号民事判决书）

裁判要点：取得农药临时登记证的新农药，（其用途仅限于科学研究）不得大量生产以备市场销售，否则属于非法产品，不具有保险利益，在发生事故时保险公司有权拒绝赔偿。

最高人民法院认为：根据《保险法》第12条规定，“投保人对保险标的应当具有保险利益。……保险利益是指投保人对保险标的具有法律上承认的利益。”琪田农药公司生产440包（每包25千克）果保Ⅱ号可湿性粉剂的行为，违反了相关法律规定，因而不具有法律上承认的利益，对该项保险标的也就不具有保险利益。广东省高级人民法院〔2005〕粤高法民一终字第49号民事判决认定受损的果保Ⅱ号可湿性粉剂是已经完成了实质生产过程的农药产品，琪田农药公司对受损的果保Ⅱ号可湿性粉剂不具有保险利益，判令驳回琪田农药公司诉讼请求是正确的，应予维持。

附录：最高人民法院法官著述

我国实行严格的农药登记制度和生产许可制度，任何单位和个人不得生产、经营、进口或者使用未取得农药登记证或者农药临时登记证的农药。目的是为了保护广大人民群众的生命和财产安全，保障粮食和蔬菜等基本生活资料符合健康标准。虽然在新农药的开发试验阶段，允许试用尚未取得农药登记证或者农药临时登记证的新农药，但也只限于在特定的试验场所使用，为科学研究提供依据。不能在此阶段大量生产以备市场销售，否则即为违法行为，生产的农药亦于非法产品。如果将该非法生产的农药投保，则不具有保险利益，在发生事故时保险公司有权拒绝赔偿。

——王云飞：《投保人对保险标的应当具有保险利益，即法律上承认的利益，否则保险公司有权拒绝赔偿——广东琪田农药化工有限公司与中国人民财产保险股份有限公司深圳市分公司、马育明保险合同纠纷抗诉案》，载江必新主编、最高人民法院审判监督庭编：《审判监督指导》2010年第2辑（总第32辑），人民法院出版社2010年版，第100～113页。

20. 如何理解同一保险标的上的不同保险利益

关键词

保险标的　保险利益

最高人民法院司法解释

财产保险中，不同投保人就同一保险标的分别投保，保险事故发生后，被保险人在其保险利益范围内依据保险合同主张保险赔偿的，人民法院应予支持。

——最高人民法院《关于适用〈中华人民共和国保险法〉若干问题的解释（二）》（2013年5月6日，法释〔2013〕14号）第1条。

附录：最高人民法院主流观点

就同一保险标的，不同被保险人存在不同保险利益，但任何被保险人只能在各自的保险利益范围内获得赔偿，这也就要求审判实践中，一定要正确认定不同保险利益的归属主体，并确定不同保险利益的数额。

以机动车辆为例，所有权人、抵押权人、质押权人等主体基于物权关系享有相应的保险利益，其中所有权人的保险利益相当于机动车的价值，抵押权人、质押权人的保险利益则以其担保的债权为限。机动车辆所有权人在将该车租赁给他人或委托他人保管、运输等情况下，承租人、保管人以及承运人等主体基于合同关系享有相应的保险利益，该保险利益属于责任利益，以被保险人因保险事故发生可能须向机动车所有权人承担的赔偿数额为限。该机动车驾驶过程中，可能因发生保险事故造成他人损失，从而基于侵权责任产生相应的保险利益，该保险利益以被保险人对第三人承担赔偿数额为限。

从理论上看，由于不同主体对于同一保险标的具有不同保险利益，保险公司在设计保险产品时，应当考虑不同性质的保险利益，确定不同险种。但从保险实务看，保险市场上没有包容保险标的所承载之全部保险利益的产品，且不同性质的保险利益之间，可能在保险中相容，也可能在保险中互相冲突。因此，保险人设计的具体险种、险别，都是针对某一种或数种性质的保险利益。这就需要审慎研究具体险种、险别的保险责任、责任免除等条款，以确定其包含哪些不同性质的保险利益。以机动车辆损失险为例，这个险种的目的是保障车辆所有人利益，车辆所有人是该险种的终极受益人，无论谁驾车出险，最终获得经济补偿的应当是车辆所有人。但是，任何人驾驶该车辆都有可能出险、对第三人承担赔偿责任，故在第三者责任险中，被保险人为“被保险人或其允许的合法驾驶人”。再以家庭财产保险为例，该险种同样为房屋等家庭财产的所有人度身定做，房屋所有人为终极受益人。但房屋所有人与使用人分离的状况经常出现，作为房屋租赁人，在租赁期间处于实际占有人地位，对房屋损毁负有管理责任，应当投保相应的责任保险，但租房期间，租赁人通常搬进大量自有财物，也有投保家庭财产保险的需求。若仅以保险利益的外在结构审视，租赁人要分别投保两种保险，既烦琐又多花保费，显然不利于保险业务发展。于是，考虑到家庭房屋损毁的风险较小，不当得利的道德风险通过承保技术可以防止等种种因素，保险人在设计家庭财产保险时，将所有人、租赁人均视为具有同一性质保险利益的被保险人。其保险责任条款中，“被保险人自有、租用或代他人保管或者与他人共有而由被保险人负责保管的房屋建筑及室内财产损失”，保险人都承担保险责任。这在一定程度上表明，不同性质的保险利益，经过保险技术的运用，可能被内在结构视为具有同一性质的保险利益。但是，并不是所有不同保险利益都可能被归属于其他性质保险利益中。例如，在类似的“货物运输保险”中，考虑到运输过程风险太大，承运人的责任保险利益被排除在具有所有权保险利益的被保险人之外，只能投保与责任利益匹配的“承运人责任保险”。

——最高人民法院民事审判第二庭编著：《最高人民法院关于保险法司法解释（二）理解与适用》，人民法院出版社2013年版，第51~52页。

21. 正确处理保险竞合问题

关键词

保险竞合　险种　保险标的　保险利益

附录：最高人民法院主流观点

由于同一保险标的上可能存在不同的保险利益，不同投保人可能会为同一保险标的基于不同被保险人的保险利益投保多份保险合同，保险事故发生损及同一主体时，源于不同保险利益的多个承保主体可能存在同时理赔的情形，也就是所谓的保险竞合。其中最为典型的是财产损失险与财产责任险的竞合、财产损失险与抵押物信用保险竞合。对于保险竞合，我国当前法律没有规定，审判实践应根据不同险种的性质进行处理。

责任保险与损失保险竞合①时，责任保险的保险人是最终责任承担者。因为财产损失险的保险人在给付保险金后，可依据保险代位权向引起保险事故的第三人求偿，如该第三人与责任保险的保险人订立了责任保险合同，则该第三人可将应承担的责任转嫁给责任保险的保险人，故最终责任保险的保险人承担了全部或大部分损失。理论界有观点认为，在被保险人遭受损害的情况下，由责任保险先予负责最为便捷，符合立法者创设保险代位制度的价值追求，也可减少理赔环节。故在审判实践中，如果责任保险与损失保险竞合的，由责任保险人先承担赔偿责任，责任保险人赔偿之后仍不能补偿被保险人损失的再由财产保险人赔偿。该观点固然可以减少理赔环节，但并不完全符合被保险人利益。被保险人基于责任保险与损失保险享有的请求权，均具有独立的请求权基础，可以视为不真正连带债务。如强行要求被保险人只能先主张责任保险，剥夺了被保险人的选择自由。故原则上应赋予遭受损害的被保险人以选择权，被

① 例如，某隧道工程在施工过程中因疏忽造成地面一栋建筑物倒塌。隧道工程投保了建筑工程一切险（包括第三者责任），地面建筑物投保了财产保险一切险（包括地陷责任），此时地面建筑物业主既有向隧道工程方索赔的权利（其实质是由工程保险人承担赔偿责任），也享有向财产保险人要求赔偿的权利，由此产生责任保险与财产损失保险之间的责任竞合。

保险人可以自己决定先向哪个保险公司主张权利：其选择向承保财产损失险的保险公司申请理赔，该保险公司支付财产损失保险金后可以向承保责任保险的保险公司行使代位求偿权；其选择先向承保责任保险的保险公司理赔，如未能获得足额赔偿，可就剩余部分再向承保财产损失险的保险公司理赔。

财产损失险与抵押物信用保险竞合①的，应由财产损失险的保险人承担最后责任。根据物权追及效力，抵押物毁损灭失后，其获得的赔偿数额仍应作为抵押的财产，对尚未履行的债权继续提供担保。因此，抵押物丧失后，抵押物所有权人获得的保险金仍应作为抵押物权人的担保物。因抵押物消灭导致债权人权利受损的，抵押权人的保险人对债权人履行债务后，可以在其履行范围内对财产损失险的保险金进行追偿。

——最高人民法院民事审判第二庭编著：《最高人民法院关于保险法司法解释（二）理解与适用》，人民法院出版社2013年版，第55~56页。

22. 如何处理与被保险人保险利益不对应的保险合同

关键词

保险利益　保险合同

附录：最高人民法院主流观点

同一保险标的物上虽存在不同保险利益，但不同保险利益的性质并不相同，每个被保险人只能在自己的保险利益范围内获得赔偿。实践中，保险市场上并不存在与所有保险利益相对应的险种，有些保险利益因不具有相容性无法依据其他保险产品获得保障，故存在没有保险产品保障的保险利益，但拥有该保险利益的主体也存在转移风险的需要，故其只能投保与其保险利益不一致的险种，保险公司基于扩大市场的考虑愿意承保该类保险，这也就出现了投保险种与自己所欲保障的保险利益不对应的情形，即保险合同所保障的利益与合同约定的被保险人的保险利益不一致。此外，有的保险利益虽然有相对应的保险产品，但不同风险的定价机制不同，不同保险产品的费率高低有别，有些投保人为了降低成本，投保与被保险人保险利益不对应的保险产品。例如，在货运险中，货物承运人对于其承运的货物享有的是责任保险利益，而不享有所有权保险利益，因有些保险公司尚未开发相对应的责任险，或者虽提供相对应的责任险，但其费率远高于损失险，故仍有不少货物承运人以自己为被保险人投保

① 例如，甲企业以其所有的房屋设定抵押，向银行借款，甲企业为该房屋投保了损失险，银行在贷款额度内为该房屋投保信用险，则可能存在财产损失险与信用保险的竞合。

了财产损失险。①

从保险运行原理来看，被保险人在他人保险利益范围内投保的，保险利益在合同订立时即不存在，而且在整个保险合同存续期间，除非特别事由发生，合同约定的被保险人都不具有保险利益。既然被保险人对保险标的物不具有保险利益，仅从上述原理分析，保险人无需承担保险合同约定的保险责任。但从司法政策角度来看，保险人承担一定的责任，更为符合诚信原则，也能够更好地保护被保险人的合法权益，促进保险行业的健康发展。

从当前的审判实践来看，与被保险人保险利益不相匹配的保险合同主要有以机动车辆非所有权人为被保险人的机动车辆损失险和以承运人为被保险人的货物损失险。从搜集到的一些案例来看，法院对于这两类保险合同的看法不完全一致。对于机动车辆损失险，有的法院认为保险公司应当向合同约定的被保险人承担保险责任；有的法院认为保险公司无需承担保险责任；还有个别法院认为保险合同无效，保险公司应承担缔约过失责任。而对于货物损失险；有的法院认为保险公司无需承担保险责任；有的法院认为保险公司应承担责任。至于判决保险公司承担保险责任的理论依据，主要有以下几种路径：（1）认为保险合同有效，保险人应将保险金直接支付给保险合同约定的被保险人，即法院直接判决保险公司向非机动车所有权人、承运人承担保险责任。该做法操作方便，但不符合保险原理。（2）认为保险合同有效，保险人应将保险金给予真正遭受损失的人，即保险公司应向机动车辆所有人、托运人支付保险金，尽管其不是保险合同约定的被保险人。该做法符合保险原理，但其实际上变更了保险合同的内容，将被保险人由非所有权人、承运人变更为所有权人、托运人，这种身份上的改变将使得非所有权人、承运人仍成为保险代位求偿权的对象，不符合当事人的投保目的。（3）认为保险合同无效，保险公司不承担保险责任，但基于缔约过失责任仍应向被保险人进行赔偿，赔偿数额相当于保险金额。该做法能够有效解决被保险人保险利益与保险产品不匹配的问题，但也存在可商榷之处：一方面，承担缔约过失责任通常以合同不成立或无效为前提，但在他人保险利益范围内投保情形下，保险合同是否当然无效存在争议；另一方面，缔约过失责任一般仅赔偿信赖利益损失，保险金是否属于信赖利益损失存在探讨余地。理论界还有观点认为，保险公司此时承担的是侵权责任，即因保险公司在订立保险合同时未尽到说明义务，导致被保险人无法依据保险合同获得保险赔偿，保险公司因此应承担损害赔偿责任。至于损害赔偿的范围，则应根据投保人、保险人的过错大小进行认定。该做法合理之处在于，不

① 在这些保险合同中，承运货物发生毁损灭失后，承运人向保险公司申请理赔的，保险公司通常会以其并非财产所有权人拒赔；财产所有权托运人向保险公司申请理赔的，保险公司通常会以其并非合同约定的被保险人拒赔。

仅能够完全依照保险原理解决保险合同效力问题，还能将投保人的过错考虑进来，能够更好地实现过错与责任相一致。

我们倾向认为，保险利益原则是保险合同的一项基本原则，在任何情况下都应遵循，否则将导致保险体系的混乱，故前两种做法可能不是很妥当，实践中可考虑根据缔约过失责任或者侵权责任判决保险公司承担保险责任。当然，这是否可能引起其他不利后果还有待实践检验，需要通过审判实践不断总结。

实践中，应当注意区分以承运人作为被保险人的货物损失险与承运人以投保人、托运人或收货人等实际货主为被保险人的货物损失险：前者保险合同约定的被保险人是承运人，投保人通常也是承运人；后者承运人只是投保人，但保险合同约定的被保险人是托运人或其他实际货主。在以实际货主为被保险人的损失险中，实际货主因财产发生毁损灭失将遭受损失，对货物享有财产损失保险利益，故在保险事故发生时可作为被保险人向保险公司申请理赔，这是其与以承运人作为被保险人的损失险的最大不同之处。在承运人根据货物运输合同的约定为托运人订立货物损失险，且承运人对货物发生损失存在过错的情况下，保险公司向托运人支付保险金后是否仍可向承运人行使保险代位求偿权，审判实践中存在不同认识，需要进一步研究。

——最高人民法院民事审判第二庭编著：《最高人民法院关于保险法司法解释（二）理解与适用》，人民法院出版社2013年版，第52~55页。

23. 关于保险合同格式条款不利解释原则的理解与适用

关键词

保险合同　格式条款　合同解释

附录：最高人民法院法官著述

由于2002年《保险法》对保险合同条款的解释方法只规定了不利解释原则，因此，在司法实务中，出现了只要出现条款争议，就适用不利解释原则的现象，使该方法被扩大，甚至被滥用。在2009年修订《保险法》过程中，倾向观点认为，应对不利解释原则的适用条件进行明确限定。

通说认为，不利解释原则应为第二位合同解释方法，即只有在“通常解释”无法解决争议的情况下，才可以将不利解释规则作为一种辅助手段进行解释。在英国，其一直是合同解释标准的第二位选择，只有在其他解释方法无法领会合同用语的涵义时才适用。我国也有高级法院在其规范性文件中规定，保险人自行制定的保险合同条款，具有格式条款的性质，在保险合同当事人对条款内容发生争议且已穷尽其他解释原则的情况下，对保险人应当适用“不利解释原则”。①

此外，还应指出的是，《合同法》第41条关于格式合同的不利解释原则是格式条款的特殊解释规则，本条的不利解释原则也是对保险合同的特殊解释原则，其均属于强制性法律规定，不允许当事人以约定排除其适用。因此，保险人在保险合同中所谓保留最终解释权的规定，因违反强制性规定，应认定无效。

——张雪楳：《保险法对格式条款规制内容的理解与适用》，载最高人民法院民事审判第二庭编：《商事审判指导》2010年第2辑（总第22辑），人民法院出版社2010年版，第57~59页。

24. 非格式条款与格式条款产生实质冲突，是“非格式条款与格式条款不一致的，以非格式条款为准”的另一适用前提

关键词

非格式条款　格式条款　保险合同

附录：最高人民法院主流观点

非格式条款优于格式条款，不能简单机械地理解成只要非格式条款与格式条款不一致，就绝对地以非格式条款取代格式条款。在两者实质上对立冲突、必须作出取舍时，应当依照《保险法解释（二）》第14条的规定，采用非格式条款。但是，如果格式条款与非格式条款并不存在实质性矛盾，则非格式条款与格式条款应当同时适用。这一点应当引起必要的注意。司法实践中对于格式条款与非格式条款形式上的不一致，须作进一步的具体分析。“这是一个经常会发生的情况，就是一份合约内有一条以上的条文针对同一件事，但说法不一样，而且它们之间有一定的矛盾。这一来，如果能够协调它们之间的矛盾并且给两条或以上的不同条文都有一定的解释与存在价值，就应该这样解释”，如果“两条不同条文无法作出协调，而被迫要作出取舍”，则“要漠视或删除其中一条”。②“如果合同条款看起来相互冲突、对立或矛盾，法院首先是努力协调这些条款”；“事实上，如果后一条款不是取消了而是对前一条款进行限制，这两个条款可以一同审阅，而且要根据作为合同整体所揭示出的当事人的意思表示赋予其效力。可以认为，要么合同根本没有真正的矛盾，要么只是表

① 《北京市高级人民法院关于印发〈北京市高级人民法院关于审理保险纠纷案件若干问题的指导意见（试行）〉》第17条。

② 杨良宜：《合约的解释》，法律出版社2007年版，第98~109页。

面上的矛盾，是以另一种方式看同样的合同，通过尽可能限定过于宽泛的条款，优先适用更为具体的条款来解决这个问题。例如，可以规定健康保险全球有效，但甲国和乙国除外”；“如果在保险合同中存在真正的或实质性的冲突或矛盾，可以适用以下解释原则……冲突：从先原则……书写条款与印刷条款……”①

以华泰财产保险股份有限公司诉神龙汽车有限公司、神龙汽车有限公司北京销售服务分公司财产保险合同纠纷案为例。② 当事人双方先后签订了《保险协议》与保险单（含保险条款），两者内容存在差异，后发生争议。原告神龙汽车有限公司根据《合同法》第41条规定，主张保险条款与《保险协议》约定不一致时，仅应以《保险协议》为准。最高人民法院审理认为，二者均为保险合同的组成部分。《保险协议》属于保险单首部所指的附加条款；《保险协议》以手写体或打印体在保险单上载明，而保险条款属于格式条款。因此，如果保险条款与《保险协议》约定不一致而导致相关内容矛盾，且双方无法达成一致意见时，应以《保险协议》的约定为准。但是在本案中，保险条款与《保险协议》的约定只是内容宽泛程度上的不一致，并不导致相关内容矛盾时，则保险条款与《保险协议》的相关内容是一种并列的、互为补充的关系，《保险协议》与保险条款应该同时适用。因此，神龙汽车有限公司的答辩理由不能成立。

——最高人民法院民事审判第二庭编著：《最高人民法院关于保险法司法解释（二）理解与适用》，人民法院出版社2013年版，第332～333页。

25. 正确认定免除保险人责任条款的范围

关键词

保险人责任条款　格式合同　保险合同

最高人民法院公布的典型案例

吴某诉某保险公司财产保险合同纠纷案——“免除保险人责任的条款”的范围

裁判要旨：保险人提供的格式合同文本中的责任免除条款、免赔

① ［英］克拉克：《保险合同法》，何美欢、吴志攀等译，北京大学出版社2002年版，第360～362页。

② 详见最高人民法院〔2002〕民二终字第152号民事判决书。

率条款、比例赔付条款，可以认定为《保险法》第十七条第二款规定的“免除保险人责任的条款”，保险人应当尽到提示和明确说明义务。

简要案情：

2004 年 11 月 17 日，吴某就其所有的汽车向某保险公司投保了车损险、主险不计免赔特约险、车上人员责任险等。保险合同载明：1. 家庭自用汽车损失保险条款。其中第十二条第（八）项中载明，保险车辆用于营运收费性商业行为期间的任何损失和费用，保险公司不负责赔偿；2. 机动车辆第三者责任保险条款。第三十二条载明，保险公司根据保险车辆驾驶人员在事故中所负责任比例，承担相应的赔偿责任，并在保险单载明的责任限额内按约定的免赔率免赔。其中，保险车辆同一保险年度内发生多次赔款，其免赔率从第二次开始每次增加 5%，非营运车辆从事营业运输活动时发生保险事故，造成第三者损失，按本保险保费与相应的营业车辆保费的比例计算赔偿。3. 附加险条款及解释。其中载明，车上人员责任险系第三者责任险的附加险。在车上人员责任险条款第四条第（三）项载明，每次赔偿均实行 20% 绝对免赔率。2005 年 5 月 31 日，吴某驾驶被保险车辆与案外人胡某驾驶的拖拉机相碰，致车辆受损及吴某和同乘人员于某、吕某受伤。交警大队作出交通事故认定书，认定吴某、胡某负事故同等责任。经法院判决，于某各项损失为 28887 元，吕某各项损失为 955.30 元，并胡某与吴某连带赔偿上述损失。吴某向保险公司申请理赔，保险公司认为，吴某将其车用于营业收费，根据保险条款约定属于保险公司无需赔偿；对于于某、吕某的损失，同意根据保险条款约定的比例进行赔偿。吴某认为保险公司在签订保险合同时，未向其交付保险条款，亦未就保险条款中关于保险公司不予理赔和按比例理赔所依据的免责条款进行必要的解释和说明。吴某诉至法院，要求保险公司赔偿全部损失。

法院判决：

法院认为，本案的争议焦点为保险公司提供的保险条款中所约定的免赔事由及免赔率是否属于免责条款，以及该约定是否生效。本案中，保险公司提供的保险条款中关于免除保险人责任的约定，应当属于《保险法》规定的“免除保险人责任的条款”，保险人应就这些条款履行明确说明义务。

——《准确理解适用〈解释（二）〉促进保险业健康稳定发展，最高人民法院公布三起保险合同纠纷典型案例》，载《人民法院报》2013 年 6 月 8 日。

附录：最高人民法院主流观点

实践中，对于免除保险人责任条款的审查，应先审查保险合同约定的保险责任范围以及案涉事故是否属于保险责任范围内。

保险责任条款是确定保险人承保范围的条款，只有保险人依据保险责任条款需要承担保险责任，才可能存在免除保险人责任条款的问题。保险人责任条款是确定免除保险人责任条款的前提，不属于免除保险人责任条款。实践中，有些保险公司将比例赔付的相关内容也置于保险责任部分，根据《保险法解释（二)》第9条规定，比例赔付条款应当明确说明。在确定保险责任的范围后，应当审查案涉事故是否属于保险责任范围内的保险事故。如果不属于保险事故，保险公司无需承担保险责任，但这是因不存在保险人应承担保险责任的事故，而不是存在免责事由，故无需审查保险合同是否存在免责条款以及是否存在免责事由。

在明确保险事故已经发生后，才需进一步审查保险合同约定了哪些免除保险人责任的条款以及这些条款是否产生效力。根据本规定，如果保险合同采用了责任免除条款、免赔额、免赔率、比例赔付或给付等条款，这些条款必须经保险人明确说明才能产生效力；如果保险合同约定了保险人因投保人、被保险人违反法定或约定义务而享有合同解除权的条款，则这些条款无需明确说明也产生效力。当然，生效与有效并不是一个概念，经过保险人明确说明生效的条款如果存在《保险法》第19条规定情形的，则该条款无效。

《保险法解释（二)》第9条规定虽对免除保险人责任条款进行列举，但并非封闭性的，除了该条规定列举的以上条款外，仍可能存在其他免除保险人责任的条款，故对格式条款中的其他条款是否必须经保险人明确说明才能产生效力，需要结合保险条款的相关内容判断其是否实质上减轻或免除保险人责任。例如，保险合同中的释义条款，其虽是针对保险合同中所含有的专业词汇或者其他需要解释和说明的事项所约定的条款，但因释义条款所解释的专业术语或事项可能与保险责任密切相关，释义条款也将直接影响保险责任的承担与范围。因此，如果释义条款可能涉及限制或免除保险人应当承担的责任的，也应经过明确说明才产生效力。

——最高人民法院民事审判第二庭编著：《最高人民法院关于保险法司法解释（二）理解与适用》，人民法院出版社2013年版，第234~235页。

26. 对《保险法》规定的“如实告知义务”的司法判定

关键词

保险合同　诚实守信　投保人　如实告知义务

最高人民法院公报案例

何丽红诉中国人寿保险股份有限公司佛山市顺德支公司、中国人寿保险股份有限公司佛山分公司保险合同纠纷案（佛山市中级人民法院民事判决书）

裁判摘要：一、基于保险合同的特殊性，合同双方当事人应当最大限度的诚实守信。投保人依法履行如实告知义务，即是最大限度诚实守信的一项重要内容。投保人在订立保险合同前，应当如实回答保险人就保险标的或者被保险人的有关情况作出的询问，如实告知影响保险人对是否承保以及如何设定承保条件、承保费率作出正确决定的重要事项。对于投保人故意隐瞒事实，不履行如实告知义务的，或者因过失未履行如实告知义务，足以影响保险人决定是否同意承保或者提高保险费率的，保险人有权解除保险合同，并对于保险合同解除前发生的保险事故不承担赔偿或者给付保险金的责任。

二、如果保险人在明知投保人未履行如实告知义务的情况下，不是进一步要求投保人如实告知，而是仍与之订立保险合同，则应视为其主动放弃了抗辩权利，构成有法律约束力的弃权行为，故无权再以投保人违反如实告知义务为由解除保险合同，而应严格依照保险合同的约定承担保险责任。

本案二审的争议焦点是：一、在投保涉案“祥和定期保险”时，黄国基是否履行了如实告知义务；二、如果黄国基在投保涉案“祥和定期保险”时没有履行如实告知义务，被上诉人佛山分公司是否有权据此解除该保险合同并拒绝承担保险责任。

佛山市中级人民法院二审认为：

一、关于在投保涉案“祥和定期保险”时，黄国基是否履行了如实告知义务的问题。

保险合同为射幸合同，保险人是否承保及其如何确定保险费，取决于保险人对承保危险的正确估计和判断，而投保人对相关事项的如实告知，是保险人正确确定保险危险并采取控制措施的重要基础。根据诚实信用原则，投保人对保险人在投保单或风险询问表上列出的询问事项，均应根据自己知道或应当知道的情况进行如实告知。本案中，黄国基在投保涉案“祥和定期保险”时，被上诉人佛山分公司就投保记录向黄国基作出了询问，但黄国基隐瞒了自己在其他保险公司多次重复投保的实际情况，作出了与事实明显不符的答复，显然违反了如实告知的法定义务。一审法院结合黄国基重复投保时间密集及其曾兼职保险代理业务的具体情况，认定黄国基为故意不履行告知义务，并无不当，应予维持。

二、关于黄国基在投保涉案“祥和定期保险”时没有履行如实告知义务，被上诉人佛山分公司是否有权据此解除该保险合同并拒绝承担保险责任的问题。

投保人未履行如实告知义务，保险人能否据此解除保险合同并拒绝承担保险责任，应当以投保人未如实告知的事项是否足以影响保险人对是否承保、如何确定承保条件和保险费率作出正确决定为判断标准。而作出上述判断，不能依据投保人、被保险人、受益人或保险人的主观认识，必须根据投保人未如实告知事项的具体内容和性质，综合各种情况进行客观、全面考量。根据保险行业的实际情况，投保人是否已经参加或者正在申请其他人身保险的情况，是保险人正确认定承保风险，决定是否承保和如何确定承保条件、保险费率的重要依据。投保人不如实告知上述事项，将直接影响保险人的正确评估和决策，足以影响保险合同的订立。根据本案事实，被上诉人佛山分公司通过投保单和《高保额财务问卷》，对投保人黄国基是否已经参加或者正在申请其他人身保险进行了询问，但黄国基未予如实回答，违反了如实告知义务。佛山分公司作为保险人，有权依据《保险法》第17条第2款关于“投保人故意隐瞒事实，不履行如实告知义务的，或者因过失未履行如实告知义务，足以影响保险人决定是否同意承保或者提高保险费率的，保险人有权解除保险合同”（2009年修订后《保险法》第16条第1款、第2款分别规定：“订立保险合同，保险人就保险标的或者被保险人的有关情况提出询问的，投保人应当如实告知。”“投保人故意或者因重大过失未履行前款规定的如实告知义务，足以影响保险人决定是否同意承保或者提高保险费率的，保险人有权解除合同。”）的规定。解除其与黄国基签订的涉案“祥和定期保险合同”，并对保险合同解除前发生的保险事故不承担赔偿或给付保险金的责任，同时不退还保险费。上诉人何丽红作为受益人，请求佛山分公司依照该保险合同承担保险责任于法无据，对其相应诉讼请求依法不予支持。

——《最高人民法院公报》2008年第8期（总第142期）。

27. 投保人与被保险人不一致时的告知

关键词

如实告知义务　投保人　被保险人　合同相对性

附录：最高人民法院主流观点

《保险法》第16条第1款仅规定投保人需履行如实告知义务。在投保人与被保险人为不同主体的情况下，被保险人是否也需承担如实告知义务，存在较大争议。有观点认为，既然《保险法》第16条仅规定投保人在保险人询问的情况下应当履行如实告知义务，被保险人当然无需承担如实告知义务，且被保险人不是保险合同当事人，让其承担告知义务不符合合同相对性原则。山东省高级人民法院2011年颁布的《关于审理保险合同纠纷案件若干问题的意见（试行）》即采该观点，该意见第5条规定："投保人与被保险人非同一人时，保险人主张被保险人未履行如实告知义务而拒绝承担责任的，人民法院不予支持。"这种观点虽然符合《保险法》第16条的字面含义，但如仅将告知义务主体限于被保险人，在理论上不符合告知义务的立法目的，在实践中可能带来道德风险。一般而言，被保险人比投保人更为了解保险标的的风险状况，让被保险人承担如实告知义务，能更便于保险人评估风险。实践中，被保险人如无需承担如实告知义务，可能导致已经存在的不符合承保条件的被保险人，通过他人代为投保的方式规避如实告知义务，引发道德风险。有鉴于此，理论界与实务界越来越多的人建议，《保险法解释（二）》应对《保险法》第16条作扩充解释，将被保险人作为如实告知义务主体。但该司法解释对此未作规定。

实践中，对于投保人与被保险人并不一致情况下告知义务的履行，应注意以下几个方面：（1）要防止被保险人通过他人代为投保规避如实告知义务。因法律未将被保险人作为告知义务主体的情况下，被保险人在明知自己不符合承保条件的情况下，可能通过委托不知情的投保人代为投保，来规避自己作为投保人时应尽的告知义务，这种行为有违诚信，不应鼓励。当然，如果投保人基于自身原因为被保险人投保，且确实不知被保险人存在不符合承保条件的风险的，则应予保护。（2）保险人不能以对被保险人的询问代替对投保人的询问。投保人是告知义务主体，保险人的询问应向投保人作出。投保人与被保险人不一致的，保险人对被保险人的询问不能视为对投保人的询问，保险人不能要求投保人告知其向被保险人询问的内容。（3）保险人如就相关事项同时向投保人和被保险人进行询问，投保人或被保险人只要有一人如实告知的，则应视为投保人就该事项的告知义务已经履行。投保人与被保险人对同一事项告知不一致，只要有一人的告知符合客观状况，保险人也不能以投保人违反告知义务为抗辩。

——最高人民法院民事审判第二庭编著：《最高人民法院关于保险法司法解释（二）理解与适用》，人民法院出版社2013年版，第154～155页。

28. 将投保人告知范围限于“明知”，不排除《保险法》第16条“重大过失”违反如实告知义务的情形

关键词

投保人　重大过失　如实告知义务

附录：最高人民法院主流观点

关于如实告知义务的违反，根据《保险法》第16条第2款、第4款和第5款规定，投保人违反如实告知义务的主观状态包括故意和重大过失。有观点认为，《保险法解释（二）》第五条将投保人告知范围限于“投保人明知”，而投保人在明知与风险评估相关事项情况下仍未如实告知，一般只能构成故意，故司法解释实际上修改了《保险法》第16条的相关规定，将投保人因重大过失未如实告知的情况排除在外。

这种观点值得商榷。实际上，投保人明知相关重大事项而未如实告知的，并不当然构成故意，也可能是重大过失。关于《保险法》第16条规定的故意，一般理解为义务人知悉某重要事实存在，并明知倘隐匿该事实，或就该事实为不实之说明时，将影响保险人为危险之估计，而有意为之的一种心理状态；但不以必须具有以有害于保险人并图自己或他人利益之意思为必要。也就是说，故意包括以下几个要件：（1）明知该事实；（2）明知该事实为重要事项；（3）有意不告知。与此相对应，重大过失包括三种情况：一是义务人因重大过失不知道重要事项的存在而未如实告知；二是义务人虽知道该事实存在，但因重大过失不知道该事实的重要性而未如实告知；三是义务人知道事实存在且知道该事实具有重要性，但因重大过失未如实告知。从以上可以看出，即使是投保人明知相关重要事项，但仍可能基于不知道该事实具有重要性而未告知，或者虽知道该事实的重要性但因重大过失而未告知，这也是我国台湾地区“保险法”第64条规定“过失遗漏”的内容。可见，将投保人告知范围限于“明知”，并不排除《保险法》第16条规定中的“重大过失”违反如实告知义务的情形。

实践中，投保人在明知相关重要事项，但却因重大过失未如实告知的，主要有以下两种情形：

1. 因重大过失不知道该事实的重要性。根据《保险法》第16条第1款的规定，我国对于投保人的如实告知义务采纳的是询问告知主义，只有保险人询问的内容，投保人才需告知，即只有保险人询问的内容才是投保人应当告知的重要事项。实践中，即使保险人已经询问，但如投保人因重大过失未能清楚理

解保险人询问内容的确切含义，或者基于自身疏忽未能认识到所询问内容包括其知道的事实等方面原因，未能将其知道的重要事项告知保险人，则构成因重大过失未如实告知。

2. 因重大过失未告知。投保人虽然知道相关事实且知道其为重要事项，但在回答过程中可能因各方面原因未向保险人准确告知，则构成因重大过失未如实告知。实践中，有些保险公司的展业人员在展业过程中存在不规范的操作方式，代投保人填写风险询问表的相关内容，最后让投保人在落款处签字盖章。根据本解释第3条规定，保险人或其代理人代填写行为经投保人确认，一般认为是投保人履行告知义务的意思表示。但是，保险人或其代理人代为填写与投保人亲自填写毕竟还是存在差别，保险人或其代理人代为填写的情况下，投保人对相关询问内容的注意程度将大大降低，甚至有些情况下，保险人或其代理人填完相关内容后并没有让投保人进行审查，只是让投保人签章，这种情况下可认为，虽风险询问表回答内容与实际状况不一致，且投保人对实际状况是明知的，但投保人是因重大过失未履行如实告知义务，而不构成故意不告知。

——最高人民法院民事审判第二庭编著：《最高人民法院关于保险法司法解释（二）理解与适用》，人民法院出版社2013年版，第155～156页。

29. 对《保险法》第16条第2款“足以影响保险人决定是否同意承包或者提高保险费率”的理解

关键词

保险人　决定性影响

附录：最高人民法院主流观点

对于《保险法》第16条第2款“足以影响保险人决定是否同意承保或者提高保险费率”的理解，应注意以下两个方面：

1. 应将保险人理解为理性保险人。关于此处保险人的理解，存在特定保险人说和理性保险人说两种观点。前者认为，应以订立合同的具体保险人为判断标准，只要该特定保险人认为未告知内容影响其评估风险的，该事项即属于重要事实。后者认为，应以保险行业中经营同等保险产品的谨慎保险人为判断标准，只有一个谨慎的保险人在订立该保险合同时认为该内容重要时，该事项才属于重要事实。特定保险人标准将重要事实的判断完全交给订立合同的保险人，是一种主观标准，给保险人借用各种理由认为投保人违反告知义务创造条件，不利于保护投保人的利益。理性保险人标准则是拟制的客观标准，这一标准以正常的大多数保险人的立场来衡量重大事实的影响程度，具有较强的客观性，故采该标准更符合公平的法治理念。实践中，对于某事项是否属于重要事实存在争议的，可要求保险人提交相关证据予以证明。

2. 应将足以影响理解为决定性影响。对于足以影响如何理解，存在决定性影响和非决定性影响两种标准。英国学者克拉克根据对一个谨慎保险人的判断可能产生的影响力及其影响程度，把危险分为四类情况：（1）如果保险人知道这个事实，妥善考虑后会拒绝订立合同；（2）如果保险人知道这个事实，他将会依不同条款订立合同，尤其是不同的保险费；（3）如果保险人知道这个事实，他将认为是有关的，但不至于像第一种拒绝订立合同，或像第二种改变合同条款；（4）该类位于第二类和第三类之间，即如果保险人知道该资料，其可能会导致保险人拒绝订立合同或收取更高保险费，此处的“可能会”不同于第一类和第二类的“将会”。其中，第（1）（2）项对保险人产生“决定性影响”，是重要事实；第（3）（4）项对保险人产生“非决定性影响”。可以看出，“非决定性影响”标准与“决定性影响”标准相比，内容较为宽泛，对投保人的负担较重。决定性影响标准能较为合理地分配保险合同双方当事人的权利义务，更为符合最大诚信原则与对价平衡原则，也是我国《保险法》第16条第2款“足以影响保险人决定是否同意承保或者提高保险费率”的应有之义。

——最高人民法院民事审判第二庭编著：《最高人民法院关于保险法司法解释（二）理解与适用》，人民法院出版社2013年版，第173～174页。

30. 在合同有效期内，保险标的的危险程度显著增加的，被保险人应当及时通知保险人，保险人可以增加保险费或者解除合同

关键词

保险标的　危险程度　通知义务

最高人民法院司法解释

人民法院认定保险标的是否构成保险法第四十九条、第五十二条规定的“危险程度显著增加”时，应当综合考虑以下因素：

（一）保险标的用途的改变；

（二）保险标的使用范围的改变；

（三）保险标的所处环境的变化；

（四）保险标的因改装等原因引起的变化；

（五）保险标的使用人或者管理人的改变；

（六）危险程度增加持续的时间；

（七）其他可能导致危险程度显著增加的因素。

保险标的危险程度虽然增加，但增加的危险属于保险合同订立时保险人预见或者应当预见的保险合同承保范围的，不构成危险程度显著增加。

——最高人民法院《关于适用〈中华人民共和国保险法〉若干问题的解释（四）》（2018年7月31日，法释〔2018〕13号）第4条。

最高人民法院公报案例

程春颖诉张涛、中国人民财产保险股份有限公司南京市分公司机动车交通事故责任纠纷案

裁判摘要：在合同有效期内，保险标的的危险程度显著增加的，被保险人应当及时通知保险人，保险人可以增加保险费或者解除合同。被保险人未作通知，因保险标的的危险程度显著增加而发生的保险事故，保险人不承担赔偿责任。以家庭自用名义投保的车辆从事网约车营运活动，显著增加了车辆的危险程度，被保险人应当及时通知保险公司。被保险人未作通知，因从事网约车营运发生的交通事故，保险公司可以在商业三者险范围内免赔。

江苏省南京市江宁区人民法院一审认为：公民的健康权受法律保护。行为人因过错侵害他人权益的承担侵权责任。

关于本次交通事故责任划分问题。《中华人民共和国道路交通安全法》第七十六条规定机动车发生交通事故造成损失的，首先由保险公司在交强险责任限额内赔偿，不足部分，机动车与非机动车驾驶人之间发生交通事故，非机动车驾驶人无过错的，由机动车一方承担赔偿责任；有证据证明非机动车驾驶人有过错的，根据过错程度适当减轻机动车一方的赔偿责任。本案1中，被告张涛驾驶机动车向右转弯，原告程春颖驾驶非机动车直行，转弯应当避让直行，张涛未能避让存在过错。被告不能证明原告程春颖存在闯红灯等过错行为，故张涛应负事故全部责任，程春颖因本次交通事故产生的损失首先由被告人保南京分公司在交强险责任限额内赔偿，不足部分，由机动车一方赔偿。

关于被告人保南京分公司是否应当在商业三者险内赔偿的问题。《中华人民共和国保险法》（以下简称《保险法》）第五十二条规定：“在合同有效期内，保险标的的危险程度显著增加的，被保险人应当按照合同约定及时通知保险人，保险人可以按照合同约定增加保险费或者解除合同。……被保险人未履行前款规定的通知义务的，因保险标的的危险程度显著增加而发生的保险事故，保险人不承担赔偿保险金的责任。”保险合同是双务合同，保险费与保险赔偿金为对价关系，保险人依据投保人告知的情况，评估危险程度而决定是否承保以及收取多少保险费。保险合同订立后，如果危险程度显著增加，保险事故发生的概率超过了保险人在订立保险合同时对事故发生的合理预估，如果仍然按照之前保险合同的约定要求保险人承担保险责任，对保险人显失公平。

在当前车辆保险领域中，保险公司根据被保险车辆的用途，将其分为家庭自用和营运车辆两种，并设置了不同的保险费率，营运车辆的保费接近家庭自用的两倍。这是因为，相较于家庭自用车辆，营运车辆的运行里程多，使用频率高，发生交通事故的概率也自然更大，这既是社会常识也是保险公司对风险的预估，车辆的危险程度与保险费是对价关系，家庭自用车辆的风险小，支付的保费低；营运车辆风险大，支付的保费高。以家庭自用名义投保的车辆，从事营运活动，车辆的风险显著增加，投保人应当及时通知保险公司，保险公司可以增加保费或者解除合同并返还剩余保费，投保人未通知保险公司而要求保险公司赔偿营运造成的事故损失，显失公平。

营运活动与家庭自用的区别在于：第一，营运以收取费用为目的，家庭自用一般不收取费用。第二，营运的服务对象是不特定的人，与车主没有特定的关系；家庭自用的服务对象一般为家人、朋友等与车主具有特定关系的人。而本案中，被告张涛通过打车软件接下网约车订单，其有收取费用的意图，且所载乘客与其没有特定关系，符合营运的特征。

被告张涛的营运行为使被保险车辆危险程度显著增加，张涛应当及时通知被告人保南京分公司，人保南京分公司可以增加保险费或者解除合同返还剩余保险费。张涛未履行通知义务，且其营运行为导致了本次交通事故的发生，人保南京分公司在商业三者险内不负赔偿责任。

一审宣判后，双方当事人均未在法定期限内提起上诉，一审判决已发生法律效力。

——《最高人民法院公报》2017 年第 4 期总第 267 期。

附录：最高人民法院主流观点

适用本条过程中应当注意把握以下几个方面：

一、危险程度显著增加与被保险人通知义务

《保险法》第 49 条规定转让保险标的时，被保险人以及受让人需及时通知保险人，因为此时可能会存在危险程度显著增加的情形。而《保险法》第 52 条规定当保险标的面临的危险程度显著增加时，被保险人应按合同约定及时通知保险人。虽然通知的主体存在差异，第 49 条规定所涉及的是被保险人以及受让人，第 52 条规定所涉及的是被保险人，但都明确规定需及时通知保险人。如果怠于通知，保险人不需承担因危险程度显著增加导致保险事故支付保险金的责任。何为及时通知，如果保险合同中有约定，按合同约定。如果保险合同中未明确约定，我们认为不论是因投保人或被保险人的主观因素行为导致危险显著增加，还是由于第三人原因或意外事件等造成危险显著增加，被保险人从发现危险增加开始就应遵循最大诚信原则，在合理必要的期间内或尽可能短的时间内将险情通知到保险公司。

二、危险程度显著增加与保险事故发生的因果关系的认定

保险公司只对承保危险造成的损失承担赔偿责任，这是保险公司控制风险的一项基本做法，也是保险法的基本要求。危险程度显著增加与保险事故发生存在因果关系，保险人才不需为危险程度显著增加造成的损失支付保险金。如投保人对车辆投保后，发现车辆刹车系统存有问题，没有对车辆的刹车系统修理，也没有告知保险公司，而是继续放任开车上路，因刹车不灵，导致交通事故的发生，保险公司不需支付保险金。但若交通事故的发生并不是由于刹车失灵所致，而是因驾驶人员的违法驾驶行为所致，保险公司需支付保险金。

三、危险程度显著增加与保险人可采取措施

综观部分国家对于危险程度显著增加后，保险人可采取的措施有哪些？德国法规定可以终止合同，日本法规定可以解除合同，韩国法规定可以请求增加保险费或终止合同。我国《保险法》参照国外先进立法经验，规定保险人在获知危险程度显著增加后，既可以提高保费，也可以解除合同，根据情况进行选择，最大程度维持保险费率与风险相一致。

——最高人民法院民事审判第二庭编著：《最高人民法院关于保险法司法解释（四）理解与适用》，人民法院出版社 2018 年版，第 80 ~ 81 页。

31. 保险人询问证明的推翻

关键词

保险人　风险询问

附录：最高人民法院主流观点

实践中，保险人通常提交经投保人签字确认的风险询问表来证明其已经进行询问以及询问的具体内容，并以风险询问表上投保人回答的内容作为投保人告知的情况。一般来说，只要投保人在风险询问表上签字确认，不管相关内容是其自己填写还是由他人代为填写，都应视为保险人已经进行询问、相关回答内容是其真实意思表示。当然，投保人可以提交其他证据来推翻该认定。从目前一些案例来看，以上认定被推翻主要存在以下两种情况：一是有保险业务人员证明，其在办理该业务时并未进行询问，投保人只是在其劝说下签字确认，而并未实际阅读风险询问表相关内容；二是保险业务人员代为填写风险询问表

的情形。根据《保险法解释（二）》第3条的规定，保险业务人员代为填写的内容经投保人签字确认的，应视为投保人的真实意思表示。但如有证据可以证明，保险业务人员在办理保险业务时，并未告知投保人需要回答风险询问表上的内容，就直接让投保人在风险询问表的尾部签字，其收回风险询问表代为补填相关内容的，此时，因投保人的签字形成于保险业务员代为填写相关内容之前，不能认为保险人已经进行询问，相关内容也不能认为是投保人真实意思表示。

——最高人民法院民事审判第二庭编著：《最高人民法院关于保险法司法解释（二）理解与适用》，人民法院出版社2013年版，第174～175页。

32. 对《保险法》第17条第2款规定的提示义务是否履行的理解

关键词

提示义务　合同履行　保险合同

最高人民法院司法解释

保险合同订立时，保险人在投保单或者保险单等其他保险凭证上，对保险合同中免除保险人责任的条款，以足以引起投保人注意的文字、字体、符号或者其他明显标志作出提示的，人民法院应当认定其履行了《保险法》第十七条第二款规定的提示义务。

——最高人民法院《关于适用〈中华人民共和国保险法〉若干问题的解释（二）》（2013年5月6日，法释〔2013〕14号）第11条第1款。

附录：最高人民法院主流观点

根据《保险法解释（二）》第11条第1款，对于提示义务的履行应从以下几个方面理解：

1. 提示的载体。提示的载体包括投保单、保险单等所有保险凭证，只要该保险凭证上存在需要提示的内容。也就是说，任何保险凭证只要包含免除保险人责任的格式条款，就应当在该凭证上进行提示。实践中，有些保险公司在展业时，并没有按照《保险法》第17条第1款的规定附上保险格式条款，既然格式条款都没有提供，保险人显然无法对格式条款上的免责条款进行提示。

2. 提示的方法。提示的方法包括文字、字体、符号或其他明显标识，例如采取较大字号、特殊字体、黑体加粗、加框印制、特殊颜色等办法，使得被保险人能够轻松识别应当注意的条款。如保险公司将免除保险人责任条款集中单独印刷，也应认为其履行提示义务。从理论上看，提示可以口头形式提示，亦可以采书面形式提示，以口头形式提示注意保险条款中之免责条款虽简便易行，事后容易产生纠纷，故本司法解释只认可以书面形式的提示。

3. 提示的程度。提示必须达到足以使投保人注意的程度，此处的投保人应理解为理性投保人，即处于同一条件下的投保人如果能够注意到的，就应认为其已经尽到提示义务。值得注意的是，并不是保险人只要按照本条司法解释第1款要求，对免除保险人责任的条款以文字、字体、符号等方式作出特别标识即认为保险人已经履行提示义务。保险人的提示义务是主动义务，而不是应投保人要求才产生的被动义务。保险人对免除保险人责任的条款采取特殊标识后，还应主动向投保人出示该条款，提醒投保人注意到该条款的存在，否则投保人难以知悉该条款的存在。因此，保险人在投保单或相关保险凭证上通过特别标识对免除保险人责任的条款进行特定化后的同时，应向投保人出示该条款，并提醒其注意到这些免责条款，唯有如此，本条规定“足以引起投保人注意”的要求才不会流于形式。

对于保险人的提示是否合理，有学者总结了以下考量因素，值得借鉴：①

1. 以区别于其他条款的字体或颜色标识免责条款。以不同字体、颜色标识免除或限制保险人责任条款可以引起投保人或被保险人的注意与警醒。在通常情况下，凭普通人的视觉应毫不费力地注意到保险条款中之全部免责条款，如以粗红字标识免责条款，则普通大众均会一望即知，而不至于像“大海捞针”一样在保险条款中寻找免责条款。也就是说，文件外形须予人以该文件载有足以影响当事人权益之约款的印象，否则相对人收到该文件根本不予阅读，使用人之提醒注意（通知或公告）即不充分。②

2. 针对不同的对象区别使用不同的提示注意方法。提示注意免责条款之方法可以是一对一的个别提示注意，亦可以是团体（如团体保险之情形）的提示注意。一般依订立契约时之交易的具体环境、具体的投保人或被保险人之不同情形而定。

3. 提示注意的语言或文字必须清晰明白易解。保险条款本身已因其高度专业、不易理解招致抱怨，提示注意保险条款之语言或文字则不能晦涩难解，而必须通俗易懂，具有高度阅读性和易解性，且文字醒目，文句简易，文义直白，不生歧义，一看即明。这是对提示注意之语言或文字上之外观和文义的要求。另一方面，所用之提醒注意的文字或格式条款本身不能有污损或字迹不清，或无法辨认，否则亦不生充分合理提示注意之效果。

4. 提示注意之行为须发生于契约订立之先或契约订立之时。保险公司作

① 于海纯：《保险人缔约说明义务制度研究》，中国政法大学2007年博士学位论文。

② 刘宗荣：《定型化契约论文专辑》，台湾地区三民书局1988年版，第8页。

为提供格式保险条款一方当事人，必须保证在订约之前或订约之际将保险条款中之免除或限制责任条款以合理的方式提示给投保人或被保险人，以便于投保人或被保险人作出缔约选择。

5. 区别不同提示注意对象而为程度不同之提示注意。在决定是否给予了充分合理之提示注意时还应注意一些特殊情形，可以考虑将提示注意义务分为普通提示注意义务和特别提示注意义务。所谓普通提示注意义务，就是以普通人的认识水平为判断基准确定提示注意的程度。特别提示注意义务，是指对因老、弱、病、残或文盲、半文盲等原因而对事物认知受到影响的人群要尽特别提示注意义务。此情形下，保险人必须明确向这些特殊的投保人或被保险人群体一一明确地指出或宣读免除或限制其责任条款。

值得注意的是，在一般的消费合同订立中，格式条款提供方的提示方式可以有个别提请注意和统一张贴公告两种方式。但在保险领域，为使特定合同的当事人能对合同条款达成合意，其提示义务的行使方法，只能采用个别提请注意的方式。①

此外，要充分认识提示义务的法律地位。提示义务虽然是明确说明义务的前置义务，但具有独立地位。实践中，保险人通常提交具有投保人签字确认的声明书或其他相关凭证，证明其已履行提示和明确说明义务，但如从相关证据来看，保险人显然并未在投保单和相关保险凭证上对免除保险人责任作出足以引起投保人注意的特别标识，则不能认为保险人提示义务已经履行。

——最高人民法院民事审判第二庭编著：《最高人民法院关于保险法司法解释（二）理解与适用》，人民法院出版社2013年版，第281～283页。

33. 对《保险法》第17条第2款规定的说明义务的理解

关键词

保险人说明义务　免责条款

最高人民法院司法解释

保险人对保险合同中有关免除保险人责任条款的概念、内容及其法律后果以书面或者口头形式向投保人作出常人能够理解的解释说明的，人民法院应当认定保险人履行了《保险法》第十七条第二款的明确说明义务。

——最高人民法院《关于适用〈中华人民共和国保险法〉若干问题的解

① 张雪楳：《保险人说明义务若干问题探析》，载《法律适用》2010年第8期。

释（二）》（2013年5月6日，法释〔2013〕14号）第11条第2款。

最高人民法院答复

甘肃省高级人民法院：

你院甘高法研〔1999〕06号《关于金昌市旅游局诉中保财产保险公司金川区支公司保险赔偿一案的请示报告》收悉。经研究，答复如下：

《保险法》第17条规定："保险合同中规定有保险责任免除条款的，保险人应当向投保人明确说明，未明确说明的，该条款不发生法律效力。"（2009年修订后《保险法》第17条第2款规定：对保险合同中免除保险人责任的条款，保险人在订立合同时应当在投保单、保险单或者其他保险凭证上作出足以引起投保人注意的提示，并对该条款的内容以书面或者口头形式向投保人作出明确说明；未作提示或者明确说明的，该条款不产生效力。）这里所规定的"明确说明"，是指保险人在与投保人签订保险合同之前或者签订保险合同之时，对于保险合同中所约定的免责条款，除了在保险单上提示投保人注意外，还应当对有关免责条款的概念、内容及其法律后果等，以书面或者口头形式向投保人或其代理人作出解释，以使投保人明了该条款的真实含义和法律后果。

——最高人民法院研究室《关于对〈保险法〉第17条规定的"明确说明"应如何理解的问题的答复》（2000年1月24日，法研〔2000〕5号）。

最高人民法院公报案例

杨树岭诉中国平安财产保险股份有限公司天津市宝坻支公司保险合同纠纷案（天津市第一中级人民法院民事判决书）

裁判摘要：根据《保险法》第18条（2009年修订后为《保险法》第17条第2款）的规定，保险合同中规定有关于保险人责任免除条款的，保险人在订立合同时应当向投保人明确说明，未明确说明的该条款无效。所谓"明确说明"，是指保险人在与投保人签订保险合同之前或者签订保险合同之时，对于保险合同所约定的免责条款，除了在保险单上提示投保人注意外，还应当对有关免责条款的概念、内容及其法律后果等以书面或者口头形式向投保人或其代理人作出解释，以使投保人明了该条款的真实含义和法律后果。

天津市第一中级人民法院认为：被上诉人杨树岭就其所有的机动车辆向上诉人平安保险宝坻支公司投保机动车辆第三者责任险，并交纳了相关保险费，双方之间的保险合同关系成立，涉案机动车辆第三者责任险保险合同合法有效，合同双方均应自觉履行。涉案机动车辆第三者责任险保险合同中关于

“保险车辆造成被保险人或其允许的驾驶员及他们的家庭成员人身伤亡，不论在法律上是否应当由被保险人承担赔偿责任，保险人均不负责赔偿”的规定，以及该合同中关于“家庭成员包括被保险人的直系血亲和在一起共同生活的其他亲属”的解释，均属格式化免责条款，提供该格式合同的保险人依法应当就上述免责条款向被保险人作出明确说明。根据最高人民法院作出的《关于对〈保险法〉第17条规定的“明确说明”应如何理解的问题的答复》，所谓“明确说明”，是指保险人与投保人签订保险合同之前或者签订保险合同之时，对于保险合同所约定的免责条款，除了在保险单上提示投保人注意外，还应当对有关免责条款的概念、内容及其法律后果等以书面或者口头形式向投保人或其代理人作出解释，以使投保人明了该条款的真实含义和法律后果。该答复虽然是针对修订前的《保险法》第17条规定作出的，但修订前《保险法》第17条的规定与现行《保险法》第18条的规定一致；该答复虽然是就个案的作出的，但人民法院在审理同类案件时可以参照执行。保险合同系专业性较强的合同，涉及专业术语较多，保险人有义务向投保人予以明确说明。平安保险宝坻支公司虽然在涉案机动车辆第三者责任险保险合同文本中以黑体字提示了免责条款，但仅是尽到了提醒投保人注意的义务，根据本案事实、证据，不能认定平安保险宝坻支公司已经履行了就免责条款的概念、内容及其法律后果等以书面或者口头形式向投保人或其代理人作出解释，以使投保人明了该条款的真实含义和法律后果的明确说明义务。因此，不论涉案机动车辆第三者责任险保险合同中的格式化免责条款关于“保险车辆造成被保险人或其允许的驾驶员及他们的家庭成员人身伤亡，不论在法律上是否应当由被保险人承担赔偿责任，保险人均不负责赔偿”的规定，以及关于“家庭成员包括被保险人的直系血亲和在一起共同生活的其他亲属”的解释是否具有法律依据、是否有效，该格式化免责条款都因上诉人未能尽到明确说明的义务而归于无效，该免责条款对被上诉人不产生约束力。上诉人的上诉理由不足，不予支持。

——《最高人民法院公报》2007年第11期（总第133期）。

段天国诉中国人民财产保险股份有限公司南京市分公司保险合同纠纷案

（南京市江宁区人民法院民事判决书）

裁判摘要：根据2002年修订的《保险法》第17条第1款、第18条的规定，订立保险合同，保险人应当向投保人说明保险合同的条款内容。保险合同中规定有关于保险人责任免除条款的，保险人在订立保险合同时应当向投保人明确说明，未明确说明的，该条款不产生效力。据此，保险人有义务在订立保险合同时向投保人就责任免除条款作出明确说明，前述义务是法定义务，也是特别告知义务。如果

保险合同当事人对保险人是否履行该项告知义务发生争议，保险人应当提供其对有关免责条款内容作出明确解释的相关证据，否则该免责条款不产生效力。

江苏省南京市江宁区人民法院一审认为，关于涉案保险合同的争议条款能否理解为“医保外用药不予理赔”的问题。涉案保险合同第25条第2款约定：“保险人按照国家基本医疗保险的标准核定医疗费用的赔偿金额”。对于该条规定，原告段天国与被告人保南京分公司有不同的理解。人保南京分公司认为，该条规定的含义是“医保外用药”不予理赔，段天国认为，该条款中的“国家基本医疗保险的标准”并无明确具体的含义，人保南京分公司将其定义为“医疗用药的范围”无法律依据。对此法院认为，《合同法》第41条规定：“对格式条款的理解发生争议的，应当按照通常理解予以解释。对格式条款有两种以上解释的，应当作出不利于提供格式条款一方的解释。格式条款和非格式条款不一致的，应当采用非格式条款。”因此，在涉案保险合同争议条款的涵义不明确的情况下，应当作出不利于人保南京分公司的解释。

即使涉案保险合同的争议条款可以被理解为“医保外用药不予理赔”，该条款的效力也应当结合保险合同的相关法律规定全面加以分析。从保险合同的性质来看，保险合同是最大的诚信合同，保险合同的免责条款决定着投保人的投保风险和投保根本利益，对于投保人是否投保具有决定性的影响。根据《保险法》第17条第1款、第18条的规定：“保险人应当向投保人说明保险合同的条款内容。保险合同中规定有关于保险人责任免除条款的，保险人在订立保险合同时应当向投保人明确说明，未明确说明的，该条款不产生效力。”据此，保险人在订立保险合同时必须向投保人就责任免除条款作明确说明，前述义务是法定义务，也是特别告知义务，这种义务不仅是指经过专业培训而具有从事保险资格的保险人在保险单上提示投保人特别注意，更重要的是要对有关免责条款内容作出明确解释，如合同当事人对保险人就保险合同的免责条款是否明确说明发生争议，保险人应当负有证明责任，即保险人还必须提供其对有关免责条款内容作出明确解释的相关证据，否则该免责条款不产生效力。本案中，人保南京分公司为证明已经尽到告知义务而提供的证据是涉案保险投保单的投保人声明以及段天国的签名，但该段声明的内容并没有对争议条款的具体内容作出明确的解释，不能证明人保南京分公司已经向段天国陈述了该条款包含“医保外用药不予理赔”即部分免除保险人责任的涵义。因此，即使该条款可以被理解为“医保外用药不予理赔”，也不能发生相应的法律效力。

此外，国家基本医疗保险是为补偿劳动者因疾病风险造成的经济损失而建立的一项具有福利性的社会保险制度。旨在通过用人单位和个人缴费建立医疗保险基金，参保人员患病就诊发生医疗费用后，由医疗保险经办机构给予一定的经济补偿，以避免或减轻劳动者因患病、治疗等所带来的经济风险。为了控制医疗保险药品费用的支出，国家基本医疗保险限定了药品的使用范围。而涉案保险合同是一份商业性的保险合同，保险人收取的保费金额远远高于国家基本医疗保险，投保人对于加入保险的利益期待也远远高于国家基本医疗保险。因此，如果按照被告人保南京分公司“医保外用药”不予理赔的主张对争议条款进行解释，就明显降低了人保南京分公司的风险，减少了人保南京分公司的义务，限制了原告段天国的权利。人保南京分公司按照商业性保险收取保费，却按照国家基本医疗保险的标准理赔，有违诚信。

——《最高人民法院公报》2011 年第 20 期（总第 631 期）。

附录：司法信箱

保险公司未就免责条款向投保人作明确说明的，应如何承担责任?

问题：我院在审理某运输公司诉某保险公司财产保险合同一案中，查明双方在签订机动车辆保险合同时，保险公司对机动车辆保险条款中关于保险人的责任免除条款未向运输公司明确说明。对保险公司如何承担责任存在两种意见：一种意见认为，保险公司是最大诚信合同，根据《保险法》第 17 条、《合同法》第 40 条规定，该格式合同中的免责条款保险公司未向运输公司明确说明，该条款不产生效力，法律规定的仅是未经明确说明的免责条款不生效而并不影响合同中其他条款的效力。因此，保险公司应按照合同中其他条款的规定承担给付保险金的责任。另一种意见认为，免责条款是保险合同中的主要条款之一，保险公司对该免责条款未尽明确说明义务，致使投保人重大误解的，符合《合同法》第 54 条规定的撤销合同的条件，该条款不生效应视为整个合同不生效。保险公司应无条件退还保险费并承担缔约过失责任，但不能判令承担支付保险金的责任。请问上述哪种意见是正确的?

《人民司法》研究组认为：在财产保险合同订立时，保险公司未就免责条款向投保人作明确说明的，对保险合同效力的影响，应当按照《保险法》第 18 条的规定判断，《保险法》第 18 条规定：“保险合同中规定有关保险人责任免除条款的，保险人在订立合同时应当向投保人明确说明，未明确说明的，该条款不发生效力。”所以，保险公司在订立保险合同时未就免责条款向投保人作明确说明的，仅免责条款本身受影响，即不产生法律效力，对保险合同中的其他条款没有实质影响。因此，我们认为来信中的第一种观点是合理的。

——《人民司法·应用》2008 年第 11 期（总第 574 期）。

34. 网络、电话销售中提示及明确说明义务的履行

关键词

网络销售　提示义务　说明义务

最高人民法院司法解释

通过网络、电话等方式订立的保险合同，保险人以网页、音频、视频等形式对免除保险人责任条款予以提示和明确说明的，人民法院可以认定其履行了提示和明确说明义务。

——最高人民法院《关于适用〈中华人民共和国保险法〉若干问题的解释（二）》（2013年5月6日，法释〔2013〕14号）第12条。

附录：最高人民法院主流观点

以网络方式订立的保险合同中，保险人通常是通过电脑网页的操作程序来完成其提示和明确说明义务，投保人拟通过网络投保的，必须按照保险人的指示，按顺序阅读网页，并点击“同意”予以确认。《保险法解释（二）》第12条虽认可保险人以网页形式履行提示和明确说明义务，但其提示及明确说明义务的履行必须符合该解释第11条的相关规定。如其提示及明确说明不符合该解释第11条规定的标准，则相关免除保险人责任的条款不产生效力。

实践中，有些保险公司所设计的投保程序，在投保人如实填写相关信息，履行如实告知义务，点击下一步后，并不是主动弹出保险条款的页面，而是直接出现载有：“1. 本人认可并接受网上投保方式，愿以此种方式与保险公司签订保险合同；2. 本人已详细阅读投保须知和保险条款，对各项保险责任和除外责任均已了解并同意”内容的投保人声明页，引导投保人直接点击同意进入下一步。保险人如要阅读保险条款，需要点击该页面所链接的保险条款。应当说，以这种方式来履行提示和明确说明义务并不符合要求。《保险法》第17条规定：保险人在订立保险合同时应附格式条款，并对所有格式条款承担一般说明义务，对免除保险人责任条款承担提示和明确说明义务。这些义务是保险人应主动履行的义务，而不是基于投保人请求才被动产生的。投保人只有主动点击才会出现保险格式条款，实际上类似于保险人根据投保人的请求提供格式条款，这不符合《保险法》第17条的规定。

此外，还有些保险公司所设计的网页虽会主动弹出保险格式条款，供投保人阅读，只有投保人点击网页底部的投保声明页的“同意”时，才进入下一步，但其网页所载的格式条款的所有内容在形式上完全一致，并未采用特殊字

体、颜色或者符号等特别标识对免除保险人责任条款进行提示，这种情况下应认为保险人未尽到提示义务，相关免除保险人责任条款不产生效力。

网络销售有网络页面作为格式条款的载体，故其提示和明确说明义务的履行可依据《保险法》第17条的规定进行判断。电话销售与网络销售不同，其保险合同是通过电话方式订立，在保险人签发保险单前双方并不存在书面合同，此时如何判断保险人的提示和明确说明义务的履行需要在实践中进一步探索。

——最高人民法院民事审判第二庭编著：《最高人民法院关于保险法司法解释（二）理解与适用》，人民法院出版社2013年版，第296~297页。

35. 在当事人多次签订相同或同类保险合同时，是否可以适当减轻保险人的说明义务

关键词

说明义务　义务减轻

附录：最高人民法院主流观点

投保人就同一险种再次投保，且保险人在投保人上一次投保时已明确说明责任免除条款，在此情况下，保险人对该免责条款的明确说明义务是否可以减轻或者免除，对此也存在不同认识。一种观点认为，投保人或被保险人就同一险种再次投保或多次投保，或者虽先后投保的险种不同但免除保险人责任条款相同的，则只要之前保险合同的保险人已经就相关免除保险人责任条款进行提示并明确说明的，应认为投保人已经知悉该条款内容及法律后果，之后签订保险合同的保险人对相同免责条款提示和明确说明可予以免除；另一种观点则认为，尽管之前订立保险合同的保险人已经就相同免责条款进行提示和明确说明，但仅对本次合同有效，任何保险人以相同免责条款订立保险合同，仍需进行提示和说明。折中观点认为，此种情形下的保险人的提示和明确说明义务不能完全免除，但可以减轻。

在司法解释起草过程中，曾有观点建议规定："同一投保人与同一保险人连续二次以上订立同种类保险合同，免除保险人责任条款内容一致且保险人有证据证明曾就相同的免责条款向投保人履行过明确说明义务，投保人或被保险人主张保险合同免除保险人责任不生效的，人民法院不予支持。"经过广泛征求意见与论证，在司法解释中未作此规定。主要考虑如下：（1）该规定不利于倡导保险人履行提示和明确说明义务。保险人的提示和明确说明义务不仅是法定义务，也是诚信原则对保险人的要求。不管任何情形下，保险人对于免除

责任条款都应进行提示和明确说明。(2)投保人与保险人就同一保险条款第二次订立保险合同时，保险人在第一次订立保险合同时就相关免除保险人责任的条款已经提示并且明确说明的，并不能当然推定投保人已经知道或者应当知道该免责条款的具体含义和法律后果。保险人是否履行明确说明义务在实践中将转化为证据问题，保险人通常是以具有投保人签字确认的文件来证明其已经履行提示衙明确说明义务，但证据本身并不等于客观事实，投保人签字确认的文件虽能证明对保险人已经履行提示和明确说明义务，但并不意味着投保人真正知悉相关免责条款的内容和法律效果。即使投保人在签订第一份保险合同时已经理解相关条款，但投保人与保险人订立两份保险合同的时间间隔可能比较长，投保人第二次签订保险合同时对之前保险人的说明内容也可能已经完全忘记。(3)保险产品类型多样，免除保险人责任条款的表述存在较大差别，对于哪些情况下保险人的说明义务可以减轻或者免除难以统一规范。实践中对于此种情形下保险人的说明义务是否可以减轻或免除需要根据具体案件事实进行判断，如有证据证明投保人知道相关免除保险人责任条款的，可以适当减轻保险人对其履行明确说明义务的举证责任。

——最高人民法院民事审判第二庭编著：《最高人民法院关于保险法司法解释（二）理解与适用》，人民法院出版社2013年版，第253~254页。

附录：再审信箱

问： 保险人与同一投保人再次签订同类保险合同时，在前一次投保时已尽明确说明义务的情况下能否免除保险人的明确说明义务？

答： 此种情况下，主张免除保险人的明确说明义务是以投保人在之前投保相同的保险而已知或应知免责条款的含义作为抗辩。《保险法》第十七条第二款规定，“对保险合同中免除保险人责任的条款，保险人在订立合同时应当在投保单、保险单或者其他保险凭证上作出足以引起投保人注意的提示，并对该条款的内容以书面或者口头形式向投保人作出明确说明；未作提示或者明确说明的，该条款不产生效力。”可见，立法明确将提示义务和明确说明义务一起作为免责条款生效的前提条件。对于如何尽到提示义务，实践中常见的是免责条款的字体以采取加大、加黑、加粗、斜体或者采用不同颜色印制，以达到保险法要求的足以引起投保人注意的程度。实务中需要注意的是，保险人应当主动就责任免除条款向投保人明确说明，以使投保人明了该条款的真实含义和法律后果，给予其根据保障范围作出投保以及再次签订同类保险合同时重新作出决策的机会。保险人并不因同一投保人再次或多次签订同类的保险合同而能够免除其明确说明义务。应当说，免责条款的提示是容易操作的，但对于“明确说明”的法定要求，实务中一直存在操作上的困难，究竟如何才算进行了明确说明，我们认为，《最高人民法院研究室关于对〈保险法〉第十七条规定的“明确说明”应如何理解的问题的答复》中“明确说明，是指应当对有关免责条款的概念、内容及其法律后果等，以书面或者口头形式向投保人或其代理人作出解释，以使投保人明了该条款的真实含义和法律后果”的规定值得借鉴。

——景汉朝主编、最高人民法院审判监督庭编：《审判监督指导》2012年第4辑（总第42辑），人民法院出版社2013年版，第245页。

36.《保险法》中“法律、行政法规的禁止性规定”的范围

关键词

禁止性规定　免责事由

附录：最高人民法院主流观点

对《保险法》中“法律、行政法规中的禁止性规定情形”的理解，应注意以下两点：

1. 法律、行政法规的禁止性规定不同于法定免责条款。法定免责条款是法律明确规定“保险人不承担保险责任”的规定。对于已经纳入合同内容的法定免责条款，应当鼓励保险人进行提示和明确说明。鉴于法律明确规定在特定情况下“保险人不承担给付保险金责任”，即使保险人未就该类免责条款提示和明确说明，保险人仍可依据法律规定拒绝承担保险责任。

在此需要特别强调的是，此处的法定免责条款不包括保险监管机构制定或者批准的保险免责条款。实践中，出于对社会公共利益的考虑，一些险种的保险条款与保险费率是由保险监管机构监管机关制定或由保险公司拟订后经过监管机关批准。有观点认为，保监会根据公共政策需要依据法律授权制定的强制保险条款，视为规章，此类的保险条款对保险人、投保人都是强制性的，具有保险合同的形式，但不具备当事人合意的基本合同特征。此种情形下保险人能证明投保人收到了免责条款即视保险人完成了明确说明的举证义务，因此，保险公司没有义务解释说明主管机关制定的保险条款。我们认为，保险监管部门审批或者制定的保险条款不属于法定免除保险人责任条款，保险人对这些条款的说明义务不能减轻。理由在于：保险监管机构所制定或审批的保险条款，在效力上并不属于法律、行政法规，甚至不属于部门规章，不能因此认为其公布之后即产生效力，也不应认为人人皆应知悉。而且，保险监管机构对保险条款的监管是从行业规范的角度出发，其中不乏涉及社会公共利益的内容，但并不是所有相关条款都与社会公共利益有关。因此，对于这类条款，不能认为属于投保人知道或者应当知道的内容，保险人的明确说明义务不能减轻或免除。

2. 为防止不当扩大本条适用范围，应对法律、行政法规做严格理解，只有全国人大及其常委会制定的法律、国务院制定的行政法规中的禁止性规定才可适用本规定。

——最高人民法院民事审判第二庭编著：《最高人民法院关于保险法司法解释（二）理解与适用》，人民法院出版社2013年版，第252~253页。

37. 正确认定保险合同解除与拒赔的关系

关键词

合同解除　拒赔　保险合同

最高人民法院公布的典型案例

田某、冉某诉某保险公司人身保险合同纠纷案——保险合同解除与保险人拒赔

裁判要旨：保险人未在法定期间内解除合同，丧失保险合同解除权。保险人以投保人违反如实告知义务为由拒绝赔偿的，人民法院不予支持。

简要案情：

小田系田某、冉某之子。2007年6月21日，田某与某保险公司签订保险合同，合同约定：投保人为田某，被保险人为小田，保险受益人为田某、冉某，投保险种为终身保险，保险期间为终身，保险金额为2万元，如被保险人身故，保险公司将按基本保额的三倍给付身故保险金。合同签订后，田某按前述保险合同约定按期向保险公司缴纳了2007年至2009年的保险费共计4500元。2009年11月23日，被保险人小田因患肺结核死亡。田某认为属于保险责任事故，向保险公司提出理赔申请。保险公司于2009年12月25日向田某出具《拒绝给付保险金通知书》，该通知书载明的主要内容为"……经调查核实我公司发现投保前已患疾病，根据相关法律规定和保险合同条款，……本次事故我公司不承担保险责任。……该合同效力终止，……退还保单现金价值2116.74元……"田某、冉某遂诉至该院，要求保险公司共同赔付保险金60000元。另查明，小田于2001年和2008年接受过肺结核诊治。2007年6月19日，田某在申请投保时，在填写个人保险投保单告知事项第7条C项："被保险人是否曾患有或接受治疗过哮喘、肺结核、肺气肿等疾病"时，投保人田某及被保险人小田均填写为"否"。

法院判决：

法院认为，田某在投保时就被保险人小田曾患“肺结核”的事实未向保险公司尽到如实告知义务，保险公司有权解除合同。根据在案事实，保险公司于2009年12月25日作出《拒绝给付保险金通知》，该载明的内容可以确认，从2009年12月25日起保险公司就应当知道有解除事由，但保险公司在知道有解除事由之日起30日内未行使该解除权，其解除权已消灭。本案所涉保险合同未被解除的情况下，对双方仍具有约束力，保险公司应当按照本案所涉保险合同的约定承担给付田某等人保险金的责任。判决撤销原审民事判决，保险公司承担保险责任。

——《准确理解适用〈解释（二）〉促进保险业健康稳定发展，最高人民法院公布三起保险合同纠纷典型案例》，载《人民法院报》2013年6月8日。

附录：最高人民法院主流观点

《保险法解释（二）》第14条是对于保险合同解除与拒赔关系的规定。对于该条解释的理解，应注意以下几点：

1. 保险人没有解除权或者丧失解除权后，不得再依据《保险法》第16条第4款、第5款拒赔。保险人不承担保险责任是保险人解除保险合同的法律后果，保险人不具有合同解除权的，当然无法解除合同，保险人当然不得以投保人违反如实告知义务为由拒赔。故虽投保人违反如实告知义务，但如未如实告知内容不足以影响保险人决定是否同意承保或者提高保险费率，保险人没有解除权，或者保险人虽有解除权但已经超过不可抗辩期间，或者虽有解除权且在抗辩期间内但保险人存在弃权或违反禁反言行为的，保险人不得解除保险合同，也不得拒绝赔偿。

2. 保险人享有解除权的情况下，只有解除合同后才能拒绝赔偿。保险人享有的拒绝赔偿的权利是在解除合同之后才享有的权利，故其即使享有解除权，也不得不解除合同而直接拒赔。也就是说，保险人只有在解除合同后，才能拒赔。

3. 允许当事人就拒绝赔偿事宜及保险合同存续另行约定。因合同解除并不一定符合当事人之间的利益关系，故当事人可以在保险事故发生后就赔偿事宜另行协商，以维持保险合同的效力。值得注意的是，这种协商只能发生于纠纷产生之时，而不能是事先作出约定。当事人在对告知义务履行产生纠纷之前，不能通过保险条款作出与该条规定不同的约定，即当事人不能在保险合同中直接约定，保险人可以不解除保险合同直接拒赔。

对于该条规定的适用，应注意其可能带来的程序问题。实践中，保险人在保险事故发生前很少会发现投保人违反如实告知义务，故不可能主动要求解除保险合同；即使在保险事故发生前发现投保人违反如实告知义务，出于收取保险费的考虑，通常也不会主动要求解除保险合同，故一般只有在保险事故发生后，保险人才会主张投保人违反如实告知义务。在诉讼中，投保人违反如实告知义务通常是作为应对被保险人或受益人主张承担保险责任的抗辩出现。具体来说，被保险人或受益人向法院提起诉讼，主张保险事故已经发生，保险人应承担保险责任，此时保险人会以投保人违反如实告知义务为由抗辩。根据本条解释，保险人拒绝赔偿必须以解除合同为条件，故从程序来看，保险人仅主张拒绝赔偿而没有要求解除合同的，法院似乎可以直接驳回，或者法院必须向保险人进行释明，要求保险人增加解除合同的主张。如保险人根据法院释明提出解除合同的主张，对于该主张在程序上如何看待？是将其作为抗辩还是应作为反诉处理？对于一方当事人要求对方继续履行合同，对方以解除合同作为抗辩的情况下，应将解除作为抗辩还是反诉，《合同法》和《民事诉讼法》并未明确规定。《买卖合同司法解释》第44条对买卖合同中的特殊情形作了规定："出卖人履行交付义务后诉请买受人支付价款，买受人以出卖人违约在先为由提出异议的，人民法院应当按照下列情况分别处理：（1）买受人拒绝支付违约金、拒绝赔偿损失或者主张出卖人应当采取减少价款等补救措施的，属于提出抗辩；（2）买受人主张出卖人应支付违约金、赔偿损失或者要求解除合同的，应当提起反诉。"根据该规定，出卖人要求买受人继续支付价款，买受人以出卖人违约在先为由要求解除合同的，应当提出反诉。如参照适用该规定，在被保险人或受益人要求保险人承担保险责任，保险人以投保人违反如实告知义务为由要求解除合同的，则必须提出反诉。这样一种处理方式固然符合法理，但是否会给案件审理带来不必要的麻烦，需要进一步观察。故对于程序上如何处理该问题，需要进一步探索和总结。从实践中来看，有法院并没有将保险人解除合同作为反诉处理，而是在被保险人起诉保险人承担保险责任的案件中直接审理，并在判项中对合同是否解除、解除后保险费是否退还等直接作出认定。

——最高人民法院民事审判第二庭编著：《最高人民法院关于保险法司法解释（二）理解与适用》，人民法院出版社2013年版，第207~209页。

38. 正确认定保险合同解除权的行使条件

关键词

解除权　保险合同

附录：最高人民法院主流观点

保险合同的解除是保险人拒绝承担保险责任的前提。保险人只有享有保险合同解除权，才有可能拒绝承担保险责任，故在判断保险人是否可以拒赔时，首先应判断其是否具有保险合同解除权。根据《保险法》第16条和《保险法解释（二）》第7条的规定，保险人行使保险合同解除权应当具备以下条件：

1. 投保人未如实告知存在故意或重大过失。根据《保险法》第16条第2款规定，投保人只有故意或者重大过失的情况下，保险人才有权解除保险合同。所谓故意，是指保险人明知与保险标的或者被保险人的有关情况，且知道该情况为重要事实，而有意不告知。所谓重大过失，是指保险人虽明知与保险标的或者被保险人的有关情况，但因疏忽未能认识到该情况为重要事实，或虽知道该情况为重要事实，但因重大过失未告知。

2. 投保人未如实告知具有决定性影响。根据《保险法》第16条第2款规定，投保人未如实告知内容需足以影响保险人决定是否同意承保或者提高保险费率的，保险人才可以解除保险合同。

3. 保险人应当在不可抗辩期间内解除合同。根据《保险法》第16条第3款规定，保险人解除保险合同应受不可抗辩期间的限制：一是在知道有解除事由之日起30日内；二是自合同成立之日起2年之内。超过任何一个期间解除权即丧失。

4. 不存在违反禁反言的情形。根据《保险法》第16条第6款规定，保险人在合同订立时已经知道投保人未如实告知的情况的，保险人不得解除合同。

5. 不存在弃权情形。根据《保险法解释（二）》第7条规定，保险人在保险合同成立后知道或者应当知道投保人未履行如实告知义务，仍然收取保险费，不得解除保险合同。

——最高人民法院民事审判第二庭编著：《最高人民法院关于保险法司法解释（二）理解与适用》，人民法院出版社2013年版，第211页。

39. 正确认定保险人拒绝承担责任的条件

关键词

保险人　保险责任　合同解除权　重大过失　如实告知义务

附录：最高人民法院主流观点

保险人享有保险合同解除权是保险人可以拒绝承担保险人责任的条件之一，但并不是必备条件。保险人即使享有合同解除权，保险人仍需具备以下两个条件方能拒绝承担保险责任：

1. 保险人实际行使合同解除权。保险人行使解除权原则上应向投保人作出。被保险人或受益人申请理赔的情况下，保险人向被保险人或受益人发出拒赔通知书，并主张解除合同的，也应予以认可。

2. 投保人因重大过失违反如实告知义务的情况下，未如实告知内容需对保险事故的发生有重大影响。根据《保险法》第16条第4款和第5款规定，投保人故意违反如实告知义务的，保险人对于保险合同解除前发生的保险事故可以直接拒赔，不管未告知内容与保险事故发生有没关系；投保人因重大过失未如实告知的，保险人只有在未如实告知的内容对保险事故的发生有重大影响的情况下才能拒赔。在具体案件审理中，应注意审查投保人违反如实告知义务的主观状态，根据故意与重大过失的不同确定不同的法律后果。一般来说，保险人应该对投保人违反如实告知义务存在故意以及重大过失、未如实告知内容对保险事故的发生有严重影响承担举证责任。

——最高人民法院民事审判第二庭编著：《最高人民法院关于保险法司法解释（二）理解与适用》，人民法院出版社2013年版，第213页。

40. 正确分配期限起算和扣除的举证责任

关键词

期限起算和扣除　举证责任

附录：最高人民法院主流观点

在保险纠纷的诉讼过程中，双方当事人可能还会对起算时间和扣除期限的事实认定发生争执。对哪一日应视为通知到达日、资料提交日等事实问题一旦发生争执的，法院就需要通过证据加以判断，在当事人举证不能时，法院将依法判令负担证明责任的一方当事人承担不利的法律后果。这就会涉及谁应当对核定期限起算、扣除期限的起算和截止的事实负担证明责任的问题。

上述问题可以根据证明责任理论的处理。如前所述，核定期限的起算的要件是提出赔付请求和提交任何相关资料；而保险人提出发出一次性补齐通知的，核定期间将暂停计算；被保险人一方（被保险人及其受益人）补齐资料的，则核定期间将恢复计算。由此可知，核定期间的起算、暂停和恢复计算，完全取决于当事人履行《保险法》上这些法定义务。根据民事诉讼证据学的通说观点，主张自己已履行合同义务的一方当事人对该履行义务的事实负有证明责任。根据上述基本的证明责任分配规则，可以推导出以下结论：（1）被保险人一方主张保险人应当承担逾期核定的违约责任的，应当对自己于何时向保险人提出赔付请求和提交资料的事实负担证明责任；（2）保险人主张在核定期间因补齐资料而需要暂停计算的，由保险人对自己于何时向被保险人一方发出一次性补齐通知的事实负担证明责任；（3）被保险人一方主张核定期限暂停后应恢复计算的，由被保险人一方对自己于何时将补齐资料送达保险人处的事实负担证明责任。当然，上述所指证明责任均为客观证明责任，对方当事人可以提供反驳证明或反证。

——最高人民法院民事审判第二庭编著：《最高人民法院关于保险法司法解释（二）理解与适用》，人民法院出版社2013年版，第351～352页。

41. 律师代理费用不属于《保险法》第24条第2款规定的损失范围

关键词

律师代理费　追索保险金损失

附录：司法信箱

问题：在审判实践中，被保险人或受益人依据《保险法》第24条第2款"保险人未及时履行前款规定义务的，除支付保险金外，应当赔偿被保险人或者受益人因此受到的损失"的规定，向法院主张保险人赔偿因追索保险金花费的律师代理费用，各地法院对此做法不一。有些法院将律师费用作为该条款中规定的"损失"而予以支付，有些法院则认为该笔律师费用不属于"损失"范围而不予以支持。请问该笔律师代理费用是否应作为其他损失？

《人民司法》研究组认为：我国没有实施强制代理制度，聘请律师是当事人自由选择的权利，不是基本需要，要求败诉方承担律师代理费用必须以法律法规等的明确规定为依据。如：最高人民法院、司法部《关于民事法律援助工作若干问题的联合通知》（司发通〔1999〕032号）第7条规定："法律援助人员办理法律援助案件所需差旅费、文印费、交通通讯费、调查取证费等办案必要开支，受援方列入诉讼请求的，人民法院可根据具体情况判由非受援的败诉方承担。"该《通知》是具有法律效力的有效解释，人民法院可以将胜诉方的必要律师费用判由败诉方承担。最高人民法院《合同法解释（一）》第26条规定："债权人行使撤销权所支付的律师代理费、差旅费等必要费用，由债务人负担；第三人有过错的，应当适当分担。"这是由败诉方承担律师代理费用的另一规定。

具体到来信提到的问题，因没有明确规定，律师代理费用不属于《保险法》第24条第2款所指的"损失"。因此，我们认为，法院不应支持被保险人或受益人的该项诉讼请求。

——《人民司法·应用》2009年第5期（总第568期）。

42. 保险公司分支机构的责任承担在判决主文中的表述

关键词

分支机构　保险公司　当事人

最高人民法院司法解释

保险公司依法设立并取得营业执照的分支机构属于《民事诉讼法》第四十八条规定的其他组织，可以作为保险合同纠纷案件的当事人参加诉讼。

——最高人民法院《关于适用〈中华人民共和国保险法〉若干问题的解释（二）》（2013年5月6日，法释〔2013〕14号）第20条。

附录：最高人民法院主流观点

《保险法解释（二）》第20条仅涉及保险分支机构诉讼地位问题，并未对其义务承担方式进行规定。在将保险公司分支机构作为案件当事人特别是被告，法院在判决主文部分应当如何表述保险公司分支机构的责任承担？

民法理论认为只有法人才能承担民事责任，分支机构不具有法人资格，不能作为承担民事责任的主体。纵观各地法院判决，当前存在了三种不同做法和观点：第一种做法是，以分公司不具有法人资格为由，判令其与作为共同被告的公司共同承担民事责任。如"原告江苏省春江花园业主委员会与被告上海陆家嘴花园物业管理有限公司无锡分公司物业管理纠纷案"。第二种则认为分公司可单独作为诉讼主体，也可以单独判决其承担民事责任。如"原告韩龙梅等诉被告阳光人寿保险股份有限公司江苏分公司保险合同纠纷案"、①"杨树岭诉中国平安财产保险股份有限公司天津市宝坻支公司保险合同纠纷案"、②"何丽红诉中国人寿保险股份有限公司佛山市顺德支公司、中国人寿保险股份有限公司佛山分公司保险合同纠纷案"③ 以及最高人民法院〔2009〕民提字第17号民事判决，法院均直接判令保险分公司向原告承担民事责任。第三种则主张，法人分支机构即使作为诉讼主体也不能承担民事责任，其民事责任应当由未参与诉讼的上级法人承担。如郑州高新技术产业开发区人民法院〔2009〕开民初字第1946号民事判决。

我们认为，《民法通则》《公司法》和《保险法》对此均已作出明确规

① 载《最高人民法院公报》2010年第5期（总第162期）。

② 载《最高人民法院公报》2007年第11期（总第133期）。

③ 载《最高人民法院公报》2008年第8期（总第142期）。

定，应严格执行。《保险法》第74条所强调的是，保险分支机构不能承担民事责任、不能独立承担民事义务，但分支机构仍具有与保险公司一体承担民事义务的能力。在分支机构作为案件当事人时，法院可以判令其向对方当事人履行给付义务，或者接受对方当事人所作给付。但判决中不宜出现“享有民事权利”“承担民事责任”“独立承担民事义务”等词语，以避免与《保险法》第74条第2款的规定直接发生冲突。

——最高人民法院民事审判第二庭编著:《最高人民法院关于保险法司法解释(二)理解与适用》，人民法院出版社2013年版，第449页。

（二）人身保险合同

43. 按照新的保险法司法解释规定，正确审理人身保险合同纠纷案件

关键词

人身保险合同

最高人民法院审判业务意见

法院应按照保险法和《保险法司法解释（三）》的精神和相关规定正确审理人身保险合同纠纷案件。（1）防范道德风险，维护最大诚信。人身保险合同涉及被保险人生命安全，故审理中应注重防范道德风险，防止不法分子故意制造保险事故骗取保险金。同时，要注意依法维持合同效力，防止不诚信的保险人与投保人通过主张保险合同无效来逃避责任。（2）理顺法律关系，处理好投保人、被保险人、受益人的关系。人身保险合同中，投保人是保险合同的当事人，被保险人、受益人一般不是保险合同当事人。解除保险合同、返回保险单现金价值等权利属于投保人，而不属于被保险人或者受益人。

——杨临萍：《关于当前商事审判工作中的若干具体问题》（2015 年 12 月 24 日），载最高人民法院民事审判第二庭编：《商事审判指导》2016 年第 1 辑（总第 40 辑），人民法院出版社 2016 年版，第 47 页。

附录：最高人民法院主流观点

一是注重防范道德风险。人身保险以人的寿命和身体为保险标的，道德风险的发生意味着被保险人的生命健康受到侵害。人身保险不适用损害填补原则，保险金额不受限制，相关利益主体更可能存在实施道德风险骗取保险金的意图，因此，防范道德风险在人身保险合同中的责任更加重大。

二是注重保护保险消费者。保险合同的一方主体为专门经营风险的保险公司，另一方是普通投保人，双方经济实力和专业知识存在明显不对等，因此，加强保险消费者保护，是各国保险合同立法的基本原则，我国《保险法》也

不例外。保险消费者保护一直是历次《保险法》修订的基本理念，也是近年来保险监管部门监管工作的重要内容。《解释三》也延续这一原则。

三是支持保险创新。随着保险市场的发展，人身保险产品不再局限于传统的人寿保险、医疗保险、意外伤害保险，而是发展出具有投资功能的万能险、分红险、投连险等保险产品。这些保险产品兼具保障与投资功能，且投资性内容所占比例逐步增大，市场上围绕这些保险产品发展出了新的交易模式。对于这些新类型保险产品及其交易模式，因相关法律规则不明确，实践中存在不少争议，亟需规范。《解释三》一方面确立规则，为新型保险产品的发展创造条件，另一方面适当留白，为新型保险产品的不断创新留下空间。

四是厘清保险合同法律关系。人身保险合同的主体，除保险人与投保人外，还有被保险人和受益人，理论界与实务界对被保险人与受益人的法律地位存在不同认识。尽管《保险法》明确投保人是保险合同当事人，但仍有观点认为，被保险人也是保险合同当事人。《解释三》遵循合同相对性基本原理，以投保人作为保险合同当事人来构建保险合同法律关系，同时注重维护被保险人的合法权益。

——杜万华主编、最高人民法院民事审判第二庭编著：《最高人民法院关于保险法司法解释（三）理解与适用》，人民法院出版社2015年版，第12～13页。

44. 医疗机构未将真实体检结果告知保险人的情况下，保险人不能以医疗机构的过错为由行使合同解除权、拒绝对外承担赔付责任

关键词

人身保险合同　医疗机构　过错　合同解除权

最高人民法院司法解释

保险合同订立时，被保险人根据保险人的要求在指定医疗服务机构进行体检，当事人主张投保人如实告知义务免除的，人民法院不予支持。

保险人知道被保险人的体检结果，仍以投保人未就相关情况履行如实告知义务为由要求解除合同的，人民法院不予支持。

——最高人民法院《关于适用〈中华人民共和国保险法〉若干问题的解释（三）》（2015年11月25日，法释〔2015〕21号）第5条。

附录：最高人民法院主流观点

《保险法解释（三）》第五条第二款规定：“保险人知道被保险人的体检结

果，仍以投保人未就相关情况履行如实告知义务为由要求解除合同的，人民法院不予支持。”实践中，有的医疗机构因为疏忽，未将被保险人真实的体检结果告知保险人，以致保险人误以为被保险人符合承保条件，进而同意承保。在此情形下，保险人能否以投保人未就相关情况履行如实告知义务，且其客观上并不知道被保险人的体检结果为由，解除保险合同？对此问题的回答，涉及对本条司法解释第二款“保险人知道被保险人的体检结果”的理解。

我们认为，“保险人知道被保险人的体检结果”，应当包括“保险人自身知道被保险人的体检结果”以及“医疗机构知道被保险人的体检结果”这两种情形。医疗机构接受保险人的委托对被保险人进行体检，从而在医疗机构与保险人之间形成委托代理关系。医疗机构作为保险人的代理人，在保险人的授权范围内（即对被保险人进行体检），对外与投保人、被保险人发生法律关系，代理人医疗机构所实施的法律行为的后果由被代理人保险人承受。因此，医疗机构知道体检结果的，即视为保险人知道体检结果。因医疗机构的过错而产生的不利后果不应归属于投保人，保险人不能以其客观上确实不知体检结果为由行使保险合同解除权，否则，不利于维护保险市场的交易安全，将妨碍保险市场的健康发展。从域外立法例来看，英美判例法亦将保险代理人的“明知”归于保险人，认定保险人已放弃其以重大不实告知为由解除保险合同的权利；但保险人享有起诉代理人的诉因，即该代理人违反了代理人受信义务。

保险人虽不能以医疗机构的过错为由行使合同解除权、拒绝对外承担赔付责任，但并不意味着保险人最终自担损失。根据《民法通则》第六十六条第二款关于“代理人不履行职责而给被代理人造成损害的，应当承担民事责任”的规定，保险人可在对外承担赔付保险金的责任后，就因医疗机构的过错而给保险人造成的损失予以追偿。实践中，可能基于仍想维系良好的合作关系等法律因素之外的考虑，暂未出现保险人因为医疗机构在体检中的过失而起诉要求其赔偿损失的案例，但可预见的是，将来会出现这类纠纷。实践中已经出现保险人就保险代理人展业中的过错给其造成的损失，依据保险代理合同起诉代理人并获支持的案例。在此将相关案例列出，可作处理保险人与医疗机构相关纠纷的参考。

——杜万华主编、最高人民法院民事审判第二庭编著：《最高人民法院关于保险法司法解释（三）理解与适用》，人民法院出版社 2015 年版，第 106 ~ 141 页。

45. 当事人未明确约定的医疗附加险具有人身保险的性质

关键词

医疗附加险　人身保险

最高人民法院审判业务意见（民一庭意见）

最高人民法院民一庭意见：《保险法》出台之前作出的司法解释，如与现行《保险法》就同一问题的规定有冲突的，无论是否被明文废止，均不得再继续适用。根据现行法律规定，人身保险合同领域中不承认保险代位权。关于人身保险合同中约定的医疗附加险，在当事人就其性质未作明确约定的情况下，现阶段宜将其理解为具有人身保险的性质。受害人从保险公司处基于医疗附加险获得了应由保险公司承担的赔偿数额后，不影响其继续向加害人主张侵权赔偿责任。

附：问题的提出

2002年4月，某建筑公司下属的路桥公司（不具备法人资格）在承建的道路工程施工过程中，在路上倾卸沙子以备修桥之用，但并未设置任何标志，亦未采取其他安全防范措施。同月，陈某驾驶摩托车行驶至此路段时，撞到建筑公司堆放在路上的沙堆上，摩托车翻倒，陈某被送往医院住院治疗22天，诊断为：股骨颈部骨折，闭合性骨折中取长斜型骨折，上唇皮肤裂伤，出院证上医生批休假3个月。陈某于2001年参加了某保险公司的团体人身意外保险，其中人身意外险的保险金为2万元，医疗附加险1万元。上述事故发生于保险期内，保险公司依据保险合同中的医疗附加险的约定赔付了陈某医疗费8000元。后来，陈某以同一事实向人民法院提起诉讼，要求建筑公司赔偿其经济损失。法院在确定建筑公司应当承担的赔偿数额时，对于保险公司基于医疗附加险的约定已经赔付给陈某的8000元医疗费，是否应当扣除问题，有不同的意见。当地一审法院判决建筑公司赔付医疗费、误工费、住院伙食补助费、护理费等，但将上述陈某已经从保险公司获得的医疗费，从建筑公司实际应当赔偿的数额中进行扣除。其主要的依据是最高人民法院〔1991〕民他字第1号对云南省高院关于赵正与尹发惠人身损害赔偿案法律适用的复函，该复函的答复认为类似问题的处理应当予以折抵，即如果被侵权人已经自侵权人处获得了医疗费等补偿的，则无权再向保险公司就同一实际已经由侵权人负担了的医药费等要求对其予以补偿，反过来也一样，如果被保险人已经就医疗费的支出自实际侵权人处获得赔偿的，保险公司也就没有再为其支付医疗费的义务，被保险人或受益人无权再向保险公司主张医疗费。陈某不服一审判决，上诉于二审法院，二审法院对保险公司已经付给陈某的8000元医疗费应否在本案中进行折抵，以及医疗附加险可否适用保险代位权等问题，有不同的看法。

——刘银春：《人身保险中医疗附加险的几个问题》，载最高人民法院民事审判第一庭编：《中国民事审判前沿》2005年第2集，法律出版社2005年版，第319页。

46. 商业医疗保险可获得重复给付的情形判定

关键词

商业医疗保险　重复给付

最高人民法院司法解释

保险人给付费用补偿型的医疗费用保险金时，主张扣减被保险人从公费医疗或者社会医疗保险取得的赔偿金额的，应当证明该保险产品在厘定医疗费用保险费率时已经将公费医疗或者社会医疗保险部分相应扣除，并按照扣减后的标准收取保险费。

——最高人民法院《关于适用〈中华人民共和国保险法〉若干问题的解释（三）》（2015年11月25日，法释〔2015〕21号）第19条。

附录：最高人民法院主流观点

目前，我们倾向于认为，应当根据保险合同条款约定的内容区分该医疗保险是费用补偿型医疗保险还是定额给付型医疗保险，如果该医疗保险补偿的是被保险人的医疗费用损失，则应适用损失补偿原则，被保险人或者受益人就同一保险事故要求各保险人支付超过实际发生的医疗费用保险金的，应不予支持。反之，如果所投的保险为定额给付型医疗保险，则不适用损失补偿原则。

对此问题，同样因司法解释制定过程中争议过大未作规定。因《保险法》第四十六条明确规定："被保险人因第三者的行为而发生死亡、伤残或者疾病等保险事故的，保险人向被保险人或者受益人给付保险金后，不享有向第三者追偿的权利。"在目前尚无法律及司法解释作出其他规定之前，根据该条规定，保险人不享有代位求偿权。

——杜万华主编、最高人民法院民事审判第二庭编著：《最高人民法院关于保险法司法解释（三）理解与适用》，人民法院出版社2015年版，第474~486页。

47. 保险合同中止后，若投保人不愿申请复效或者不能补交保险费的，应该允许被保险人或受益人采取补救措施

关键词

人身保险合同　合同中止　被保险人权利

最高人民法院司法解释

保险合同效力依照保险法第三十六条规定中止，投保人提出恢复效力申请并同意补交保险费的，除被保险人的危险程度在中止期间显著增加外，保险人拒绝恢复效力的，人民法院不予支持。

保险人在收到恢复效力申请后，三十日内未明确拒绝的，应认定为同意恢复效力。

保险合同自投保人补交保险费之日恢复效力。保险人要求投保人补交相应利息的，人民法院应予支持。

——最高人民法院《关于适用〈中华人民共和国保险法〉若干问题的解释（三）》（2015 年 11 月 25 日，法释〔2015〕21 号）第 8 条。

附录：最高人民法院主流观点

我们倾向认为，因人身保险合同的保障对象是被保险人，受益对象是受益人，被保险人、受益人与保险合同的存续具有直接的利害关系，保险合同中止后，如果投保人不愿申请复效或者不能补交保险费的，应该允许被保险人或受益人采取补救措施，维护自身的合法权益。如此处理，从微观而言在保护了被保险人、受益人权益的同时，并不损害投保人、保险人和他人的合法权益。即便投保人不愿维持合同，被保险人、受益人复效申请权的赋予亦不影响投保人的权益，因为投保人可以在被保险人或受益人申请复效成功后行使合同解除权。从宏观而言，维持而非消灭保险交易，有利于发挥保险制度对社会所具有的分散风险、维护稳定的功能。综上，对被保险人和受益人的复效申请权不宜予以否定。域外韩国、德国保险立法不仅肯定被保险人的复效申请权，且为保障其复效申请权落在实处，规定保险人在投保人迟延支付保险费时对被保险人有通知义务。《韩国商法》第 650 条第 3 款规定："为特定他人的保险之情形下，当投保人迟延支付保险费时，如保险人对该他人未规定一定的期间催告支付保险费的，则不得解除或者终止该合同。"《德国保险合同法》第 206 条第 3 款规定："如果因投保人延期支付保费导致保险人终止疾病费用保险合同或长期护理保险合同，则被保险人有权宣告保险合同继续有效并指定新投保人，在

保险合同复效之日起新投保人应继续交纳保费。保险人应以书面形式将保险合同的终止情况及本款第一句规定的权利通知被保险人。”

——杜万华主编、最高人民法院民事审判第二庭编著：《最高人民法院关于保险法司法解释（三）理解与适用》，人民法院出版社2015年版，第186～235页。

48. 投保人补交保险费后保险合同即时恢复效力

关键词

人身保险合同　恢复效力　合同中止

最高人民法院司法解释

保险合同效力依照保险法第三十六条规定中止，投保人提出恢复效力申请并同意补交保险费的，除被保险人的危险程度在中止期间显著增加外，保险人拒绝恢复效力的，人民法院不予支持。

保险人在收到恢复效力申请后，三十日内未明确拒绝的，应认定为同意恢复效力。

保险合同自投保人补交保险费之日恢复效力。保险人要求投保人补交相应利息的，人民法院应予支持。

——最高人民法院《关于适用〈中华人民共和国保险法〉若干问题的解释（三）》(2015年11月25日，法释〔2015〕21号）第8条。

附录：最高人民法院主流观点

最高人民法院《关于适用〈中华人民共和国保险法〉若干问题的解释（三)》第八条第三款规定：“保险合同自投保人补交保险费之日恢复效力。”据此，投保人补交保险费后保险合同恢复效力的时间，究竟是即时生效，还是次日零时生效？有观点认为，应理解为“次日零时”恢复效力，如此理解与保险公司实务中的操作惯例相一致。需要明确的是，将恢复效力的时点理解为投保人补交保险费的次日起，这种观点是对本款司法解释的误读，是错误的。正确的理解应当是“即时生效”。

本款司法解释规定“保险合同自投保人补交保险费之日恢复效力”而非“保险合同自投保人补交保险费之日起恢复效力”，是有意的安排。如果规定“保险合同自投保人补交保险费之日起恢复效力”，则意味着投保人补交保险费的时点与保险合同复效的时点之间存在着空档期。这个空档期的存在，对投保人而言是不利的。一旦空档期内发生保险事故，则保险人可以保险合同尚未复效为由拒绝赔付保险金。鉴于保险人已同意投保人的复效申请且投保人已经补交了保险费，影响合同效力的瑕疵均已消除，合同的效力自然应自瑕疵消除之时恢复。这样处理，实现了投保人补交保险费与保险合同效力恢复之间的无缝对接，不留空档期，补交后即时生效，当事人的权利义务实现了统一，可以有效避免出现机动车第三者责任险中因次日零时生效条款引发的诸多纠纷，可以说是司法解释的一个亮点。保险公司实务中“次日零时复效”的操作惯例，在本条司法解释生效后应当取消。

——杜万华主编、最高人民法院民事审判第二庭编著：《最高人民法院关于保险法司法解释（三）理解与适用》，人民法院出版社2015年版，第186～235页。

49. 保险合同复效后，原合同内容的抗辩期应自原合同成立之日起算，新告知内容的抗辩期应自复效日开始起算

关键词

人身保险合同　恢复效力　抗辩期

最高人民法院司法解释

保险合同效力依照保险法第三十六条规定中止，投保人提出恢复效力申请并同意补交保险费的，除被保险人的危险程度在中止期间显著增加外，保险人拒绝恢复效力的，人民法院不予支持。

保险人在收到恢复效力申请后，三十日内未明确拒绝的，应认定为同意恢复效力。

保险合同自投保人补交保险费之日恢复效力。保险人要求投保人补交相应利息的，人民法院应予支持。

——最高人民法院《关于适用〈中华人民共和国保险法〉若干问题的解释（三）》（2015年11月25日，法释〔2015〕21号）第8条。

附录：最高人民法院主流观点

我们认为，基于对复效合同性质的认识，原合同内容的抗辩期应自原合同成立之日起算，新告知内容的抗辩期应自复效日开始起算。为了限制保险人以投保人违反如实告知义务为由解除保险合同，《保险法》设计了不可抗辩条款，规定保险合同成立2年后，保险人不得以投保人违反如实告知义务拒绝承担保险责任，如上所述，在复效合同中，原合同的内容适用原合同的规则，据此，保险人对投保人在订立合同时已经履行的告知义务的抗辩，应当自原合同

成立时起算。新告知内容适用新合同的规则，若投保人在复效申请书中所作新陈述存在虚假情况，保险人亦有2年的抗辩期间，与原合同不同的是，该抗辩期的起算应当自保险合同复效开始。

——杜万华主编、最高人民法院民事审判第二庭编著：《最高人民法院关于保险法司法解释（三）理解与适用》，人民法院出版社2015年版，第186～235页。

50. 被保险人在复效申请处理期间死亡的处理

关键词

人身保险合同　复效申请　被保险人死亡

最高人民法院司法解释

保险人接受了投保人提交的投保单并收取了保险费，尚未作出是否承保的意思表示，发生保险事故，被保险人或者受益人请求保险人按照保险合同承担赔偿或者给付保险金责任，符合承保条件的，人民法院应予支持；不符合承保条件的，保险人不承担保险责任，但应当退还已经收取的保险费。

——最高人民法院《关于适用〈中华人民共和国保险法〉若干问题的解释（二）》（2013年5月6日，法释〔2013〕14号）第4条。

保险合同效力依照保险法第三十六条规定中止，投保人提出恢复效力申请并同意补交保险费的，除被保险人的危险程度在中止期间显著增加外，保险人拒绝恢复效力的，人民法院不予支持。

保险人在收到恢复效力申请后，三十日内未明确拒绝的，应认定为同意恢复效力。

保险合同自投保人补交保险费之日恢复效力。保险人要求投保人补交相应利息的，人民法院应予支持。

——最高人民法院《关于适用〈中华人民共和国保险法〉若干问题的解释（三）》（2015年11月25日，法释〔2015〕21号）第8条。

附录：最高人民法院主流观点

在美国保险法界，大多数人的观点是：如果投保人享有保单复效的权利，且在被保险人死亡前已满足生效条件，那么即使保险人在被保险人死亡时尚未批准复效申请，复效也将生效。鲍伊诉银行家寿险公司（Bowiev Bankers Life Co）一案阐述了这一观点。在该案中，投保人兼被保险人递交了复效申请书，提供了令一般保险人满意的可保证明，并且满足了保单复效的其他条件。在保险人批准其复效申请前，被保险人将汽车驶出桥外而被溺死。法院认为复效有效："如果保单包含复效条款，投保人在规定期限内递交了无格式错误或实质错误的可保证明，并补交拖欠保费及利息，而被保险人又完全符合保单规定的条件，且因其可保证明以外的意外原因死亡，那么保单自递交复效申请书且补交保费之日起复效。"

我们倾向于持相同的看法。在我国，可以参考最高人民法院《关于适用〈中华人民共和国保险法〉若干问题的解释（二）》第四条的精神处理该问题。最高人民法院《关于适用〈中华人民共和国保险法〉若干问题的解释（二）》第四条规定："保险人接受了投保人提交的投保单并收取了保险费，尚未作出是否承保的意思表示，发生保险事故，被保险人或者受益人请求保险人按照保险合同承担赔偿或者给付保险金责任，符合承保条件的，人民法院应予支持；不符合承保条件的，保险人不承担保险责任，但应当退还已经收取的保险费。"如此处理，系以公平为基准，并尊重了当事人的真实意思。如果仅因投保人补交了保险费即认定保险人应当承担保险责任，则在被保险人并不符合复效条件的情况下，并不符合公平原则，也难谓符合"投保人的合理期待"。在被保险人原本就符合复效条件的情况下，保险人完成核保程序后没有理由拒绝投保人的复效申请。因此，在符合复效条件的情况下，在被保险人于投保人申请复效期间死亡的特殊情形下，由保险人承担保险责任，其实并未违背保险精算的基础，没有加大保险人的承保风险，本质上并不违背保险人的真实意思。

——杜万华主编、最高人民法院民事审判第二庭编著：《最高人民法院关于保险法司法解释（三）理解与适用》，人民法院出版社2015年版，第186～235页。

51. 投保人申请复效经保险人拒绝后在保险人行使保险合同终止权之前，可再次申请复效

关键词

人身保险合同　复效申请

最高人民法院司法解释

保险合同效力依照保险法第三十六条规定中止，投保人提出恢复效力申请并同意补交保险费的，除被保险人的危险程度在中止期间显著增加外，保险人拒绝恢复效力的，人民法院不予支持。

保险人在收到恢复效力申请后，三十日内未明确拒绝的，应认定为同意恢

复效力。

保险合同自投保人补交保险费之日恢复效力。保险人要求投保人补交相应利息的，人民法院应予支持。

——最高人民法院《关于适用〈中华人民共和国保险法〉若干问题的解释（三）》（2015年11月25日，法释〔2015〕21号）第8条。

附录：最高人民法院主流观点

我国台湾地区“保险法”于2007年修正时，于第116条增设第5款，规定“保险契约所定申请恢复效力之期限，自停止效力之日起不得低于二年，并不得迟于保险期间之届满日”。该款立法修正理由中就投保人申请复效经保险人拒绝后能否两次申请复效问题作了分析，并给出了肯定性意见。具体修正理由如下：“要保人自停效日起算至少有二年之期间得行使复效之权利，如要保人于得行使复效期间申请复效，因被保险人之危险程度有重大变更达保险人拒绝承保之程度并经其拒保，兹鉴于被保险人之危险程度仍有改善之可能，该得行使复效期间尚不因经拒保而改变，即保险人仍不得于得行使复效期间届满前予以终止契约。”

我们倾向认为，上述分析是有道理的。不论复效期间是否已经超过，只要在保险人行使保险合同终止权之前，投保人均可以再次申请复效。至于投保人的申请是否符合复效条件，以及超过复效期间后保险人是否实际行使终止权等，属于另一层面的问题，与本部分探讨的问题并不冲突。

——杜万华主编、最高人民法院民事审判第二庭编著：《最高人民法院关于保险法司法解释（三）理解与适用》，人民法院出版社2015年版，第186～235页。

52. 凡有自动垫交条款且符合条件的，保险人不能以投保人未续交保险费为由使合同效力中止

关键词

人身保险合同　自动垫交条款　合同中止

最高人民法院司法解释

保险合同效力依照保险法第三十六条规定中止，投保人提出恢复效力申请并同意补交保险费的，除被保险人的危险程度在中止期间显著增加外，保险人拒绝恢复效力的，人民法院不予支持。

保险人在收到恢复效力申请后，三十日内未明确拒绝的，应认定为同意恢

复效力。

保险合同自投保人补交保险费之日恢复效力。保险人要求投保人补交相应利息的，人民法院应予支持。

——最高人民法院《关于适用〈中华人民共和国保险法〉若干问题的解释（三）》（2015年11月25日，法释〔2015〕21号）第8条。

附录：最高人民法院主流观点

实务上寿险保单往往订有所谓“保费自动垫缴条款”。保费自动垫缴条款只有在投保人选择之后才会生效。如果投保人选择了保费自动垫缴条款，保险人将进行保单贷款，以交纳逾宽限期的保费。多数具有现金价值的寿险保单包含该条款。只有在防止保单失效和保单具有现金价值的前提下，保险人才会进行保单贷款，用以垫缴保费。按照惯例，保险人进行保单贷款垫缴保费时，会及时通知投保人。美国学者克劳福特指出，保费自动垫缴条款对投保人而言，既有有利的一面，也有不利的一面。有利因素之一是，该条款可以防止因疏忽而导致保单失效。此外，该条款可以保持意外死亡保险和残疾保险有效，这些保险在保单失效后按照不丧失价值选择处理时将不再有效。该条款免除了保单复效的必要性，也免除了投保人因被保险人不可保而不能申请复效的危险。保费自动垫缴条款的不利因素之一是，在与其他缴费方法无差别对待的情况下，它会给投保人造成一种虚假的安全感。通常，有过一次贷款后，就会发生一系列贷款，最终导致保单失效。持续地进行保费自动垫缴，将逐渐耗尽保单现金价值，以致在保单失效时，可用于不丧失价值选择的现金价值余额十分有限，甚至没有。此外，如果利用保单价值交纳保费，那么，在被保险人死亡时，即使保单有效，死亡保险金也已变得很少。美国多数法院认为，利用保费自动垫缴法交纳保费与其他缴费方法一样，将增加保单现金价值。换言之，在保费自动垫缴方式下，现金价值将作等额减少，但又会因保费的交纳而不断增加。美国少数法院认为，通过自动垫缴方式交纳的保费不能增加保单现金价值。在有“保费自动垫缴条款”时，保险契约之续期保费虽到期未付，但因有“保费自动垫缴条款”之约定，尚须待垫缴之保费本息超过保单价值准备金时——此时才是实质上保费到期未付，保险人须再为催告，并于催告到达后逾宽限期仍不交付保费时，契约效力始停止，此后之法律状态即与“无约定保费自动垫缴条款者”同。①

——杜万华主编、最高人民法院民事审判第二庭编著：《最高人民法院关于保险法司法解释（三）理解与适用》，人民法院出版社2015年版，第186～235页。

① 叶铭进：《保险法体系重点整理》，台湾地区新保成出版事业有限公司2008年版，第193页。

53. 保险公司单方改变交易习惯，致使投保人未能及时缴纳保费的，不应据此认定保单失效

关键词

保险费缴纳　交易习惯　保单效力　保险合同

最高人民法院公报案例

陆永芳诉中国人寿保险股份有限公司太仓支公司保险合同纠纷案（太仓市人民法院民事判决书）

裁判摘要：人寿保险合同未约定具体的保费缴纳方式，投保人与保险人之间长期以来形成了较为固定的保费缴纳方式的，应视为双方成就了特定的交易习惯。保险公司单方改变交易习惯，违反最大诚信原则，致使投保人未能及时缴纳保费的，不应据此认定保单失效，保险公司无权中止合同效力并解除保险合同。

江苏省太仓市人民法院一审认为，原告陆永芳为被保险人董海威向被告太仓人寿保险公司投保人身财产保险，太仓人寿保险公司签发了保单，保险合同依法成立并生效。根据《最高人民法院关于适用〈中华人民共和国合同法〉若干问题的解释（一）》第二条的规定，“合同成立于合同法实施之前，但合同约定的履行期限跨越合同法实施之日或者履行期限在合同法实施之后，因履行合同发生的纠纷，适用合同法第四章的有关规定”。因此，陆永芳、太仓人寿保险公司双方也应当按照《中华人民共和国合同法》第六十条第二款的规定，履行合同时遵循诚实信用原则，根据合同交易习惯履行通知、协助、保密等义务。保险条款关于缴费、失效、复效的约定中，投保人本应在每年的2月缴纳当年保险费，这是投保人应履行的义务，但保险条款中并未约定具体的缴纳方式，根据太仓人寿保险公司业务员刘英的证言及太仓人寿保险公司的陈述，订立合同后的第二年和第三年保险费是刘英上门收取，之后至2008年，投保人是按照太仓人寿保险公司委托邮政部门发送的缴费通知书告知的时间和地点缴纳保险费，双方已成就了特定的交易习惯。2009年，太仓人寿保险公司虽委托邮政部门发送缴费通知书，但邮政部门是否按约发送给陆永芳，太仓人寿保险公司并未提供证据证明。2010年在缴费期即将届满之时，太仓人寿保险公司却已不再发送缴费通知书，太仓人寿保险公司单方中断向陆永芳履行有效通知的义务，致使陆永芳未能及时缴纳保费，且重组并未改变太仓人寿保

险公司应履行收取保费及通知交缴等习惯形成的义务。因此，对投保人二年内未能缴费致使保单失效应由太仓人寿保险公司承担责任，太仓人寿保险公司无权径依保险法的规定和保险条款的约定中止合同效力并解除保险合同，故对陆永芳要求太仓人寿保险公司继续履行合同义务的诉讼请求原审法院予以支持。关于陆永芳诉请太仓人寿保险公司赔偿损失2000元一节，因陆永芳未能提供证据证明，不予支持。

——《最高人民法院公报》2013年第11期（总第217期）。

54. 人身保险合同被确认无效后如何认定保险费返还的范围

关键词

保险费返还　人身保险合同　合同效力

最高人民法院司法解释

人身保险中，因投保人对被保险人不具有保险利益导致保险合同无效，投保人主张保险人退还扣减相应手续费后的保险费的，人民法院应予支持。

——最高人民法院《关于适用〈中华人民共和国保险法〉若干问题的解释（二）》（2013年5月6日，法释〔2013〕14号）第2条。

附录：最高人民法院主流观点

保险合同无效后，保险人应当返还的保险费是保险公司从投保人处收取的全部保险费，而不是投保人的保单现金价值，这是保险合同无效与保险合同解除的重要区别。保单现金价值与保险费并不一致，其是保险公司在扣除退保手续费之后应当退还给投保人的责任准备金，即其已经扣除了手续费。在通常情况下，保单现金价值数额低于保险人实际收取的保险费。正是由于保单现金价值与保险费存在差距，投保人不希望合同继续履行时，更愿意请求确认合同无效，而不是解除保险合同，至于能否实现其目的，则取决于合同无效的主张是否成立。

保险合同无效后，保险人向投保人退还保险费时是否应同时返还利息？有观点认为，利息是保险人占有保险费产生的孳息，保险人当然应当返回；另一种观点认为，《保险法》规定的返还保险费的条文均未要求支付利息，且要求返还与保险实践不符。还有观点认为，应根据投保人是否善意以及保险人是否存在过错进行区别对待。我们认为，对于利息的返还，应根据《合同法》关于合同无效的相关规定进行处理。

——最高人民法院民事审判第二庭编著：《最高人民法院关于保险法司法

解释（二）理解与适用》，人民法院出版社2013年版，第73～74页。

附录：最高人民法院法官著述

正确认定保险费返还的范围。保险合同无效后，保险人应当返还的保险费是保险公司从投保人处收取的全部保险费，而不是投保人的保单现金价值，这是保险合同无效与保险合同解除的重要区别。① 保单现金价值与保险费并不一致，其是保险公司在扣除退保手续费之后应当退还给投保人的责任准备金，即其已经扣除了手续费。在通常情况下，保单现金价值数额低于保险人实际收取的保险费。由于保单现金价值与保险费存在差距，投保人不希望合同继续履行时，更愿意请求确认合同无效，而不是解除保险合同，因此，实践中应注意审查合同无效的事由，防止个别投保人在合同订立后以其对被保险人不具有保险利益为由请求确认合同无效，获取全额保险费。保险合同无效后，保险人向投保人在退还保险费时是否应同时返还利息？有观点认为，利息是保险人占有保险费产生的孳息，保险人当然应当返回。另一种观点认为，《保险法》规定的返还保险费的条文均未要求支付利息，且要求返还与保险实践不符。还有观点认为，应根据投保人是否善意以及保险人是否存在过错进行区别对待。我们认为，对于利息的返还，应根据《合同法》关于合同无效的相关规定进行处理。

——宫邦友、林海权：《解读〈最高人民法院关于适用《中华人民共和国保险法》若干问题的解释（二）〉》，载最高人民法院民事审判第二庭编：《商事审判指导》2013年第2辑（总第34辑），人民法院出版社2013年版，第43页。

55. 人身保险合同因投保人不具有保险利益而无效后如何计算应当扣减的手续费

关键词

手续费　人身保险合同　保险利益　合同效力

最高人民法院司法解释

人身保险中，因投保人对被保险人不具有保险利益导致保险合同无效，投保人主张保险人退还扣减相应手续费后的保险费的，人民法院应予支持。

——最高人民法院《关于适用〈中华人民共和国保险法〉若干问题的解

① 根据《保险法》第47条的规定，投保人解除合同的，保险人应当按照合同约定退还保险单的现金价值。

释（二）》(2013年5月6日，法释〔2013〕14号）第2条。

附录：最高人民法院主流观点

投保人对人身保险合同无效存在过错的，保险人在退还保险费时可以扣除相应的手续费。审判实践中，对于保险人扣减的手续费的计算，应当注意以下两点：

1. 保险人扣减的手续费应当是合理的。手续费是保险公司因开展保险经营活动所支出的成本，该成本应当是实际支出，且该支出应当是合理的。诉讼中，如果当事人对手续费的具体数额存在争议的，可以要求保险公司对手续费计算的合理性承担举证责任。

2. 保险人只能扣减与投保人过错相对应的手续费。手续费是保险公司因保险合同无效遭受的损失，该损失应当由保险公司与投保人根据过错程度来分担。一般来说，保险人对保险合同因投保人不具有保险利益而无效存在过错，应自行承担部分手续费。保险公司能够扣减手续费的比例，应根据投保人的过错程度进行判断。

——最高人民法院民事审判第二庭编著：《最高人民法院关于保险法司法解释（二）理解与适用》，人民法院出版社2013年版，第75~76页。

附录：最高人民法院法官著述

正确计算应当扣减的手续费。投保人对人身保险合同无效存在过错的，保险人在退还保险费时可以扣除相应的手续费。审判实践中，对于保险人扣减的手续费的计算，应当注意以下两点：一是保险人扣减的手续费应当是合理的。手续费是保险公司因开展保险经营活动所支出的成本，该成本应当是实际支出，且该支出应当是合理的。诉讼中，如果当事人对手续费的具体数额存在争议的，可以要求保险公司对手续费计算的合理性承担举证责任。二是保险人只能扣减与投保人过错相对应的手续费。手续费是保险公司因保险合同无效遭受的损失，该损失的分担应当由保险公司与投保人根据过错程度来分担。一般来说，保险人对保险合同因投保人不具有保险利益无效存在过错，应自行承担部分手续费。保险公司能够扣减手续费的比例，应根据投保人的过错程度进行判断。

——官邦友、林海权：《解读〈最高人民法院关于适用《中华人民共和国保险法》若干问题的解释（二）〉》，载最高人民法院民事审判第二庭编：《商事审判指导》2013年第2辑（总第34辑），人民法院出版社2013年版，第43页。

56. 保险合同受让人没有保险利益不影响保险合同的效力

关键词

人身保险合同　保险利益　合同效力　合同转让

最高人民法院司法解释

保险合同订立后，因投保人丧失对被保险人的保险利益，当事人主张保险合同无效的，人民法院不予支持。

——最高人民法院《关于适用〈中华人民共和国保险法〉若干问题的解释（三）》（2015年11月25日，法释〔2015〕21号）第4条。

附录：最高人民法院主流观点

我们认为，投保人将保险合同转让给无保险利益的第三人，从性质上与投保人在保险合同存续期间丧失保险利益等同。在《保险法》已经通过比较完善的制度对保险合同转让中可能导致的道德风险进行防范的情况下，应允许投保人将保单转让给不具有保险利益的受让人，以更好地发挥人身保险中保单的投资功能，促进人身保险业务的发展。从我国现有规定来看，《保险法》第三十四条第二款规定："按照以死亡为给付保险金条件的合同所签发的保险单，未经被保险人书面同意，不得转让或者质押。"根据该款的反对解释，对于并非以死亡为给付保险金条件的保险单，其转让并不需经过被保险人同意，因此，可以认为，保险合同受让人没有保险利益不影响保险合同的效力。

——杜万华主编、最高人民法院民事审判第二庭编著：《最高人民法院关于保险法司法解释（三）理解与适用》，人民法院出版社2015年版，第79~105页。

57. 人身保险合同中投保人明知的判断

关键词

人身保险合同　投保人　明知

最高人民法院司法解释

保险合同订立时，投保人明知的与保险标的或者被保险人有关的情况，属于《保险法》第十六条第一款规定的投保人“应当如实告知”的内容。

——最高人民法院《关于适用〈中华人民共和国保险法〉若干问题的解释（二）》(2013年5月6日，法释〔2013〕14号）第5条。

附录：最高人民法院主流观点

投保人明知，是指投保人通过某种方法、手段实际了解到了相关情况或事实。当前审判实践中，对投保人是否明知的争议主要集中于人身保险合同纠纷案件中。在该类案件中，投保人投保时，可能在风险询问表对是否曾患相关疾病等问题作否认回答，但在理赔中，保险公司通过调查被保险人的病历本、病程记录、住院病志、入出院记录等相关材料发现，被保险人在保险合同订立前已经患有相关疾病，此时保险公司会以投保人违反如实告知义务为由拒赔，于是双方就会对投保人对被保险人的疾病是否明知以及投保人是否违反如实告知义务产生争议。

对于此类案件中投保人是否明知的审查，应区分以下两个层次：(1）应审查被保险人客观上是否患有相关疾病，即是否存在应当告知的重要事项；(2）应审查投保人对被保险人的疾病是否明知，即投保人主观上是否知道该重要事项。实践中，保险人通常以被保险人相关病历、住院记录等作为证据来证明投保人明知相关疾病，但并不是所有这些证据材料都可以得出投保人明知相关疾病的结论。有些病历虽记载被保险人所患疾病，但其可能仅是推测，或者所记载疾病非常模糊，甚至与其他相关证据材料所记载内容相矛盾，此时不能仅以该病历认为被保险人患有相关疾病。因此，具体案件审理中，应当综合考量所有相关证据，结合案件具体情况，准确认定投保人是否明知，防止保险公司随意以投保人违反告知义务为借口逃避责任。

对于这类案件，实践中还应注意防范保险欺诈行为。有些被保险人明知自己存在不符合承保条件的疾病，但却故意隐瞒自身的健康状况为虚假陈述，或者在保险公司安排的体检中隐瞒事实、误导体检医生，或者通过他人代为投保，以规避如实告知义务制度，以骗取保险公司的承保，这是一种典型的保险欺诈行为。在具体案件审理中，我们应结合被保险人的相关病历、治疗状况、投保过程等相关材料，审查投保人的投保动机，注意防范保险欺诈行为。

——最高人民法院民事审判第二庭编著：《最高人民法院关于保险法司法解释（二）理解与适用》，人民法院出版社2013年版，第150~151页。

58. 被保险人为无法辨认行为的精神病人时，构成自杀的判定

关键词

人身保险合同　精神病人　自杀判定

最高人民法院司法解释

保险人以被保险人自杀为由拒绝给付保险金的，由保险人承担举证责任。

受益人或者被保险人的继承人以被保险人自杀时无民事行为能力为由抗辩的，由其承担举证责任。

——最高人民法院《关于适用〈中华人民共和国保险法〉若干问题的解释（三）》（2015年11月25日，法释〔2015〕21号）第21条。

附录：最高人民法院主流观点

当无法辨认行为的精神病人，包括间歇性精神病人在其精神病发作、无法辨认行为期间自杀的，由于其主观方面对于自杀缺乏认识因素、意志因素、自愿性因素，不能认定其成就了自杀行为，保险人不能以此为由拒绝承担相应的赔偿责任。

判断抑郁症病人是否完成了自杀行为，同样需要判断其是否具备自杀的主客观要件。只有该病人不仅认识到并且意欲死亡结果发生，自愿地选择了死亡，同时客观上支配着直接导致死亡的行为，在将不可逆转地造成死亡结果的最后关键时刻自己控制着事态的发展时，方能认定自杀行为的存在。

——杜万华主编、最高人民法院民事审判第二庭编著：《最高人民法院关于保险法司法解释（三）理解与适用》，人民法院出版社2015年版，第510～522页。

59. 如何理解《保险法》第65条规定的“自杀”的含义

关键词

保险法　自杀　保险金　保险人　保险责任

最高人民法院答复

江西省高级人民法院：

你院〔2001〕赣经请字第3号关于如何理解《保险法》第65条（2009年修订后《保险法》相关内容调整为第44条）“自杀”含义的请示收悉。经研究，答复如下：

本案被保险人在投保后两年内因患精神病，在不能控制自己行为的情况下溺水身亡，不属于主动剥夺自己生命的行为，亦不具有骗取保险金的目的，故保险人应按合同约定承担保险责任。

此复。

——最高人民法院《关于如何理解〈中华人民共和国保险法〉第65条“自杀”含义的请示的答复》（2002年3月6日，〔2001〕民二他字第18号），载李国光主编、最高人民法院民事审判第二庭编：《民商审判指导与参考》2002年第2卷（总第2卷），人民法院出版社2003年版，第136页。

说明

被保险人在投保后2年内患产后抑郁症导致精神错乱，心智失常而跳水身亡；分析其死亡原因是被保险人患有疾病，精神失常，失去自控能力而导致死亡结果的发生；依据2009年修订后的《保险法》第44条第1款规定，以死亡为给付保险金条件的合同，被保险人自杀的，自合同成立或者合同效力恢复之日起二年内，被保险人自杀的，保险人不承担给付保险金的责任，但被保险人自杀时为无民事行为能力的人除外。第2款规定：保险人依照前款规定不承担给付保险金责任的，应当按照合同约定退还保险单的现金价值。从立法本意来看，规定“自杀”这一除外责任条款，无疑是为避免蓄意自杀者通过保险谋取保险金，通俗地说是为了防止诈保。因此，《保险法》意义上的“自杀”就必须具有主观上的故意，企图剥夺自己生命的行为。本案被保险人强烈的无法抑制的自杀意图系一种病态，是患抑郁症而精神失常、失控的表现，其跳水身亡并不是出于自己的主观故意，而是因病人心智失常，失去控制，不能按常规支配自己的行为。其情形不符合《保险法》所特指的蓄意自杀。而本案当事人签订的合同是由保险公司单方制作的格式合同，根据《合同法》第41条的有关规定，对格式条款存在两种以上解释的，应当作出不利于提供格式条款一方的解释。《保险法》第30条关于不利解释原则的规定，亦应当适用。因此，从立法本意、从诚实信用原则出发，根据法律对格式合同的有关规定，本案不具有《保险法》所规定的免责条件，保险公司应当按合同约定给付受益人保险金。

60. 如何理解《保险法》第65条规定的“被保险人怠于请求”的情形

关键词

赔偿责任　被保险人　怠于请求

最高人民法院司法解释

被保险人对第三者应负的赔偿责任确定后，被保险人不履行赔偿责任，且第三者以保险人为被告或者以保险人与被保险人为共同被告提起诉讼时，被保险人尚未向保险人提出直接向第三者赔偿保险金的请求的，可以认定为属于保险法第六十五条第二款规定的“被保险人怠于请求”的情形。

——最高人民法院《关于适用〈中华人民共和国保险法〉若干问题的解释（四）》（2018年7月31日，法释〔2018〕13号）第15条。

附录：最高人民法院主流观点

本条解释明确了认定“怠于请求”的具体情形，构成要件为赔偿责任确定、被保险人未自行赔偿、第三人起诉时被保险人未提出请求，均具有客观、明确、具体的特性，目的在于最大限度增强可操作性。实践中对于主观状态的认定，较为复杂，纳入主观因素必然降低实际可操作性。从《保险法》第65条的规定来看，责任保险事故发生后，被保险人虽然有责任赔偿第三人所受损失，但对于赔偿的方式具有选择权：被保险人可以选择直接赔偿第三人的损失，之后请求保险人向自己赔付；也可以选择请求保险人直接向第三人赔付。从合同的角度来看，保险事故发生后，请求保险人依约赔付系被保险人的合同权利。所以，请求保险人直接向第三人赔付，系被保险人的权利，而非义务。虽然被保险人对受害第三人应负的赔偿责任可以是侵权责任，但被保险人并不因“怠于请求”而侵权，无须进行过错评价。《保险法》第65条第2款将“怠于请求”作为受害第三人行使直接请求权的条件之一，并非为被保险人的“怠于请求”设定责任。即便构成“怠于请求”，对于被保险人来讲，并不因此而产生新的责任，自然无须考虑责任归属。

1. 责任保险中的第三者已另行投保的情况下，第三者行使直接请求权是否影响其行使另行投保形成的保险合同权利

责任保险中的第三者因被保险人的损害而发生人身或财产损失时，存在以下几项权利：第三者对责任保险人的直接请求权；第三者对被保险人即损害施行人的损害赔偿请求权；如第三者自身还加入了社会保险或投保商业保险，则

还拥有基于社会保险和商业保险的保险金给付请求权。我们认为，第三者直接请求权的独立性不仅体现在独立存在，不受其他权利的制约，还体现在第三者可以自由选择行使上述任一权利，选择由保险人直接支付保险金或由被保险人进行损害赔偿，除非发生重复填补，上述任一请求权的行使均不影响其他。具体理由包括：（1）第三者直接请求权与第三者对被保险人的损害赔偿请求权。前者的义务主体为保险人，请求内容是支付保险金，属于法定或约定的权利；后者的义务主体为被保险人，请求内容是损害赔偿，请求基础是侵权或违约而产生的赔偿责任，属于救济性权利。以禁止双重支付为原则，在责任保险人支付的赔偿金范围内免除被保险人的赔偿责任，但第三者可就超出责任保险金额的部分继续向被保险人主张损害赔偿请求权。对一方的请求权实现后，则在相应的实现范围内丧失对另一方的请求权。（2）第三者直接请求权与被保险人的保险金赔付请求权。后者的基础是保险合同的约定，被保险人对保险合同具有直接的保险利益。保险人向第三者支付赔偿金后免除保险人对被保险人的赔偿责任，但在被保险人未赔偿第三者时，保险人不得向被保险人支付赔偿，且不得以已向被保险人支付赔偿为由对抗第三者的直接请求权。（3）第三者直接请求权与社会保险、商业财产保险请求权。以禁止重复填补即不因受损而收益为原则，不论第三者先主张哪一个请求权，均须在保险限额范围内，对其中一个赔偿不足的部分才能向另一个主张，赔偿总额不得超出总的损失。（4）第三者直接请求权与商业人身保险请求权。生命和身体无价，商业人身保险中不存在保险价值，亦不存在保险人代位求偿和超额保险的问题，故第三者可分别行使两种请求权。

2. 责任保险纠纷中第三者请求保险人直接赔付的权利，可否理解为以保险人为被告或者以保险人与被保险人为共同被告提起诉讼的权利

从权利性质来讲，第三者直接请求权为实体权利，源于法律规定或合同约定，一旦取得，即在保险人与第三者之间形成实体权利义务关系，保险人即产生直接支付保险赔偿金的义务，不履行或不适当履行则承担相应责任。第三者直接请求权不等同于起诉权，起诉权只是其内容之一，即通过行使起诉权启动诉讼程序，请求公权力强制保险人履行给付保险赔偿金义务。

——最高人民法院民事审判第二庭编著：《最高人民法院关于保险法司法解释（四）理解与适用》，人民法院出版社2018年版，第311~316页。

61. 及时通知保险人保险事故的发生是投保人、被保险人或者受益人的法定义务

关键词

人身保险合同　保险事故　通知义务

最高人民法院司法解释

保险人以被保险人自杀为由拒绝给付保险金的，由保险人承担举证责任。

受益人或者被保险人的继承人以被保险人自杀时无民事行为能力为由抗辩的，由其承担举证责任。

——最高人民法院《关于适用〈中华人民共和国保险法〉若干问题的解释（三）》（2015 年 11 月 25 日，法释〔2015〕21 号）第 21 条。

附录：最高人民法院主流观点

我国《保险法》第二十一条明确规定："投保人、被保险人或者受益人知道保险事故发生后，应当及时通知保险人。故意或者因重大过失未及时通知，致使保险事故的性质、原因、损失程度等难以确定的，保险人对无法确定的部分，不承担赔偿或者给付保险金的责任，但保险人通过其他途径已经及时知道或者应当及时知道保险事故发生的除外。"由此可见，及时通知保险人保险事故的发生是投保人、被保险人或者受益人的法定义务。在被保险人死亡后，投保人、受益人应当及时通知保险人，以便保险人及时调查确定被保险人死亡的原因等情况。如果受益人未及时通知保险人就将被保险人火化，或者虽然没有火化，但不愿意进行尸检，经向其明确解释法律后果其仍坚持的，致使被保险人死亡的原因等情形难以确定的，保险人对无法确定的部分，不承担给付保险金的责任，但保险人通过其他途径已经及时知道或者应当及时知道保险事故发生的除外。

当然，在涉及生死问题时，被保险人所在地的习俗、被保险人家属的情绪，应当成为人民法院审理案件时认真考虑的因素。故在审理此类案件时，要注重运用调解等多种纠纷解决方式，以便更好地化解矛盾。

——杜万华主编、最高人民法院民事审判第二庭编著：《最高人民法院关于保险法司法解释（三）理解与适用》，人民法院出版社 2015 年版，第 510 ~ 522 页。

62. 被保险人于实施故意犯罪后，因畏惧刑罚处罚自杀，应适用《保险法》第四十四条有关自杀的规定处理

关键词

人身保险合同　被保险人故意犯罪　自杀

最高人民法院司法解释

保险法第四十五条规定的“被保险人故意犯罪”的认定，应当以刑事侦查机关、检察机关和审判机关的生效法律文书或者其他结论性意见为依据。

——最高人民法院《关于适用〈中华人民共和国保险法〉若干问题的解释（三）》（2015年11月25日，法释〔2015〕21号）第22条。

附录：最高人民法院主流观点

被保险人于实施故意犯罪后，因畏惧刑罚处罚自杀，保险人是否可以依据《保险法》第四十五条免责？对此实务中有两种观点：一种是认为被保险人的死亡结果是由前一犯罪行为所导致，适用《保险法》第四十五条。另一种则认为，自杀与之前的故意犯罪之间没有法律上的因果关系，应适用《保险法》第四十四条有关自杀的规定处理。

我们倾向于后一种观点。《保险法》第四十五条的规定“导致”，不仅要求犯罪行为本身与保险事故的发生存在法律上的因果关系，还要求其行为本身从客观事实上判断，具有足致发生死亡或伤害之高度危险可能性。前一种观点对“导致”一词所包含的因果关系的理解，属于社会观念的因果关系，不是法律上的因果。比如因经济困难选择自杀，站在不同角度可能寻找出不同的原因。心理学家会认为缺乏心理疏导、家人关爱是自杀原因，经济学家会认为经济下滑、失业是自杀原因，社会学家会认为失业保障和就业政策失败是自杀原因。但在法律上，因果关系乃是指被评价的行为（违约行为、侵权行为、犯罪行为）与结果之间的引起与被引起的关系。在保险法看来，被保险人死亡是其自我意志下决定实施的自杀行为导致，而经济困难只是促使其自杀的因素或条件。又如，甲向乙投放毒物，乙中毒后不至于死亡，但因中毒疼痛难忍，便上吊自杀。刑法学认为，由于介入了被害人对结果起决定性作用的异常行为，甲的行为与死亡结果之间没有因果关系。

被保险人实施犯罪后自杀的处理，原则上也应当遵循上述因果关系的基本判断方法，寻找死亡在法律上的真正原因。不能简单将犯罪后畏罪自杀均归为犯罪行为的结果。比如被保险人甲因琐事争吵误推妻子撞桌角死亡，后悔不

已，拔刀自刎。甲的行为可能属于过失犯罪（还可能属于意外），但自杀却属于甲死亡的原因，保险人可以援引《保险法》第四十四条免责。又如，被保险人在公共交通工具上引燃身上爆炸物导致死亡。其点燃的行为在刑法上评价为犯罪，同时在保险法上也可评价为自杀行为和故意制造保险事故行为。保险人可以选择适用何种法定免责条款进行拒赔。当然在审查是否属于自杀时，法院还应当进一步审查被保险人于自杀时是否具有民事行为能力，保险合同成立或复效是否已经超过两年，最终依据《保险法》第四十三条作出判断。

——杜万华主编、最高人民法院民事审判第二庭编著：《最高人民法院关于保险法司法解释（三）理解与适用》，人民法院出版社2015年版，第523～548页。

63. 当事人订立以死亡为给付保险金条件的合同时，被保险人同意的方式

关键词

以死亡为给付保险金条件　被保险人　意思表示

最高人民法院司法解释

当事人订立以死亡为给付保险金条件的合同，根据保险法第三十四条的规定，"被保险人同意并认可保险金额"可以采取书面形式、口头形式或者其他形式；可以在合同订立时作出，也可以在合同订立后追认。

有下列情形之一的，应认定为被保险人同意投保人为其订立保险合同并认可保险金额：

（一）被保险人明知他人代其签名同意而未表示异议的；

（二）被保险人同意投保人指定的受益人的；

（三）有证据足以认定被保险人同意投保人为其投保的其他情形。

——最高人民法院《关于适用〈中华人民共和国保险法〉若干问题的解释（三）》（2015年11月25日，法释〔2015〕21号）第1条。

附录：最高人民法院主流观点

意思表示作为一个法律概念更多的是在学理解释中存在，在现代制定法上很少予以明确规定。《德国民法典》中未给出意思表示的概念，仅仅是在第3章法律行为的第2节标题中使用了"意思表示"这一术语。德国学理上通常认为，意思表示是实现旨在使某种法律效果产生意思的行为。梅迪库斯在其《德国民法总论》中并没有对意思表示予以明确的概念界定，只是从意思表示

与法律行为区别的角度进行了说明。我国学者的著作中基本上也坚持这样的观点。这样表述的基本认识是：意思表示首先是一种外部表示行为；其次，该行为指向的是一种内心意思。内心意思是意思表示的主观要件，外在表示是意思表示的客观方面。此处的意思，不是一般的普通意思，而是一种特定的具有法律意义的意思，是指追求特定法律效果的意思；而表示，同样也是指向该特定意思的特定行为。

在当事人内心具有引发特定法律效果的意思之后，他需要以一定的形式把内心的意思表示为特定的行为，这样才能使交易对象明白其内心的意思，继而作出相应的意思表示，在其间创设一定的权利义务关系。在表示内心意思的方式上，可以是口头的，可以是书面的，也可以是随着科技发展所能使用的其他形式。

被保险人对与其不具有法定关系的投保人为其投保人身保险行为的同意，体现了被保险人对投保人的信任，可以有效过滤因为保险关系的设立而可能诱发的对被保险人人身和寿命的威胁，也便于满足丰富多样的社会生活中，不同关系的人之间为对方投保的现实需求。该同意是一种意思表示，即是行为人将其内心的同意投保人为其投保人身保险的意思彰显于外部，并欲由此引发投保人对其具有可保利益，投保人投保的人身保险具有该生效要件的法律后果的行为。被保险人这种同意的意思表示的具体形式，可以是书面形式，也可以是口头形式，还可以是随着技术发展而可能实现的其他形式，只要此种形式能够有效表达其同意并由此引发相应法律后果的意思。

——杜万华主编、最高人民法院民事审判第二庭编著：《最高人民法院关于保险法司法解释（三）理解与适用》，人民法院出版社 2015 年版，第 27～41 页。

64. 当事人订立以死亡为给付保险金条件的合同时，被保险人同意的时间

关键词

以死亡为给付保险金条件　被保险人同意

最高人民法院司法解释

当事人订立以死亡为给付保险金条件的合同，根据保险法第三十四条的规定，“被保险人同意并认可保险金额”可以采取书面形式、口头形式或者其他形式；可以在合同订立时作出，也可以在合同订立后追认。

有下列情形之一的，应认定为被保险人同意投保人为其订立保险合同并认

可保险金额：

（一）被保险人明知他人代其签名同意而未表示异议的；

（二）被保险人同意投保人指定的受益人的；

（三）有证据足以认定被保险人同意投保人为其投保的其他情形。

——最高人民法院《关于适用〈中华人民共和国保险法〉若干问题的解释（三）》（2015年11月25日，法释〔2015〕21号）第1条。

附录：最高人民法院主流观点

虽然法律规定人身保险的投保人需要在投保之时具有保险利益，即在投保之时，投保人即应与被保险人具有法定关系，或者虽无法定关系，但被保险人同意投保人为其投保人身保险，然而，作为一种意思表示，被保险人在保险合同订立之时即对投保人的投保行为作出同意当然无问题，在合同订立之时虽未及时作出同意，但合同订立之后对投保人为其投保人身保险的行为予以追认的，也符合其同意赋予投保人就其人身和寿命具有可保利益的真实意思，也能够实现法律设置保险利益原则，防止诱发赌博和威胁被保险人人身和寿命的危险行为的本意。同时，由于人身保险通常具有保险和投资的双重性质，对被保险人同意作出时间的放宽理解和把握，有利于及时弥补投保人具有保险利益的要件瑕疵，尽可能防止人身保险合同因缺乏被保险人同意而被认定为无效，充分保障投保人、被保险人、受益人的利益。另外，被保险人的同意作为特定人身合同生效的要件，保险人这一经营保险业务的市场主体理应在决定是否承保时予以审查。由于其自身故意或过失而未审查的，司法解释赋予被保险人选择是否事后追认同意与其无法定关系的投保人为其投保人身保险的权利。在其作出同意意思表示之后发生保险事故的，保险人不得以订立合同时被保险人未作出同意的意思表示而主张保险合同无效，继而拒绝承担给付保险金的责任。这有利于引导保险人在承保之前即督促被保险人及时审视其与投保人之间的关系，从而推动保险利益原则的有效落实，更好地发挥保险利益原则在人身保险领域防止侵害被保险人人身安全等侵害公共利益行为发生的重要作用。同时，使其此项作用与充分发挥人身保险保障被保险人、受益人生活和投资需求保持有益平衡。

——杜万华主编、最高人民法院民事审判第二庭编著：《最高人民法院关于保险法司法解释（三）理解与适用》，人民法院出版社2015年版，第27～41页。

65. 以死亡为给付保险金条件的合同，被保险人撤销同意的法律后果

关键词

以死亡为给付保险金条件　撤销同意　法律后果

最高人民法院司法解释

被保险人以书面形式通知保险人和投保人撤销其依据保险法第三十四条第一款规定所作出的同意意思表示的，可认定为保险合同解除。

——最高人民法院《关于适用〈中华人民共和国保险法〉若干问题的解释（三）》（2015年11月25日，法释〔2015〕21号）第2条。

附录：最高人民法院主流观点

被保险人的人格利益受最优保障。从2009年《保险法》修订将人身保险合同一节调换至财产保险合同之前就可以推知，立法者持人格利益高于财产利益的观念，这也符合我国民事立法的一贯理念。《保险法》第三十四条、第四十一条要求保险合同成立或变更时，必须取得被保险人同意。这些条款既是为了防范道德风险，也是为了维护被保险人的人格利益。值得注意的是，以死亡为给付保险金条件的保险不仅包括单纯的死亡保险，即仅以死亡为保险事故的人寿保险，还包括包含以死亡为给付保险金条件的保险条款的其他险种。实践中，单纯的死亡保险在人身保险业务总量中所占的比重较小，但大部分人身保险合同承保事故中包含死亡，实际上是死亡保险与其他种类的人身保险相结合的险种，如生死两全险、意外伤害险等。① 不管是在单纯的以死亡为给付保险金条件的人寿保险，还是包含以死亡为给付保险金条件的生死两全险、意外伤害保险等险种，都需要被保险人的同意并认可保险金额，否则无效。也就是说，无论何种险种，只要该险种包含以死亡为给付保险金条件的条款，就应当取得被保险人的同意并认可保险金额。当然，对于违反该规定的保险合同，如果其是仅仅以被保险人死亡为保险事故的纯粹死亡险合同，则整个保险合同无效；如果其并非单纯以死亡为保险事故的混合保险合同或者综合保险合同，若以死亡为保险金给付条件的保险条款无效不影响合同其他部分的效力，其他部分仍然有效。

---

① 吴定富主编：《〈中华人民共和国保险法〉释义》，中国财政经济出版社2009年版，第92页。

被保险人行使撤销投保人为其订立以死亡为支付保险金条件的保险合同的同意之权利，其效果如同投保人解除权之行使。我国《保险法》第四十七条明确规定："投保人解除合同的，保险人应当自收到解除合同通知之日起三十日内，按照合同约定退还保险单的现金价值。"据此，被保险人撤销同意之时，投保人得依照法律之规定或者合同之约定，请求保险人退还保险单的现金价值。

——杜万华主编、最高人民法院民事审判第二庭编著：《最高人民法院关于保险法司法解释（三）理解与适用》，人民法院出版社2015年版，第42~53页。

66. 以死亡为给付保险金条件的合同，被保险人撤销同意的限制

关键词

以死亡为给付保险金条件　撤销同意

最高人民法院司法解释

被保险人以书面形式通知保险人和投保人撤销其依据保险法第三十四条第一款规定所作出的同意意思表示的，可认定为保险合同解除。

——最高人民法院《关于适用〈中华人民共和国保险法〉若干问题的解释（三）》(2015年11月25日，法释〔2015〕21号）第2条。

附录：最高人民法院主流观点

实践中，有些投保人在为被保险人投保死亡险时，可能出于特殊经济利益考量，会与被保险人约定，被保险人在一定期间内不得撤销同意，这种约定是否有效值得研究。死亡险中被保险人的同意涉及被保险人对于订立死亡险的自主决定权问题，该自主决定权似可放弃，但这种放弃不能导致违反公序良俗的效果。例如，即使被保险人承诺不撤销同意，但其与投保人信赖基础完全丧失，甚至投保人存在故意制造保险事故的情形，则被保险人仍是可以撤销同意的。①

---

① 《日本保险法》第58条值得借鉴，该条规定："死亡保险契约的被保险人为该死亡保险契约当事人以外之人的，该被保险人于下列情形下可以请求投保人解除该死亡保险契约：一、具有前条第一款或第二款所载事由的；二、前项所载事由以外，有损被保险人对投保人或保险金受领人的信赖，具有使得该生命保险契约难以存续的重大事由的；三、由于投保人与被保险人之间的亲属关系终了等其他原因，被保险人依第三十八条的规定表示同意的基础发生了显著变更的。投保人在受前款规定的解除生命保险契约请求时，可以解除该生命保险契约。"

——杜万华主编、最高人民法院民事审判第二庭编著：《最高人民法院关于保险法司法解释（三）理解与适用》，人民法院出版社2015年版，第42～53页。

67. 被保险人被撤销宣告死亡的法律后果

关键词

人身保险合同　宣告死亡　撤销

最高人民法院司法解释

投保人为被保险人订立以死亡为给付保险金条件的保险合同，被保险人被宣告死亡后，当事人要求保险人按照保险合同约定给付保险金的，人民法院应予支持。

被保险人被宣告死亡之日在保险责任期间之外，但有证据证明下落不明之日在保险责任期间之内，当事人要求保险人按照保险合同约定给付保险金的，人民法院应予支持。

——最高人民法院《关于适用〈中华人民共和国保险法〉若干问题的解释（三）》（2015年11月25日，法释〔2015〕21号）第24条。

附录：最高人民法院主流观点

宣告死亡只是一种法律推定，只要有相反证据出现，就可以推翻之前法院作出的死亡宣告即被保险人被宣告死亡后只要被宣告死亡的人重新出现或者确知他没有死亡，经本人或利害关系人申请，人民法院就应当撤销对他的死亡宣告。当被保险人被撤销死亡宣告后，保险人给付的意外伤害保险死亡保险金应该如何处理，我国《保险法》并没有明确规定。《民法通则》第二十四条规定："被宣告死亡的人重新出现或者确知他没有死亡，经本人或者利害关系人申请，人民法院应当撤销对他的死亡宣告。有民事行为能力人在被宣告死亡期间实施的民事法律行为有效。"第二十五条规定："被撤销死亡宣告的人有权请求返还财产。依照继承法取得他的财产的公民或者组织，应当返还原物；原物不存在的，给予适当补偿。"最高人民法院《关于贯彻执行〈中华人民共和国民法通则〉若干问题的意见（试行）》第39条规定：利害关系人隐瞒真实情况使他人被宣告死亡而取得其财产的，除应返还原物及孳息外，还应对造成的损失予以赔偿。第40条规定："被撤销死亡宣告的人请求返还财产，其原物已被第三人合法取得的，第三人可不予返还。但依继承法取得原物的公民或者组织，应当返还原物或者给予适当补偿。"被保险人被撤销宣告死亡后的法律后果应当依据上述规定予以确定。但上述法律仅规定了被撤销死亡宣告的人的财产返还请求权以及损害赔偿请求权，对于保险人等利害关系人的权利并未作出规定。《民事诉讼法》第一百八十六条规定："被宣告失踪、宣告死亡的公民重新出现，经本人或者利害关系人申请，人民法院应当作出新判决，撤销原判决。"我们认为，根据《民法通则》第九十二条"没有合法根据，取得不当利益，造成他人损失的，应当将取得的不当利益返还受损失的人"之规定，被保险人被撤销死亡宣告后受益人或者被保险人的继承人所取得的死亡保险金构成了不当得利，保险人有权请求其返还。

——杜万华主编、最高人民法院民事审判第二庭编著：《最高人民法院关于保险法司法解释（三）理解与适用》，人民法院出版社2015年版，第549~576页。

68. 旅行社未履行为游客代办旅游意外保险的义务，游客意外死亡的，旅行社应当赔偿相当于旅游意外保险的最高保险金额的赔偿金

关键词

旅游意外保险　赔偿责任　意外死亡

最高人民法院公报案例

王林祥、陈卫东诉雄都旅行社旅游合同纠纷案（江苏省高级人民法院二审民事判决书）

江苏省高级人民法院认为：旅游意外保险是旅行社为保护旅游者利益，代替旅游者办理的事项。旅游意外保险的被保险人是旅游者，受益人是旅游者指定的人，旅行社不能成为旅游意外保险合同关系中的当事人，只是代办人。上诉人雄都社把旅游意外保险解释为旅行社旅游意外责任保险，不是旅游者旅游意外保险；又以旅行社对旅游者的人身没有保险利益为由，否认旅行社有代办旅游意外责任保险的法定义务，是对法律的错误理解。

旅游意外保险是强制保险，是国家规定旅行社必须为旅游者代办的事项。上诉人雄都社没有及时为被上诉人王林祥和其子王呈办理旅游意外保险，显然不符合旅游合同的约定。雄都社上诉称王林祥交纳的费用中不包括王呈的保险费，双方没有约定过给王呈保险，既没有证据证明，也与其给王呈补办旅游意外保险的行为相矛盾。

对不满16周岁的未成年人是否可以投保一般人身险，法律没有强制性规

定。但是，当不满16周岁的未成年人成为旅行社组织的团队之中的旅游者时，法律规定旅行社必须为他们代办旅游意外保险。上诉人雄都社在事故发生后为王呈等9人办理了旅游意外保险的事实也证明，所谓16周岁以下的未成年人不能成为被保险人的说法，是不成立的。暂行规定第六条第二款规定："国内旅游、出境旅游，旅游意外保险期限从旅游者在约定的时间登上由旅行社安排的交通工具开始，直至该次旅行结束离开旅行社安排的交通工具为止。"普陀山海滨浴场是开放的浴场，并非极不安全的场所。被上诉人王林祥与其子王呈到该海滨浴场游泳，是在上诉人雄都社的旅游团队安排住宿后的自由活动时间。王林祥与其子王呈去游泳虽不是雄都社安排的旅游项目，但他们从事这项活动仍然在整个旅游行程期间内，他们这时的身份仍然是雄都社旅游团队中的旅游者，旅游意外保险的期限对他们是有效的。在此期间发生王呈意外死亡的事故，正是旅游意外保险的理赔事由。雄都社上诉称保险公司对王呈的意外死亡事故不会理赔，没有事实根据和法律依据，不予采纳。

综上所述，上诉人雄都社应当按照行政法规的规定和合同的约定，在旅游出发前履行为王呈代办旅游意外保险的义务。雄都社未履行此项义务，应当承担违约责任。雄都社虽然在事故发生的次日补办了旅游意外保险，但该补办的手续依法不能生效，使被上诉人王林祥、陈卫东不能作为受益人获得保险赔偿，雄都社对此应当承担赔偿责任。按照行政规章的规定和雄都社事后补办的旅游意外保险中的约定，旅游意外保险的最高保险金额为30万元，这是王林祥、陈卫东的可得利益，也是雄都社应当承担的赔偿责任限额。一审认定雄都社违约，判决其赔偿王林祥、陈卫东的可得利益损失，适用法律正确，判处恰当，应当维持。

——《最高人民法院公报》2002年第3期（总第77期）。

说明

《旅游法》第61条规定，旅行社应当提示参加团队旅游的旅游者按照规定投保人身意外伤害保险。因此，办理旅游意外保险不是法定义务，旅行社只有在违反旅游服务合同的约定义务而未代旅游者办理投保人身意外保险的情况下，才承担保险金额内的赔偿责任。

69. 保险公司不能以被保险人没有选择保险合同指定的治疗方式而免除自己的保险责任

关键词

人身保险合同　保险责任免除

最高人民法院公报案例

王玉国诉中国人寿保险公司淮安市楚州支公司保险合同纠纷案（江苏省淮安市中级人民法院判决书）

裁判摘要：保险公司以保险合同格式条款限定被保险人患病时的治疗方式，既不符合医疗规律，也违背保险合同签订的目的。被保险人有权根据自身病情选择最佳的治疗方式，而不必受保险合同关于治疗方式的限制。保险公司不能以被保险人没有选择保险合同指定的治疗方式而免除自己的保险责任。

江苏省淮安市中级人民法院二审认为：首先，2009年7月30日，上诉人人寿保险楚州支公司与被上诉人王玉国签订的保险合同系其真实意思表示，且未违反法律、行政法规的禁止性规定，合法有效。双方均应按照保险合同约定履行相应的义务。关于争议焦点：1. 因双方签订的康宁终身保险合同（2007修订版）保险条款第二十三条是上诉人人寿保险楚州支公司以限定治疗方式来限制被上诉人王玉国获得理赔的权利，免除自己的保险责任，根据《中华人民共和国保险法》第十九条的规定，该条款无效，且人寿保险楚州支公司对王玉国所患疾病属于主动脉疾病并无异议。人寿保险楚州支公司称王玉国所患疾病不属于保险合同赔付保险金情形的上诉理由不能成立，不予采信。2. 人寿保险楚州支公司认为江苏省人民医院作为治疗机构就不能作为司法鉴定机构，没有法律依据，且双方当事人也都认同鉴定机构是双方当事人共同选择确定。

——《最高人民法院公报》2015年第12期（总第230期）。

70. 意外伤害保险的被保险人或者受益人从实施致害行为的第三者处获得侵权赔偿后，仍然可以向保险人主张保险理赔

关键词

被保险人　保险人　第三者　保险理赔　意外伤害保险

最高人民法院公报案例

冯跃顺诉光大永明人寿保险有限公司保险合同纠纷案（天津市和平区人民法院民事判决书）

裁判摘要：根据《保险法》第92条第1款第（2）项（2009年修订后《保险法》第95条第1款第1项）的规定，意外伤害保险属于人身保险，不适用财产保险中的“损失补偿原则”。被保险人或者受益人从实施致害行为的第三者处获得侵权赔偿后，仍然可以向保险人主张保险理赔，保险人不得以被保险人或者受益人已经获得侵权赔偿为由拒绝履行保险理赔责任。

天津市和平区人民法院认为：原告冯跃顺与被告光大永明之间签订的个人意外伤害保险合同合法有效，应受国家法律保护。冯跃顺因涉案交通事故受伤后，在已经获得交通事故肇事司机赔偿损失的情况下，仍然可以再向光大永明主张保险理赔，光大永明应当给予保险理赔。

首先，被告光大永明承保、原告冯跃顺投保的“永宁康顺综合个人意外伤害保险（精英计划）”属于人身保险，不属于财产保险的性质。

人身保险，是指以人的生命或身体为保险标的，当被保险人在保险期限内发生死亡、伤残、疾病、年老等事故或生存至保险期满时，由保险人给付保险金的保险。财产保险，是指以财产及其有关利益为保险标的，当被保险人的财产及其有关利益因发生保险责任范围内的灾害事故而遭受经济损失时由保险人给予补偿的保险。意外伤害保险，是指当被保险人由于遭受意外伤害时，保险人给予保险金的保险。意外伤害保险具有一些类似于财产保险的特点，例如意外伤害造成医疗费用的支出是一种经济损失，这种损失的数额可以确定，等等。但是，意外伤害保险从根本上讲是基于人身发生意外伤害而形成的保险，不能仅因涉及财产损失而将其归属于财产性质的保险。《保险法》第92条第1款第（2）项规定：“人身保险业务，包括人寿保险、健康保险、意外伤害保险等保险业务。”该条款非常明确地把意外伤害保险划分在人身保险中。因此，意外伤害保险应属于人身保险范畴。被告光大永明将涉案个人意外伤害保险归属于财产保险，并无法律上的依据。

其次，作为人身保险的个人意外伤害保险不适用损失补偿原则。原告冯跃顺因涉案交通事故受伤后，在已经获得交通事故肇事司机赔偿损失的情况下，可以再向被告光大永明主张保险理赔，光大永明应依照保险合同给予保险理赔。

“损失补偿原则”是适用于财产保险的一项重要原则，即当保险事故发生并使被保险人遭受损失时，保险人必须在其承担的保险金给付义务范围内履行合同义务，对被保险人所受实际损失进行填补。保险人履行给付义务旨在弥补被保险人因承保危险发生所失去的利益，被保险人不能因保险给付义务的履行而获得额外利益。《保险法》第45条第1款（2009年修订后《保险法》第60条第1款。）规定：“因第三者对保险标的的损害而造成保险事故的，保险人自向被保险人赔偿保险金之日起，在赔偿金额范围内代位行使被保险人对第三者请求赔偿的权利。”法律赋予保险人行使代位追偿权也是财产保险中“损失补偿原则”的体现，其目的就是防止被保险人通过购买保险而获取不当利益。同时，《保险法》第40条（2009年修订后《保险法》第56条。）限制了财产保险的重复投保，规定在财产保险中重复保险的保险金额总和超过保险价值的，各保险公司的赔偿金额的总和不得超过保险价值。除当事人另有约定外，各保险公司按其保险金额与保险金额总和的比例承担赔偿责任。但是对于人身保险，《保险法》第68条（2009年修订后《保险法》第46条。）规定："人身保险的被保险人因第三者的行为而发生死亡、伤残或者疾病等保险事故的，保险人向被保险人或者受益人给付保险金后，不得享有向第三者追偿的权利。但被保险人或者受益人仍有权向第三者请求赔偿。”明确限制保险人行使代位追偿权，同时赋予被保险人或者受益人另外向实施致害行为的第三者主张侵权赔偿的权利。而且，《保险法》对人身保险并无重复投保的限制。因此，“损失补偿原则”不适用于人身保险，当然也不适用于本案中属于人身保险的个人意外伤害保险。

意外伤害保险的被保险人或受益人依保险合同取得赔偿系基于保险合同关系，这与意外伤害保险的被保险人作为受害人，因侵害人的过错获取赔偿属于不同的法律关系。因此，保险人不能以实施致害行为的第三人已经向被保险人、受益人给予赔偿为由拒绝保险理赔。交通事故损害赔偿义务人黄宝岐对原告冯跃顺所支付的赔偿，是基于侵权行为的发生而产生的侵权责任赔偿，被告光大永明不得因此拒绝向冯跃顺履行保险赔偿的合同义务。本案是基于冯跃顺与光大永明签订的个人意外伤害保险合同所发生的纠纷，涉案交通事故属于该险种保险条款所规定的保险事故，光大永明对此也不存异议，故光大永明应承担相应的保险责任，给付冯跃顺保险金。

——《最高人民法院公报》2007年第11期（总第133期）。

71. 若因可归责于学校的原因导致学生生命健康权受损，按照投保的校园方责任险应由学校承担赔偿责任的，应当依据保险合同约定由保险公司代为赔偿

关键词

生命健康权　承担赔偿责任

·最高人民法院公报案例

仇玉亮等诉中国人民财产保险股份有限公司灌云支公司等意外伤害保险合同纠纷案

裁判摘要：学校的教学环境、活动设施必须符合安全性要求，以保障学生生命健康不受损害。若因可归责于学校的原因导致学生生命健康权受损，按照投保的校园方责任险应由学校承担赔偿责任的，应当依据保险合同约定由保险公司代为赔偿。学校以免除己方责任为条件与家长签订人道主义援助补偿协议，应主要认定其所具有的补偿性，而非免除保险公司的赔偿责任，在学校怠于请求保险赔偿时，不应依据该协议剥夺受害人的保险索赔权。

连云港市中级人民法院二审认为：第三人江苏省教育厅与原审被告人保江苏省分公司签订保险合同及被上诉人仇玉亮、卞光林与上诉人人保灌云支公司签订保险合同系双方当事人的真实意思表示，不违反法律法规强制性规定，合法有效，双方均应当遵照履行。

仇创在学校统一组织体育活动过程中摔倒经抢救无效死亡，该事实客观存在。被上诉人仇玉亮、卞光林与灌云高级中学均非确定自然人如何死亡的医疗专业技术机构或司法专业医学鉴定机构。涉案仇创的病历中没有反映仇创是何种疾病死亡。上诉人人保灌云支公司以仇玉亮、卞光林与灌云高级中学达成协议已确定"仇创是自身原因意外死亡"没有专业医学根据，故对人保灌云支公司上诉称"仇创是自身原因意外死亡"的理由不予采纳。

江苏省教育厅作为投保人与人保江苏省分公司订立《校园方责任保险条款》第三条约定在中华人民共和国境内（港澳台地区除外），在被保险人的在校活动中或由被保险人统一组织或安排的活动过程中，因被保险人疏忽或过失发生导致学生的人身伤亡保险条款中约定情况，依法应由被保险人承担的经济赔偿责任，保险人按照保险合同约定负责赔偿。本案中，经审查，按规定学校统一组织体育活动安排在上午两节课后，但被保险人灌云高级中学教师贺大连在当天天未亮时集合全班未吃早餐的学生至学校操场，由其开轿车亮车灯让学生跑步，致学生朱津慧被绊倒，仇创摔倒经抢救无效死亡。被保险人灌云高级中学在教学时间之外，可在适当时间、学生做好准备活动之后组织学生进行课外体育活动。但根据上述情况，灌云高级中学教师在不适宜室外活动时间及在学生未做好准备活动时，让学生做跑步运动，对此未尽到注意义务。贺大连在校的相关教学活动应为职务行为，造成相应后果应由灌云高级中学承担。

关于被上诉人仇玉亮与灌云高级中学达成人道主义援助协议后，仇玉亮是否有权依据《校园方责任保险条款》向人保江苏省分公司主张有关保险赔偿问题。二审法院认为，灌云高级中学给付仇玉亮 150000 元款项在涉案协议中明确为人道主义援助款，并非赔偿性质的款项，双方达成的协议中未涉及到赔偿责任问题和有关保险索赔权问题，即仇玉亮没有明确表示放弃保险赔偿的权利。依据《中华人民共和国保险法》第二条规定，仇玉亮、卞光林有权向人保江苏省分公司主张权利。

上诉人人保灌云支公司提出对于仇创死亡而产生的精神损害抚慰金，按照保险条款约定不应当保险赔偿问题。二审法院审查认为，一审法院确定的校方赔偿数额为 363949.75 元，即使扣减 50000 元精神抚慰金，还有 313949.75 元，数额也高于一审判决保险赔偿的 300000 元。一审法院判决人保江苏省分公司承担保险责任 300000 元有合同依据，符合保险法相关规定。

综上，一审判决认定事实清楚，处理结果妥当，上诉人人保灌云支公司的上诉理由均不能成立。

——《最高人民法院公报》2017 年第 7 期（总第 261 期）。

72. 投保人的继承人即使不具有保险利益，也仍然可以继承投保人地位，成为保单持有人

关键词

人身保险合同　继承人　保险利益

最高人民法院司法解释

保险合同订立后，因投保人丧失对被保险人的保险利益，当事人主张保险合同无效的，人民法院不予支持。

——最高人民法院《关于适用〈中华人民共和国保险法〉若干问题的解释（三）》（2015 年 11 月 25 日，法释〔2015〕21 号）第 4 条。

附录：最高人民法院主流观点

我们认为，由于投保人的继承人在法律地位上与受让人基本相同，甚至与投保人、被保险人关系更为密切，基于相同的原理，没有必要要求投保人的继承人必须对保险合同具有保险利益，这也是符合现《保险法》的规定。根据 2002 年《保险法》的规定，保险利益应该在保险合同存续期间存在，因此认定继承人继承被继承人的投保人地位必须具有保险利益是没有问题的，但根据现《保险法》的规定，人身保险合同中，保险利益是否存在以保险合同订立为判断时点，并不要求保险利益在整个保险合同存续期间都存在。因此，投保

人的继承人即使不具有保险利益，也仍然可以继承投保人地位，成为保单持有人。

——杜万华主编、最高人民法院民事审判第二庭编著：《最高人民法院关于保险法司法解释（三）理解与适用》，人民法院出版社2015年版，第79～105页。

73. 代付保费构成第三人代为清偿的认定标准

关键词

人身保险合同　代付保费　第三人代为清偿

最高人民法院司法解释

当事人以被保险人、受益人或者他人已经代为支付保险费为由，主张投保人对应的交费义务已经履行的，人民法院应予支持。

——最高人民法院《关于适用〈中华人民共和国保险法〉若干问题的解释（三）》（2015年11月25日，法释〔2015〕21号）第7条。

附录：最高人民法院主流观点

我国《民法通则》《合同法》均无第三人代为清偿的定义和直接规定，所以我们界定是否属于第三人代为清偿只能借鉴民法理论。在判断是否构成第三人清偿时，可以综合以下几个要件进行判断：

首先，交付保险费的人必须是投保人以外的第三人。实务中，常有代理人、受托人交付保险费的现象。如第三人系以投保人的受托人身份代为交纳保险费的，依据《民法通则》《合同法》有关委托代理的规定，清偿的法律后果归于投保人（委托人）本人，不构成第三人清偿。实务中，出现第三人交纳保险费的，保险人应当问明其代交的原因，如是接受投保人委托交付的，在付费时可以要求提交委托书，或者在交付凭证上填写其身份为投保人之受托人。法院在处理纠纷时，如查明第三人是以受托人身份代交保险费的，应视为投保人本人交付。

其次，需要以第三人自己的名义清偿。第三人如果是以投保人身份交付保险费的，不构成第三人清偿。比如投保人因故无法亲自交付保险费，要求第三人以投保人名义将保险费交付保险人的，构成辅助履行人交付。实务中即使是第三人交付，如其交费凭证上记载了投保人为交费人，第三人收取凭证时又没有提出异议的，应当将之视为投保人的辅助履行人，而不是第三人代为清偿。在辅助履行人的场合，第三人与投保人之间的法律关系，应当根据他们之间具体指示及原因处理。比如投保人向第三人借款，然后指示第三人直接交付保险人作为其保险费的，投保人与第三人之间构成借款合同关系。

最后，第三人代交保险费需要清楚地知道这属于投保人的债务，交付的目的在于替代他人清偿债务。如果第三人虽将金钱交付给了保险人，但其目的不在于替代投保人交付保险费，或者误认为自己系交费义务人的，都属于非债清偿，第三人可以依据不当得利法律关系向保险人要求返还。

——杜万华主编、最高人民法院民事审判第二庭编著：《最高人民法院关于保险法司法解释（三）理解与适用》，人民法院出版社2015年版，第165～185页。

74. 特定情形下，保险人可以拒绝第三人代付人身保险保险费

关键词

人身保险合同　代付保费　保险人权利　第三人代为清偿

最高人民法院司法解释

当事人以被保险人、受益人或者他人已经代为支付保险费为由，主张投保人对应的交费义务已经履行的，人民法院应予支持。

——最高人民法院《关于适用〈中华人民共和国保险法〉若干问题的解释（三）》（2015年11月25日，法释〔2015〕21号）第7条。

附录：最高人民法院主流观点

根据第三人代为清偿理论，保险人可以对缺乏合理性的代付加以拒绝。虽然我国民法未就第三人清偿制度作出规定，理论上也未形成通说观点，但我们仍可以参照域外法中共性的内容。从域外立法例来看，有利害关系者可以在不违背债务人利益的情况下代为清偿；债务人反对无利害人清偿的，或使得债权人产生拒绝权或者使得第三人不得清偿。我们在处理人身保险保险费时，可以参照处理。无利害关系人坚持以自己名义代交保险费，且投保人拒绝他人代交的，保险人可以拒绝收取。有利害关系人代交的，投保人与保险人原则上不得拒绝。由于拒绝第三人代付会导致投保人缴费义务的违反，所以当保险人的拒绝缺乏明显合理性的，保险人就需要对自己无理拒绝承担不利法律后果，不能再以投保人未按约履行交费义务，主张合同中止、行使解除权。同理，基于诚信原则，保险人收取第三人代付的保险费后，债务因清偿而消灭，保险人不能反悔，退还业已收取费用。

对可能涉及的洗钱犯罪行为，我们认为可以从三个层面加以解决。第一个

层面是刑事诉讼程序和行政执法程序层面的。国家机关依法行使法律赋予的权力对洗钱犯罪或违法行为进行查处。第二个层面是保险业经营管理层面的。保险公司在日常营业中，应当根据保监会《保险业反洗钱工作管理办法》相关要求，履行反洗钱义务。比如，对第三人的身份依法进行识别，保存第三人的身份资料和交易记录，依法识别、报告大额交易和可疑交易，配合反洗钱监督检查、行政调查以及涉嫌洗钱犯罪活动的调查。第三个层面是民法层面的。以合法形式掩盖非法目的或损害国家、集体利益、社会公共利益行为属于无效行为，自始无效、绝对无效。所以，如保险人有确切证据证明第三人的清偿属于《合同法》《民法通则》规定的无效情形的，应当拒绝接受。即使接受了代付，审理保险合同纠纷案件的法院仍应当依据职权认定此种第三人清偿自始不发生法律效力。当然，如果法院嗣后审查第三人清偿不属于法定无效情形的，保险人也应对自己的错误拒绝承担相应的法律后果。

——杜万华主编、最高人民法院民事审判第二庭编著：《最高人民法院关于保险法司法解释（三）理解与适用》，人民法院出版社2015年版，第165~185页。

75. 保险事故发生后，保险公司在无法律和合同依据的情况下，故意诱导保险人使其达成销案协议的，构成保险合同欺诈

关键词

销案协议　合同欺诈　保险合同

最高人民法院公报案例

刘向前诉安邦财产保险公司保险合同纠纷案（宿迁市中级人民法院民事判决书）

裁判摘要：保险事故发生后，保险公司作为专业理赔机构，基于专业经验及对保险合同的理解，其明知或应知保险事故属于赔偿范围，而在无法律和合同依据的情况下，故意隐瞒被保险人可以获得保险赔偿的重要事实，对被保险人进行诱导，在此基础上双方达成销案协议的，应认定被保险人作出了不真实的意思表示，保险公司的行为违背诚信原则构成保险合同欺诈。被保险人请求撤销该销案协议的，人民法院应予支持。

宿迁市中级人民法院二审认为，合同一方当事人故意告知对方虚假情况，

或者故意隐瞒真实情况，诱使对方当事人作出错误意思表示的，其行为构成欺诈。欺诈的构成要件为：（1）一方当事人存在告知虚假情况或者隐瞒真实情况的行为；（2）该行为是故意作出；（3）欺诈行为致使对方陷入错误认识，并基于该错误认识作出了不真实的意思表示。本案中，从电话回访的内容分析，被上诉人刘向前同意销案的原因是此前上诉人安邦公司拒绝理赔，致使其误以为因交通事故造成的损失将不能从安邦公司处获得赔偿。安邦公司认为其不应赔偿的理由分别是被上诉人未投保货物损失险、被保险车辆装载货物超高及不属其赔偿范围，但在诉讼中未能对其拒赔理由提供法律及合同上的依据。安邦公司作为专业保险公司，基于工作经验及对保险合同的理解，其明知或应知本案保险事故在其赔偿范围之内，在其认知能力比较清楚，结果判断比较明确的情况下，对被上诉人作出拒赔表示，有违诚实信用原则。在涉案销案协议订立过程中，安邦公司基于此前的拒赔行为，故意隐瞒被上诉人可以获得保险赔偿的重要事实，对被上诉人进行错误诱导，致使被上诉人误以为将不能从保险公司获得赔偿，并在此基础上作出同意销案的意思表示，该意思表示与被上诉人期望获得保险赔偿的真实意思明显不符。故安邦公司的行为构成欺诈，依照《中华人民共和国合同法》第五十四条第二款之规定，该销案协议应予撤销。

——《最高人民法院公报》2013 年第 8 期（总第 214 期）。

76. 一般情况下，保险事故发生后可变更非该保险事故所对应的受益人

关键词

人身保险合同　受益人变更

最高人民法院司法解释

投保人或者被保险人在保险事故发生后变更受益人，变更后的受益人请求保险人给付保险金的，人民法院不予支持。

——最高人民法院《关于适用〈中华人民共和国保险法〉若干问题的解释（三）》（2015 年 11 月 25 日，法释〔2015〕21 号）第 11 条。

附录：最高人民法院主流观点

保险实务中，保险营销人员常会为客户提供混合了多份保险合同在内的保险计划，使得客户可以享受投资收益的同时保障未来生活品质。常见的组合有人寿险加意外险、人寿险加健康险、人寿险加重疾险等。假设投保时仅笼统设

置了受益人，未区分不同险种，也没有将受益人标注为身故受益人（事实上这种情形并不多见）。现被保险人仅发生意外事故导致伤残，并未死亡，投保人或被保险人可否变更身故保险受益人？又，某住院保险合同约定保险责任期间长达数年，且约定当年发生保险事故导致保险金额用尽后，次年自动恢复。该合同的被保险人发生保险事故后，可否变更受益人？

我们认为，上述两问题的答案均是可以变更。在适用本条时，必须注意本条所指的保险事故、受益人、变更均限指一份实质意义上的保险合同，禁止变更仅限于该次业已发生的保险事故所生保险给付请求权对应之受益权。如果存在数份保险合同，投保人或被保险人仍可以变更尚未发生保险事故的保险合同受益人。如果保险合同约定的保险事故发生后，保险合同并不终止的，保险人则仍可以就将来发生的事故变更受益人，只是此次事故对应的保险赔偿金仍归原受益人。

保险法和本司法解释中所指的保险合同是指一份实质性的合同。然实务中，常会出现将数种不同性质的保险合同合并成一份保险合同或保险计划的现象。这些复数合同都可以独立存在，且不会因其中一份合同无效、终止而必然导致其他合同的效力发生变动。在设置受益人时，既可以笼统地将全部保险合同设置为相同受益人，也可以个别设立，彼此也就不会发生影响。当其中一份保险合同约定的保险事故发生的，其他尚未发生保险事故的受益人仍可以变更。

保险合同为继续性合同，保险事故发生后保险人即应当根据合同约定支付保险赔偿金，但保险合同并不因此当然终止。财产险中的车险最为常见和典型。在人身保险中，保险事故的发生并不会导致合同终止，而是因合同有关事故发生后支付理赔款并终止合同的约定导致了合同效力终止。在定额给付型医疗费用保险、重疾险、意外保险合同中，除非合同有特别约定，只要在保险责任期间，即使先后多次发生保险事故，保险人仍应就每一事故按约承担保险责任。所以，当第一次事故发生后，保险合同仍继续存续的，投保人或被保险人可以就此后发生的事故之保险赔偿金重新指定受益人。唯业已发生之保险事故导致受益人之保险给付请求权已成为现实债权，不能变更。

——杜万华主编、最高人民法院民事审判第二庭编著：《最高人民法院关于保险法司法解释（三）理解与适用》，人民法院出版社2015年版，第312～323页。

77. 共同受益人的受益份额的确定标准

关键词

人身保险合同　共同受益人　受益份额

最高人民法院司法解释

投保人或者被保险人指定数人为受益人，部分受益人在保险事故发生前死亡、放弃受益权或者依法丧失受益权的，该受益人应得的受益份额按照保险合同的约定处理；保险合同没有约定或者约定不明的，该受益人应得的受益份额按照以下情形分别处理：

（一）未约定受益顺序和受益份额的，由其他受益人平均享有；

（二）未约定受益顺序但约定受益份额的，由其他受益人按照相应比例享有；

（三）约定受益顺序但未约定受益份额的，由同顺序的其他受益人平均享有；同一顺序没有其他受益人的，由后一顺序的受益人平均享有；

（四）约定受益顺序和受益份额的，由同顺序的其他受益人按照相应比例享有；同一顺序没有其他受益人的，由后一顺序的受益人按照相应比例享有。

——最高人民法院《关于适用〈中华人民共和国保险法〉若干问题的解释（三）》（2015 年 11 月 25 日，法释〔2015〕21 号）第 12 条。

附录：最高人民法院主流观点

投保人或者被保险人指定数人为受益人时，可以确定受益份额，受益顺序的确定一般按百分比表示。实践中，可能会出险投保人或者被保险人确定的不同受益人的受益份额比例总和大于或者小于 100% 的情形，前者如指定张甲、张乙、张丙、张丁四人为受益人，受益份额分别为 40%、30%、30%、20%，后者如指定张甲、张乙、张丙、张丁四人为受益人，受益份额分别为 25%、25%、20%、10%。此时如何确定不同受益人的受益份额？我们认为，受益人及其份额的确定是合同解释问题，应尽可能探究投保人或者被保险人真实意思。投保人或者被保险人确定的不同受益人的受益份额总和大于或者小于 100% 的，各受益人之间仍应该按照其指定受益份额的实际比例受领保险金，前述第一个案例中，虽指定者指定四人为受益人并确定了受益份额，但由于受益份额总和超过 100%，各个受益人不可能同时都获得确定的份额，在此情况下，应以 100% 为基础，根据各个受益人的实际受益比例进行分配，即张甲为 33%、张乙为 25%、张丙为 25%、张丁为 17%。后一个案例中，虽指定者指定四人为受益人并确定力受益份额，但由于受益份额总和小于100%，各个受益人按照确定的比例获得受益权后，仍有未分配的保险金，此时仍应以100%为基础，跟各个受益人的实际比例进行分配，即张甲为31.25%、张乙为31.25%、张丙为25%、张丁为12.5%。

——杜万华主编、最高人民法院民事审判第二庭编著：《最高人民法院关于保险法司法解释（三）理解与适用》，人民法院出版社2015年版，第324～349页。

78. 存在继承关系的受益人与被保险人在同一事件中死亡的，死亡先后顺序的推定规则

关键词

人身保险合同　继承关系　死亡顺序

最高人民法院司法解释

受益人与被保险人存在继承关系，在同一事件中死亡且不能确定死亡先后顺序的，人民法院应根据保险法第四十二条第二款的规定推定受益人死亡在先，并按照保险法及本解释的相关规定确定保险金归属。

——最高人民法院《关于适用〈中华人民共和国保险法〉若干问题的解释（三）》（2015年11月25日，法释〔2015〕21号）第15条。

附录：最高人民法院主流观点

存在继承关系的被保险人与受益人同一事件中死亡，无法确定死亡先后顺序的推定，根据最高人民法院《关于贯彻执行〈中华人民共和国继承法〉若干问题的意见》与《保险法》第四十二条第二款规定的推定并不都是冲突的。在受益人是长辈，被保险人是晚辈，且各自都有继承人的情况下，根据最高人民法院《关于贯彻执行〈中华人民共和国继承法〉若干问题的意见》和《保险法》规定，都应规定受益人或者长辈先死亡。在受益人是晚辈，被保险人是长辈的情况下，根据最高人民法院《关于贯彻执行〈中华人民共和国继承法〉若干问题的意见》和《保险法》规定得出的结论就不一样，此时应根据两者各有适用范围分别适用不同规则。在确定保险金归属时应根据《保险法》第四十二条第二款推定受益人先死亡，并根据本解释第十二条来确定其受益份额归谁所有：有其他受益人时，该受益人的受益份额由其他受益人分配；没有其他受益人的，则保险金作为被保险人的遗产。在保险金作为被保险人遗产进行分配时，则需根据最高人民法院《关于贯彻执行〈中华人民共和国继承法〉

若干问题的意见》第二条对几个人死亡顺序进行重新推定。例如，张甲以自己为被保险人投保死亡险，指定其子张乙为受益人，张甲与张乙在同一车祸中死亡，在确定死亡险保险金归属时，应推定张乙死亡在先，因张甲没有指定其他受益人，保险金应作为张甲的遗产进行分配。在分配作为张甲遗产的保险金时，张甲是被继承人，张乙是继承人，因张甲是长辈，应推定张甲先死亡，保险金由张甲继承人张乙以及其他继承人共同分配。

——杜万华主编、最高人民法院民事审判第二庭编著：《最高人民法院关于保险法司法解释（三）理解与适用》，人民法院出版社 2015 年版，第 372～390 页。

79. 人身保险合同任意解除权的行使方式

关键词

人身保险合同　任意解除权

最高人民法院司法解释

投保人解除保险合同，当事人以其解除合同未经被保险人或者受益人同意为由主张解除行为无效的，人民法院不予支持，但被保险人或者受益人已向投保人支付相当于保险单现金价值的款项并通知保险人的除外。

——最高人民法院《关于适用〈中华人民共和国保险法〉若干问题的解释（三）》（2015 年 11 月 25 日，法释〔2015〕21 号）第 17 条。

附录：最高人民法院主流观点

投保人行使任意解除权时，应当采取何种方式进行？是仅通知保险人即可，还是需要同时通知被保险人、受益人？解除于何时发生效力？

我们认为，人身保险中的投保人任意解除权与合同法上的法定解除权基本相同，故《合同法》有关解除的规定可以适用于任意解除权。首先，任意解除权系形成权，无需经过诉讼或仲裁，只要投保人通知解除，自通知到达保险人即可以发生解除的效力。《保险法》第四十七条虽然未直接规定，但从“保险人应当自收到解除合同的通知”的表述，我们可以清楚地看到通知的对象为保险人，通知的内容为解除合同。其次，依据《合同法》，解除应向合同当事人进行通知始能发生效力。在利他保险合同中，被保险人、受益人不是合同当事人，故投保人无向他们通知之义务，也不会因向他们通知产生解除合同的效力。第三，本条司法解释强调投保人是行使解除权的主体，有权解除合同，除非被保险人或受益人已向投保人支付相当于保险单现金价值的款项并通知保险人。所以，即使投保人未告知被保险人或受益人自己将要解除保险合同，也不会使得解除权行使受到限制。至于投保人恶意不告知解除企图，导致被保险人、受益人丧失赎买机会，是否应当赔偿的问题，有待进一步研究。

——杜万华主编、最高人民法院民事审判第二庭编著：《最高人民法院关于保险法司法解释（三）理解与适用》，人民法院出版社2015年版，第448～473页。

80. 被保险人或受益人于投保人通知解除后提出异议的处理

关键词

人身保险合同　解除权

最高人民法院司法解释

投保人解除保险合同，当事人以其解除合同未经被保险人或者受益人同意为由主张解除行为无效的，人民法院不予支持，但被保险人或者受益人已向投保人支付相当于保险单现金价值的款项并通知保险人的除外。

——最高人民法院《关于适用〈中华人民共和国保险法〉若干问题的解释（三）》(2015年11月25日，法释〔2015〕21号）第17条。

附录：最高人民法院主流观点

实践中，由于被保险人或受益人向投保人支付相当于保险单现金价值的款项与被保险人或受益人通知保险人保险合同转让事宜存在一定的时间差，投保人抢先在被保险人或受益人的通知到达前即通知保险人解除合同，将导致纠纷发生。我们认为，根据合同法的原理被保险人或受益人通过向投保人支付相当于保险单现金价值方式在法律性质上属于保险合同的概括转让，在通知到达保险人之前，双方的转让行为对保险人不发生法律效力。所以，当保险人不知道被保险人或受益人已经与投保人达成了转让合同合意的情况下，其在收到投保人的解除通知后向投保人退还现金价值的，保险合同仍应当归于消灭，保险人清偿债务的行为有效。

——杜万华主编、最高人民法院民事审判第二庭编著：《最高人民法院关于保险法司法解释（三）理解与适用》，人民法院出版社2015年版，第448～473页。

81. 解除权行使前已发生保险事故情况的处理

关键词

人身保险合同　解除权　保险事故

最高人民法院司法解释

投保人解除保险合同，当事人以其解除合同未经被保险人或者受益人同意为由主张解除行为无效的，人民法院不予支持，但被保险人或者受益人已向投保人支付相当于保险单现金价值的款项并通知保险人的除外。

——最高人民法院《关于适用〈中华人民共和国保险法〉若干问题的解释（三）》（2015 年 11 月 25 日，法释〔2015〕21 号）第 17 条。

附录：最高人民法院主流观点

我们认为，假如保险人尚未向甲按约退还现金价值，处理较为简单。首先，被保险人系于保险合同解除前发生保险事故，保险人按约负有给付保险赔偿金的义务。其次，如保险合同约定发生保险事故并理赔后保险合同终止的，因合同已因约定终止事项的出现而归于终止，故投保人再行使任意解除权不发生解除效力。保险人也就无权按合同解除向投保人退还保险现金价值。第三，如保险合同没有约定事故发生合同即终止，或发生的保险事故不属于约定的事项范围，则合同并未因保险事故的发生而终止。投保人行使任意解除权也就可以发生解除效力，保险人应当按约退还相应的现金价值。

假如保险人已向甲按约退还现金价值的，则在处理上较为复杂。我们倾向于认为，被保险人、受益人在合同解除前即已经发生保险事故，受益人之保险给付请求权成为现实债权，故保险人应当承担保险给付责任。而保险人、投保人因不知道事故业已发生，办理了退保手续，保险人因此蒙受利益损失，而投保人获得本不应获得的现金价值的，保险人可以向投保人主张不当得利。至于投保人的解除是否发生效力，可考虑合同就终止有无特别约定，保险事故是否属于约定终止的情形，解除权通知的发出有无意思表示上的瑕疵等情形，作出处理。

——杜万华主编、最高人民法院民事审判第二庭编著：《最高人民法院关于保险法司法解释（三）理解与适用》，人民法院出版社 2015 年版，第 448 ~ 473 页。

82. 饮酒过量导致身体损害不属于意外伤害，被保险人据此申请保险公司支付保险金的，人民法院不予支持

关键词

饮酒过量　完全民事行为能力人　意外伤害　支付保险金

最高人民法院公报案例

赵青、朱玉芳诉中美联泰大都会人寿保险有限公司意外伤害保险合同纠纷案

> **裁判摘要：意外伤害是指由于外来的、突发的、非本意的、非疾病的原因导致身体受到伤害的客观事件。饮酒过量有害身体健康属生活常识，被保险人作为完全民事行为能力人，对此完全可以控制、避免，故饮酒过量导致身体损害不是基于外来的、突发的和非本意的因素，不属于意外伤害，被保险人据此申请保险公司支付保险金的，人民法院不予支持。**

南京市鼓楼区人民法院一审认为：原告赵青、朱玉芳对赵开先生前喝酒的事实无异议，根据《南京市急救中心院前医疗急救病历》和《接处警工作登记表》记载，可以证实赵开先系醉酒导致死亡，上述记载并未出现其他外在因素的介入。原告提供的《死亡证明》仅记载了死亡原因为“酒后意外死亡”，并未记载导致死亡的其他意外因素，故其认定的意外因素为“酒后”。至于喝酒致死是否属于意外身故，则需根据案涉保险合同的约定加以认定。根据保险合同约定，意外伤害是指遭受外来的、突发的、非本意的、非疾病的使身体受到伤害的客观事件。喝酒过量有害身体健康属生活常识，赵开先作为完全民事行为能力人，完全可以控制是否需要喝酒及喝酒量的多少，故喝酒行为本身不符合意外伤害定义的外来的、突发的和非本意的因素，不属于意外伤害。在赵开先喝酒死亡过程中，并无证据表明存在外部因素的介入，故其喝酒导致死亡不属于意外身故，原告主张被告联泰保险公司承担意外身故保险金责任于法无据，法院不予支持。

一审宣判后，双方当事人在法定期限内未提出上诉，一审判决已发生法律效力。

——《最高人民法院公报》2017年第9期总第263期。

（三）财产保险合同

83. 财产保险合同的性质及赔偿计算标准

关键词

财产保险合同　理赔　保险价值

最高人民法院裁判文书

陈永梁与中国人民保险公司阿荣旗支公司财产保险合同纠纷案（最高人民法院〔2011〕民提字第238号民事判决书）

裁判要点：《保险法》第三十九条（2009年修订后《保险法》第55条）不仅明确了保险金额与保险价值不同概念和作用，也对保险金额与保险价值之间的关系作出了原则性的规定，同时也对保险标的的实际损失如何确定作了规定。保险合同对保险价值有约定的，为定值保险，否则为不定值保险。二者的区别在于保险合同约定的保险理赔确定赔偿金额时，定值保险只需确定损失比例，而不定值保险不仅需确定损失比例，且还须确定事故发生时保险标的的价值，以实际价值作为保险赔偿的依据。

保险公司需要客户的配合（如及时报案、及时出具涉险财物价值证明等）才能及时完成理赔，由于被保险人的拖延或拒不履行相关义务导致保险公司未能按照法定期间完成理赔的，保险公司不承担相应责任。

最高人民法院认为：一、关于本案保险合同性质为定值保险或者不定值保险问题。《保险法》于1995年10月1日实施，2002年10月第一次修改，本案所涉保险合同签订于2002年3月12日和8月19日，故本案应当适用1995年保险法。该法第三十九条规定，保险标的的保险价值，可以由投保人和保险人约定并在合同中载明，也可以按照保险事故发生时保险标的的实际价值确定。保险金额不得超过保险价值；超过保险价值的，超过部分无效。保险金额低于保险价值的，除合同另有约定外，保险人按照保险金额与保险价值的比例承担赔偿责任。该规定不仅提及保险价值和保险金额的不同概念和作用，也对保险金额与保险价值之间关系作了原则性规定，同时也对保险标的实际损失如何确定作了规定。根据2009年3月2日保监会保监发〔2009〕29号《关于发布〈2009版保险术语〉行业标准的通知》，对全国保险业标准化技术委员会制定（保标会）制定的《2009版保险术语》行业标准（标准编号为JR/T00322009），该《保险术语》6.3.2财产保险确定保额一栏列明，保险价值为经保险合同当事人约定并记载于保险合同中的保险标的的价值，或保险事故发生后保险标的实际价值。而保险金额按照1995年《保险法》第二十三条第四款规定，是指保险人承担赔偿或者给付保险金责任的最高限额。对于财产保险，保险价值是保险人赔偿计算标准。保险人赔偿责任以保险标的实际损失为限，保险赔偿基本原则为损失补偿原则，要确定保险标的实际损失必先确定保险标的实际价值亦即保险价值，保险标的价值是确定实际损失的条件，从而决定着保险赔偿金数额。而保险金额是保险事故发生后保险人支付保险赔偿金的最高限额，而非保险人支付赔偿金计算标准。二者概念有本质区别，但二者之间又相互联系。当保险标的实际损失超过保险金额时，保险人赔偿责任只能以保险金额为限；但当保险标的实际损失低于保险金额的，除当事人有特别约定外，保险人应按照保险金额与保险价值的比例承担赔偿保险金责任。保险金额必须在订立保险合同时按照一定方法确定，而保险价值可以不在订立保险合同时约定，而在事故发生后确定。保险价值和保险金额有不同确定方法。根据中国人民保险公司《财产保险基本险条款》规定，固定资产的保险价值是出险时重置价值。即以同一或类似的材料和质量重新换置受损财产的价值或费用。固定资产的保险金额由被保险人按照账面原值或原值加成数确定，也可按照当时重置价值或其他方式确定。流动资产的保险价值是出险时账面余额。流动资产（存货）的保险金额由被保险人按最近12个月任意月份的账面余额确定或由被保险人自行确定。以估价方式确定保险金额投保的，发生保险事故后，保险价值应当按照发生保险事故时保险标的实际价值确定。因此，按照当事人对保险价值是否事先在保险合同作出约定，将保险合同分为定值保险和不定值保险。保险合同对保险价值有约定的为定值保险；否则为不定值保险。二者区别在于保险合同约定的保险事故发生后确定赔偿金额时，定值保险只需确定损失比例，而不定值保险不仅需确定损失比例，且必须确定事故发生时保险标的实际价值，以实际价值作为保险赔偿金额的计算依据。

从本案所涉两份保险单约定来看，2002年3月12日阿荣旗森利达木制品有限公司与保险公司签订对陈永梁承租房产投保固定资产基本险的《个体工商业财产保险单》，仅载明保险金额18万元。所附《财产保险投保标的明细表》对房产中分别为500m^2、3002的车间和宿舍分别约定保险金额14万元和4万元，合计18万元。2002年8月19日陈永梁又以森利达木制品厂名义对其机器设备作为固定资产投保签订《财产保险基本险保险单》，在“以何种价值投保”栏目写明“估价”，“保险金额”128万元。并对附加险保险标的、费率、保险费作了约定。所附《财产保险投保标的明细表》中对标的名称火柴杆生产线、旋转烘干线、雪糕棍生产线、冷热风烘干线、筛理生产线、开刀机、磨刀机、电焊机等，分别列明保险金额。保险单中“以何种价值投保”中的“估价”并未对保险价值作出明确约定，因此本案应定性为不定值保险。本案保险合同条款文字按其文义不应引起争议或异议，也不存在两种以上解释从而适用有利于被保险人解释的前提。本案保险合同保险标的保险价值只能按照保险事故发生时保险标的实际价值确定。

二、关于保险人是否迟延理赔问题。自本案火灾发生后，陈永梁曾分别于2002年9月15日、12月18日、2003年4月20日向保险公司提交出险通知、索赔申请。2003年4月22日，保险公司委托广东方中保险公估有限公司对发生在生产车间火灾所造成财产损失价值进行公估，并于2003年7月10日对机器设备和房产分别出具《保险公估报告书》。2003年6月11日保险公司向陈永梁要求补充提供受损机器设备规格型号和技术资料等，2003年6月20日陈永梁回函表示不同意保险公司的要求。根据1995年《保险法》第二十二条规定，保险事故发生后，依照保险合同请求保险人赔偿或者给付保险金时，投保人、被保险人或者受益人应当向保险人提供其所能提供的与确认保险事故的性质、原因、损失程度等有关的证明和资料。保险人依照保险合同的约定，认为有关的证明和资料不完整的，应当通知投保人、被保险人或者受益人补充提供有关的证明和资料。第二十三条规定，保险人收到被保险人或者受益人的赔偿或者给付保险金的请求后，应当及时作出核定；对属于保险责任的，在与被保险人或者受益人达成有关赔偿或者给付保险金额的协议后十日内，履行赔偿或者给付保险金义务。保险合同对保险金额及赔偿给付期限有约定的，保险人应当依照保险合同的约定，履行赔偿或者给付保险金义务。保险人未及时履行前款规定义务的，除支付保险金外，应当赔偿被保险人或者受益人因此受到的损失。本案中，保险公司收到索赔申请后即委托公估公司进行现场查勘、损失鉴定等，并向陈永梁收集确认事故损失程度必需的各项资料，为客观所需。陈永梁未按保险公司要求提供受损机器设备技术参数、型号等资料导致损失程度无法确定。本案没有得到及时赔偿原因在于本案保险标的损失价值无法确定，不存在适用《保险法》第二十三条规定的条件。陈永梁再审请求判令保险公司按保险合同约定给付赔偿金外，并按银行同期贷款利率支付从提起诉讼次日起至全部赔付时止利息，缺乏事实和法律依据，本院不予支持。

三、对于呼伦贝尔市中级人民法院2004年1月9日委托呼伦贝尔万华会计师事务所于2004年4月1日作出的呼万评字〔2004〕第16号《资产评估报告书》应否采信问题。首先，呼伦贝尔市中级人民法院在本案保险合同没有约定保险价值的情况下，又不能依据保险公司单方面委托公估机构所作的报告认定本案保险合同标的实际损失，委托呼伦贝尔万华会计师事务所作出资产评估并非仅仅依据职权所作，也有根据陈永梁2003年6月23日向该院提交的申请法院委托资产公估部门对保险标的损失程度作出鉴定的申请书。同时，呼伦贝尔市中级人民法院就委托评估机构对本案火灾事故造成财产损失价值进行评估鉴定一事，于2003年12月3日召集双方当事人及代理人进行了询问，陈永梁一方表示同意该院委托评估鉴定，不存在违反证据规则情形。内蒙古自治区高级人民法院再审判决认定，呼伦贝尔万华会计师事务所及其鉴定人员具有相应资质，其鉴定结论应作为人民法院认定火灾损失的基础正确。在此基础上，该判决维持国家木工机械质量监督检验中心有关生产线和单机的价值认定，除去不具有鉴定资格的阿荣旗星光电机修理部姜建飞有关扣除电机残值的结论。同时，针对保险公司出现场时未对事故现场作勘验记录，以及法院委托鉴定机构对火灾损失价值做资产评估时距离事故发生时相隔一年多时间等因素，按照陈永梁提供的设备安装草图增加缺少的机械设备，并比照高价格定值，避免单机定价不足，符合实际，处理适当。虽然呼伦贝尔万华会计师事务所呼万评字〔2004〕第16号资产评估报告书也称，评估基准日（2004年1月9日）距离火灾发生日（2002年9月15日）较长，索赔申请中所列主体设备不知去向缺失严重，无法取得火灾现场勘查结果，但上述问题已为内蒙古自治区高级人民法院再审判决所考虑。另外，陈永梁坚称火灾现场一直有人看护，并在其再审申请中要求保险公司赔偿包括出险现场看护人员工资在内的各项费用97659.40元，其中看护现场工人工资28160元，但其对发生火灾后现场设备如何缺失、缺失哪些设备不置可否。因而陈永梁上述再审主张，本院亦不予支持。

四、对于火灾造成的房产损失，保险公司应如何赔偿问题。由于本案火灾房产系陈永梁租赁而来，陈永梁按照租赁合同约定对房产进行保险。房屋所有权人阿荣旗那吉屯农场金库砖瓦厂就房产损失向阿荣旗法院对陈永梁提起诉讼。在该案中，阿荣旗人民法院依照职权委托内蒙古普惠会计师事务所有限责任公司对陈永梁投保的车间房产烧毁的重置价值进行评估，对委估资产在2003年10月22日（评估基准日）所表现的市场价值鉴定。该所2003年10月27日以内普会评字〔2003〕第23号《曲金库单项资产（房屋）评估报告书》对烧毁房屋的评估基准日的评估价值鉴定为87033元。阿荣旗人民法院依照该评估结论，2003年12月8日以〔2003〕阿民初字第01388号民事判决，判令被告陈永梁赔偿原告那吉屯农场金库砖瓦厂房产损失87033元，并给付租金、支付租金违约金。该判决已经发生法律效力。该案也是由法院委托保险中介机构对遭受火灾房产损失进行评估，并以评估结论作为判决论据，当事人并没有异议。保险公司相应地亦应当按照阿荣旗人民法院判决数额向陈永梁支付保险房产损失赔偿金。

——法信网，www. faxin. cn。

说明

1995年《保险法》第39条规定了保险价值的确定方式及保险金额与保险价值的关系，该条的规定在2002年《保险法》中得以完整保留，条文顺序调整为第40条。2009年《保险法》第55条未就2002年《保险法》第40条作出实质性修改，主要从立法技术上进行了完善。

人民法院委托鉴定机构对火灾财产损失进行评估鉴定，依法有据，并根据案情适当加以调整，符合客观。本案处理也得与本案火灾造成的损失的已有判决相协调一致。①

84. 保险标的物范围的判定标准

关键词

保险标的物范围　判定标准　财产保险合同

最高人民法院裁判文书

再审申请人中国平安财产保险股份有限公司莱阳支公司与被申请人烟台宏辉食品有限公司财产合同纠纷案（最高人民法院〔2013〕民提字第121号民事判决书）

裁判要点：本案的主要争议焦点是保险标的物范围是宏辉公司厂区全部建筑物还是特定的三栋房屋，其中《财产保险综合险投保单》是本案重要书证之一，该投保单有涂改痕迹，双方当事人对其证明内容产生争议。本案中，该投保单上保险财产项目、投保金额、事故绝对免赔额等处虽有涂改痕迹，但这些内容在投保单的其他地方进行了重复记载，内容并无矛盾，且明确记载保险标的物范围是宏辉公司厂区内特定的三栋房屋。宏辉公司在诉讼中承认该份投保单系该公司在空白页上加盖公章交给平安莱阳公司形成的，其关于本案保险标的物

---

① 最高人民法院审判管理办公室编：《最高人民法院优秀裁判文书（第一辑）》，法律出版社2013年版，第193页。

是宏辉公司厂区全部建筑物的诉讼主张没有相应的证据予以证明，应对在空白投保单上盖章的行为承担相应的民事法律责任。

最高人民法院认为：本案的主要争议焦点是：第一，本案所涉保险合同保险标的物范围是宏辉公司厂区内的全部建筑物，还是特定的三栋房屋；平安莱阳公司应赔付的保险金是多少。第二，本案所涉施救费用的承担问题。

（一）关于本案所涉保险合同保险标的物范围问题

本案所涉保单上载明受益人为中国工商银行股份有限公司莱阳支行而非宏辉公司，保险项目为房屋建筑，并附有一份加盖有抵押人宏辉公司及抵押权人中国工商银行股份有限公司莱阳支行公章的《抵押物清单》。该《抵押物清单》上载明了相关房屋建筑的基本情况。可见，本案中宏辉公司为满足中国工商银行股份有限公司莱阳支行的贷款条件，向平安莱阳公司购买贷款抵押物保险的交易关系明显。本案所涉保险标的物范围应当根据当事人交易背景、综合全案证据加以判定。

《财产保险综合险投保单》是本案重要书证之一，双方当事人对该证据的真实性均无异议，仅对其中涂改部分所证明的内容发生争议。尽管该投保单记载的被保险人证件号码、保险财产项目、投保金额、事故绝对免赔额等部分数字有涂改痕迹，但这些数字内容在投保单的其他地方也进行了明确记载，包括大写的“总保险金额”与小写的“80237 万元”，二者完全一致。宏辉公司在诉讼中承认该份投保单系该公司在空白页上加盖公章交给平安莱阳公司形成的，该事实表明，宏辉公司并未在该投保单上记载其投保的财产是其厂区内全部建筑物，其应对在空白投保单上盖章的行为承担相应的民事责任。

本案中《财产保险综合险保单明细表》《财产保险综合险投保单》《抵押物清单》上记载的保险标的物房屋估价均为 80237 万元，数额一致且与《工业房地产抵押价值评估报告》中 80676 万元的房地产估价接近。《财产保险综合险保单明细表》上明确保险项目标的地址在莱阳市经济开发区海河路北天回路（房产证隆茂街西武当山北），《财产保险综合险投保单》《抵押物清单》、山东省莱阳市人民政府莱字第 00033979 号房权证和莱国用（2006）第 1138 号土地证书、《工业房地产抵押价值评估报告》上载明的标的物均明确指向宏辉公司拥有房产权证的位于莱阳市经济开发区隆茂街西、武当山路北，面积为 446347 平方米、砖混和钢筋混凝土结构的办公楼、综合楼、车间（冷库）等三栋房屋建筑。上述证据内容之间相互印证，证明本案所涉保险标的物的范围就是上述特定的三栋房屋，而不包括宏辉公司厂区内其他建筑物和道路。因此，宏辉公司关于本案保险标的物是其厂区内全部建筑物的诉讼主张没有相应的证据予以证明。

本案再审期间，双方均认可将山东佳联保险公估有限公司出具的鲁佳公估字F（2009）014号公估结论书作为计算本案保险金的依据。根据前述认定，本案所涉保险合同保险标的物不包括宏辉公司厂区内钢结构等其他建筑物和道路，应当将该公估结论书中有关烧毁钢结构车间西墙体及车间内二层平台损失金额371774元、烧毁钢结构车间安装工程损失金额46851元、烧毁钢结构车间钢结构工程损失金额2545096元、受损道路工程损失金额24790元予以扣除。本案所涉保险合同保险标的物即宏辉公司拥有产权证书的三栋房屋的损失金额为：1砖混车间西墙、南墙、屋面、物料间、东墙栋受损部分工程损失金额579671元；2砖混车间东车间前墙夹心板及屋面及窗损失金额71585元；3砖混车间前台轻钢屋面工程损失金额69728元。上述三项保险标的物损失金额合计720984元，扣除保险合同约定的15%绝对免赔额，平安莱阳公司应向宏辉公司赔付的保险金是6128364元。

（二）关于施救费用的承担问题

申请人平安莱阳公司对于施救费用中的水费、器材费、工人施救补助费均提出了异议，认为宏辉公司未能区分上述费用是用于实际施救保险标的物还是其他费用。关于水费，宏辉公司在原审中提交了其2009年3月、4月、5月、6月四个月的水费结算单、代收水资源费结算单、污水处理费结算单，表明前三个月的水费基本持平，而2009年6月即在火灾发生后，水费明显大幅度上升。考虑到火灾发生在6月初，火灾后工厂便停产，正常用水费用所占比例很小，"正常用水"与"灭火用水"二者在数量上无法准确计算，故原审法院判决认定的灭火水费并无明显不当。关于器材费与工人施救补助费，宏辉公司已经尽了举证责任，提供了有关器材费发票及工人施救补助费领用单，且费用合理。《中华人民共和国保险法》等法律鼓励被保险人尽可能地降低不必要的损失。如果对被保险人的举证责任要求过严，则不利于该立法目的的实现，进而有损于保险法律关系中双方当事人的切身利益。因此，原审法院对于宏辉公司关于施救费用举证责任的要求并无不当。但该部分费用中包括了宏辉公司厂区内所有建筑物及设施的施救费用，显然超过了本案所涉保险标的物范围，超出部分不应由平安莱阳公司承担。本案保险事故发生在多年以前，火灾现场早已清理完毕，现再让宏辉公司举证证明针对本案所涉保险标的物范围的施救费用已无可能。鉴于原审判决支持的施救费用针对的是宏辉公司厂区内所有六栋建筑物及设施，现已查明本案保险标的物仅限其中的三栋房屋，故本院依据公平原则，酌定平安莱阳公司赔付50%的施救费用。同理，本案的案件受理费及鉴定费，亦应由宏辉公司和平安莱阳公司各承担50%。

——最高人民法院民事审判第二庭编：《商事审判指导》2014年第1辑（总第37辑），人民法院出版社2014年版，第223～235页。

85. 审理保险合同纠纷案件如何认定暴雨

关键词

保险合同　暴雨

最高人民法院答复

内蒙古自治区高级人民法院：

你院〔1991〕内法经请字第2号请示报告收悉。经研究，答复如下：

鉴于1986年8月24日（即23日的二十时至24日的二十时）的降雨量达到暴雨标准，如保险标的物是由于该日降雨遭受损失的，应由保险人承担相应的赔偿责任。确定具体赔偿额时，应从实际情况出发，按保险条例的有关规定办理。

此复。

——最高人民法院《关于审理保险合同纠纷案件如何认定暴雨问题的复函》（1991年7月16日，法〔经〕函〔1991〕70号）。

说明

保险合同的保险责任条款中规定的“暴雨”，并非是人们通常所说的“下得非常大的雨”，而是有具体衡量标准的，即雨量每小时16毫米以上，或24小时降水量大于50毫米的才称为暴雨。低于这一标准的，不能认定为暴雨。

86. 保险人对投保人仓库的检查结果，难以成为减轻其他主体责任的法律依据

关键词

保险合同　代位求偿权　减轻责任

最高人民法院裁判文书

中国冶金地质总局中南局长沙地质勘查院与中国人民财产保险股份有限公司长沙支公司等保险代位求偿权纠纷再审审查案（最高人民法院〔2013〕民申字第85号民事裁定书）

裁判要点：保险人对投保人仓库虽依法具有检查的权利，可以提出消除不安全因素和隐患的书面建议，但即使未检查出安全隐患，也难以作为减轻其他主体责任的法律依据。

最高人民法院认为：一审判决长沙地勘院与周金涛负直接责任，共同承担70%的损失赔偿责任。二审判决长沙地勘院承担70%的火灾损失责任，并对周金涛应该承担的10%损失赔偿责任承担连带责任。根据原审查明的事实，二审判决长沙地勘院承担上述损失赔偿责任有事实和法律根据。第一，根据公安消防部门出具的火灾事故责任书，火灾原因是长沙地勘院设在5号小仓库18回路箱电气线路短路引起，相关部门据此确定其承担直接责任。第二，长沙地勘院虽称其对引发火灾的回路箱无法管理，但其对在他人管理的仓库内设立回路箱及无法管理未作出合理解释。第三，周金涛所办旭昂塑料模具厂虽擅自搭建仓库并将不符合安全条件的仓库出租他人，但上述行为与保险事故不具有法律上的因果关系，难以构成火灾损害的共同侵权人，二审判决其承担10%的事故损失赔偿责任，并无不当。第四，财保长沙公司作为保险人，对投保人仓库虽依法具有检查的权利，可以提出消除不安全因素和隐患的书面建议，但即使未检查出安全隐患，也难以作为减轻其他主体责任的法律依据。据此，二审对火灾损失赔偿责任的分配基本合理。

——中国裁判文书网，http：//www. court. gov. cn/zgcpwsw/zgrmfy/。

87. 仓库业主对保险事故发生是否有责任

关键词

保险代位求偿权　仓库承租人

最高人民法院裁判文书

中国人民财产保险股份有限公司天津经济技术开发区支公司、上海未来岛投资置业有限公司、上海未来岛企业管理有限公司保险人代位求偿权纠纷案

（最高人民法院〔2012〕民二终字第88号民事判决书）

裁判要点：保险事故发生原因在于仓库承租人及其雇佣的物业管理公司不当行为，但作为仓库所有权人的业主依约对物业仍然具有全面的管理责任，对物业所有设施仍然负有安全、维护、保养、维修、管理等责任。对仓库承租人和物业管理公司的不当行为没有及时检查到或者放任，也具有过错，构成对受害人的违约或者侵权，同样也应

承担相应的民事责任。

最高人民法院认为：根据当事人的上诉和答辩，本案争议焦点是：一、火灾起因和责任认定。二、作为仓库业主的未来岛投资公司对此次火灾所造成的损失应否承担责任。

关于火灾起因和责任认定问题。对于本案火灾起火原因，上海市消防局的2008年12月31日沪消〔2008〕339号《关于"12·7"施耐德电气（中国）投资有限公司上海分公司物流仓库火灾原因调查的情况报告》、2009年1月5日上海市普陀区公安消防支队沪普公消（认）〔2009〕第0001号《火灾原因认定书》以及2009年6月23日上海市消防局沪公消（责）〔2009〕第0001号《火灾事故责任书》均作了一致认定。上海市消防局沪公消（责）〔2009〕第0001号《火灾事故责任书》对本案火灾的责任也作了相应的认定。上述认定是行政主管部门依据法定职权和程序所作的有权认定，应当作为证据。施耐德电气公司对此责任认定未提出异议。在没有充分确实证据推翻上述认定的前提下，不能否定上述认定的合法有效性。原审法院根据消防部门对事故原因和责任认定，结合当事人过错程度，确定未来岛管理公司和施耐德电气公司之间责任比例为70%和30%，未来岛管理公司承担本案火灾损失中292400182.75元（417714546.79元×70%）的赔偿责任，施耐德电气公司自行承担其余损失。该责任比例恰当，处理正确。上诉人人保公司关于原审判决对本案火灾原因、责任认定不清，消防部门《火灾原因认定书》《火灾事故责任书》不能作为定案依据以及要求调取消防部门对本案火灾调查原始资料和其他部门材料，申请对火灾原因、责任重新委托鉴定，请求判令被上诉人承担本案火灾损失90%的赔偿责任等，缺乏充分的理由和事实依据，本院不予采纳。

关于本案仓库业主未来岛投资公司对本案火灾事故及其损失是否应当承担责任问题，此为当事人上诉争议的焦点和核心。未来岛投资公司作为仓库所有权人，其按照2001年《租赁合同》向施耐德电气公司交付了厂房包括附属电气、消防设施等以便作为施耐德电气公司仓库使用，尽管未来岛投资公司也提供了该仓库产权证以及仓库分别按期完工时所办的消防设施验收合格证，承租人施耐德电气公司使用该仓库时亦未提出异议，但该仓库的附属电气、消防设施在火灾之前不断发生故障以及被有关部门责令整改却是不争事实。按照未来岛投资公司和施耐德电气公司之间签订的《租赁合同》第6.4条约定，产权人未来岛投资公司向施耐德公司交付仓库后对仓库、外围区域和有关设备设施和公用事业设施应当承担自费修理义务；如果业主未能履行或不合理地迟延履行其修理、维护和更换的义务，施耐德电气公司可以自行或通过独立的承包商完成修理、维护和更换工作。施耐德电气有权从应付管理费或租金中扣除上述工作的费用，并通知业主。未来岛投资公司委托有资质的第三方晋晓公司对仓库电气、消防设施进行日常维护正是履行租赁合同义务的体现。未来岛投资公司将仓库交给施耐德电气公司使用后，尽管施耐德电气公司专门委托物业公司进行管理，业主和物业公司对仓库都负有管理责任，但作为业主对物业所有设施负有安全、维护、保养、维修、管理责任，应当是全面的。业主未来岛投资公司对承租人施耐德电气公司擅自改变仓库照明电路安装自制灯具防空气开关动作锁闭装置并长期使用所带来的安全隐患，未能及时检查到或者放任，也是存在过错的。未来岛投资公司作为业主对本案火灾起因主要是由于吉汇公司电工对仓库高压电控系统进行保养时操作不当所致也应当负有责任，属于业主未来岛投资公司未完全履行合同约定义务。这种行为的后果既可以构成合同违约，也可以构成侵权，是两个行为的竞合。同时，根据《租赁合同》第6.1条的约定，“在租期内，业主或业主指定的管理公司应负责厂房、外围区域，以及附件2规定的相关设备、设施和公用事业设施的物业管理，包括但不限于定期及不定期的保养维护、修理、清洁、绿化和保安。业主应当对管理公司的作为和不作为承担连带责任”。因此，人保公司向未来岛管理公司和未来岛投资公司追偿是有法律依据的。人保公司关于未来岛投资公司为诉争仓库电气、消防设施设备维修保养的法定义务人，其对未来岛管理公司未尽注意、提醒和督促等管理、监督义务，对火灾发生负有直接责任和领导责任，以及按照《租赁合同》第6.1条的规定，未来岛投资公司应当对未来岛管理公司的作为和不作为承担连带责任的上诉请求和理由成立，本院予以支持。原审判决对此认定和处理不当，本院予以纠正。

——最高人民法院民事审判第二庭编：《最高人民法院商事审判指导案例·合同与借贷担保》，中国民主法制出版社2013年版，第361~373页。

88. 关于机损险及其项下利损险保单约定保险责任范围和损失额的确定

关键词

财产保险　机损险　利损险　保险责任范围

最高人民法院裁判文书

深圳美视电力工业有限公司与华安财产保险股份有限公司保险合同纠纷上诉案（最高人民法院〔2001〕民二终字第200号民事判决书，法公布〔2002〕第50号）

裁判要点：设计逻辑错误属于保险公司承保的机器损坏险及其项

下利损险约定的保险责任范围，其利润损失赔偿额计算依据为被保险企业年度净利润数额。

最高人民法院认为：保险公司与投保人订立保险合同，分为财产险、机损险和利损险三个险种。本案爆炸的原因已确认是因机器设计错误引起，尽管所涉损失的发生不是单一原因所致，而是由于机器设计错误和爆炸等两个原因使然。但我国保险理赔遵循的是国际保险理赔通行的近因原则。据此原则，引发本案一连串事故的前因是机器管破裂和设计逻辑错误，爆炸是前因发展的必然结果，由此，设计错误是本案损失发生的近因，属于保险公司承保的机器损坏险及其项下利损险保险单约定的保险责任范围。

当事人双方签订保险合同，其中机损利损险保险条款规定：承保机器损坏险承保范围内的原因引起的停产、减产、营业中断期间的毛利润、减产、营业中断等间接损失。被保险人依约支付了保险费，后发生事故，保险公司应根据利损险保单对机器损坏导致的利润损失承担赔偿责任。但因被保险企业当产年年度利润比上年度有大幅度增加，上年度账册显示的利润失去了可比性，若按照保险合同约定以上年度毛利润作为机器损坏利润损失赔偿额的计算依据，显然不符合实际经营情况，并有失公允。故保险公司关于应以被保险企业上年度毛利润作为机器损坏利润损失赔偿额计算依据的主张，因有悖公平原则，不予支持。由于被保险企业年度净利润数额更接近该公司的实际赢利额，具有可保利益，以该数额作为利润损失赔偿额的计算依据，不违背公平原则。

——最高人民法院办公厅编：《最高人民法院公布裁判文书（2002 年）》，人民法院出版社 2003 年版，第 445 ~ 465 页。

89. 责任保险中第三人享有独立请求权

关键词

责任保险　第三人独立请求权

最高人民法院审判业务意见（民一庭倾向性意见）

最高人民法院民一庭经讨论研究，多数人认为：根据《保险法》第 49 条（2009 年修订后《保险法》第 65 条）之规定，责任保险中的受害第三人作为合法的请求权人在被保险人未及时支付赔偿费用时，可以依据保险合同请求保险人支付保险金。

附：问题的提出

责任保险是指以被保险人依法应当对第三人承担的损害赔偿责任为标的而成立的保险合同。依照责任保险合同，投保人（被保险人）按照约定向保险人支付保险费，在被保险人致人损害而应当承担赔偿责任时，由保险人按照保险单约定承担给付保险赔偿金的义务。因责任保险以被保险人对第三人的赔偿责任为标的，以填补被保险人对第三人承担赔偿责任所受损失为目的，又被称为第三人保险或者第三者责任保险。责任保险的给付，与第三者的利益有着直接或者间接的关系。《保险法》第50条第1款（2009年修订后《保险法》第65条第1款）规定，保险人对责任保险的被保险人给第三者造成的损害，可以依照法律的规定或者合同的约定，直接向该第三者赔偿保险金。在理解和适用该法条时，对受害人（责任保险合同的第三人）能否直接请求保险人承担赔偿责任的问题存在争议。

——张颖新：《责任保险中第三人是否享有独立请求权》，载最高人民法院民事审判第一庭编：《中国民事审判前沿》2005年第1集，法律出版社2005年版，第262页。

90. 保险人已将保险金支付给了被保险人，仍应“重复”支付给第三者，向第三者赔偿后可主张被保险人返还相应保险金

关键词

第三者　保险金　“重复”支付

最高人民法院司法解释

责任保险的保险人在被保险人向第三者赔偿之前向被保险人赔偿保险金，第三者依照保险法第六十五条第二款的规定行使保险金请求权时，保险人以其已向被保险人赔偿为由拒绝赔偿保险金的，人民法院不予支持。保险人向第三者赔偿后，请求被保险人返还相应保险金的，人民法院应予支持。

——最高人民法院《关于适用〈中华人民共和国保险法〉若干问题的解释（四）》（2018年7月31日，法释〔2018〕13号）第20条。

附录：最高人民法院主流观点

2015年《保险法》修订后第三者享有向保险人直接请求保险金的权利得到进一步确认，司法实践亦统一了法律适用。但对于保险人在赔偿第三者之前，基于种种原因，确实已向被保险人赔偿的是否还需要向第三者“双重”赔偿的，《保险法》未予涉及，司法实践中的意见也并不统一。根据《道路交

通安全法》第76条的规定，机动车发生交通事故造成人身伤亡、财产损失的，由保险公司在机动车第三者责任强制保险责任限额范围内予以赔偿；不足的部分，根据侵权人过错的不同承担相应责任。《机动车交通事故责任强制保险条例》第31条第1款规定："保险公司可以向被保险人赔偿保险金，也可以直接向受害人赔偿保险金。但是，因抢救受伤人员需要保险公司支付或者垫付抢救费用的，保险公司在接到公安机关交通管理部门通知后，经核对应当及时向医疗机构支付或者垫付抢救费用。"从上述专门立法规定可以看出，《机动车交通事故责任强制保险条例》赋予了保险人在履行保险赔偿责任时的给付对象选择权，司法实践中也出现了将此规定作为保险人在选择被保险人作为给付对象且实际履行给付义务后债务消失，不再负有向受害第三者支付保险金义务的法律依据的做法。而如前所述我国现行《保险法》第65条第2款明确规定了第三者的直接请求权。法律规定的不一致造成了司法实践中的争议——一种观点根据《机动车交通事故责任强制保险条例》认为保险人在履行保险赔偿责任时享有给付对象的选择权；另一种观点根据《保险法》认为第三者对保险公司享有直接请求权，保险人不得以已向被保险人理赔为由对抗第三者的该项权利。

我们认为，根据《保险法》第65条第3款的规定，责任保险的被保险人给第三者造成损害，被保险人未向该第三者赔偿的，保险人不得向被保险人赔偿保险金。显然根据该规定，在被保险人未向第三者赔偿的情况下，保险人不能向被保险人履行保险赔偿责任。《保险法》是全国人大制定的法律，《机动车交通事故责任强制保险条例》是国务院制定的条例，属下位法，根据法律的适用原则，上位法优先于下位法，《机动车交通事故责任强制保险条例》不得违背《保险法》的相关规定。因此，在被保险人尚未向第三者赔偿之前，保险人不能向被保险人理赔。换言之，保险人不能以其已向被保险人赔偿为由，对抗受害人的赔偿请求权。

——最高人民法院民事审判第二庭编著：《最高人民法院关于保险法司法解释（四）理解与适用》，人民法院出版社2018年版，第162~163页。

91. 保险公司无权解释"家庭成员""直系血亲""亲属"等法律概念

关键词

保险公司　家庭成员　直系血亲　亲属

最高人民法院公报案例

杨树岭诉中国平安财产保险股份有限公司天津市宝坻支公司保险合同纠纷案（天津市第一中级人民法院民事判决书）

裁判摘要："家庭成员""直系血亲""亲属"等均为法律概念，经营保险业务的保险公司无权对上述法律概念随意进行解释。"家庭"在法律上等同于户籍，"家庭成员"是指在同一户籍内永久共同生活，每个成员的经济收入都作为家庭共同财产的人。"家庭成员"与"直系血亲""亲属"并非同一概念，具有直系血亲关系的人不一定互为家庭成员。

天津市第一中级人民法院认为：被上诉人杨树岭就其所有的机动车辆向上诉人平安保险宝坻支公司投保机动车辆第三者责任险，并交纳了相关保险费，双方之间的保险合同关系成立，涉案机动车辆第三者责任险保险合同合法有效，合同双方均应自觉履行。涉案机动车辆第三者责任险保险合同中关于"保险车辆造成被保险人或其允许的驾驶员及他们的家庭成员人身伤亡，不论在法律上是否应当由被保险人承担赔偿责任，保险人均不负责赔偿"的规定，以及该合同中关于"家庭成员包括被保险人的直系血亲和在一起共同生活的其他亲属"的解释，均属格式化免责条款，提供该格式合同的保险人依法应当就上述免责条款向被保险人作出明确说明。根据最高人民法院作出的《关于对〈保险法〉第十七条规定的"明确说明"应如何理解的问题的答复》，所谓"明确说明"，是指保险人与投保人签订保险合同之前或者签订保险合同之时，对于保险合同所约定的免责条款，除了在保险单上提示投保人注意外，还应当对有关免责条款的概念、内容及其法律后果等以书面或者口头形式向投保人或其代理人作出解释，以使投保人明了该条款的真实含义和法律后果。该答复虽然是针对修订前的《保险法》第17条规定作出的，但修订前《保险法》第17条的规定与现行《保险法》第18条（2009年修订后《保险法》第17条第2款。）的规定一致；该答复虽然是就个案的作出的，但人民法院在审理同类案件时可以参照执行。保险合同系专业性较强的合同，涉及专业术语较多，保险人有义务向投保人予以明确说明。平安保险宝坻支公司虽然在涉案机动车辆第三者责任险保险合同文本中以黑体字提示了免责条款，但仅是尽到了提醒投保人注意的义务，根据本案事实、证据，不能认定平安保险宝坻支公司已经履行了就免责条款的概念、内容及其法律后果等以书面或者口头形式向投保人或其代理人作出解释，以使投保人明了该条款的真实含义和法律后果的明确说明义务。因此，不论涉案机动车辆第三者责任险保险合同中的格式化免责条款关于“保险车辆造成被保险人或其允许的驾驶员及他们的家庭成员人身伤亡，不论在法律上是否应当由被保险人承担赔偿责任，保险人均不负责赔偿”的规定，以及关于“家庭成员包括被保险人的直系血亲和在一起共同生活的其他亲属”的解释是否具有法律依据、是否有效，该格式化免责条款都因上诉人未能尽到明确说明的义务而归于无效，该免责条款对被上诉人不产生约束力。上诉人的上诉理由不足，不予支持。

——《最高人民法院公报》2007 年第 11 期（总第 133 期）。

92. 遵循合同法原理，正确审理机动车辆保险合同纠纷案件

关键词

机动车辆保险合同

最高人民法院审判业务意见

遵循合同法原理，正确审理机动车辆保险合同纠纷案件。机动车辆保险合同纠纷案审理中应注意以下问题：（1）区分第三者责任强制保险与第三者责任商业保险中的赔偿责任。第三者责任强制保险中，保险人是否承担责任应依据道路交通安全法以及相关法规、司法解释来判断。第三者责任商业保险中，保险人承担的是合同义务，保险人是否承担赔偿责任以及赔偿数额应根据保险合同的约定来认定。不能将第三者责任强制保险的相关规定直接适用于第三者责任商业保险。（2）区分第三者责任保险与意外伤害保险。第三者责任保险属于财产保险，适用损害填补原则。意外伤害保险属于人身保险，不适用损害填补原则。道路交通事故中受到伤害的第三人根据第三者责任保险获得赔偿后，仍可根据其自身的意外伤害保险向保险人申请理赔。（3）正确认定第三者责任保险中的“第三者”。应当按照合同法第一百二十五条第一款规定的合同解释方法来确定保险格式条款中“第三者”的范围。如仍存在两种以上解释的，应当按照保险法第三十条规定作出有利于被保险人的解释。

——杨临萍：《关于当前商事审判工作中的若干具体问题》（2015 年 12 月 24 日），载最高人民法院民事审判第二庭编：《商事审判指导》2016 年第 1 辑（总第 40 辑），人民法院出版社 2016 年版，第 47 页。

93. 机动车辆第三者责任险中“第三者”“车上人员”的司法判定

关键词

机动车辆第三者责任险　第三者　车上人员

最高人民法院公报案例

郑克宝诉徐伟良、中国人民财产保险股份有限公司长兴支公司道路交通事故人身损害赔偿纠纷案（湖州市中级人民法院民事判决书）

裁判摘要：一、根据机动车辆保险合同的约定，机动车辆第三者责任险中的“第三者”，是指除投保人、被保险人和保险人以外的，因保险车辆发生意外事故遭受人身伤亡或财产损失的保险车辆下的受害者；车上人员责任险中的“车上人员”，是指发生意外事故时身处保险车辆之上的人员。据此，判断因保险车辆发生意外事故而受害的人属于“第三者”还是属于“车上人员”，必须以该人在事故发生当时这一特定的时间是否身处保险车辆之上为依据，在车上即为“车上人员”，在车下即为“第三者”。

二、由于机动车辆是一种交通工具，任何人都不可能永久地置身于机动车辆之上，故机动车辆保险合同中所涉及的“第三者”和“车上人员”均为在特定时空条件下的临时性身份，即“第三者”与“车上人员”均不是永久的、固定不变的身份，二者可以因特定时空条件的变化而转化。因保险车辆发生意外事故而受害的人，如果在事故发生前是保险车辆的车上人员，事故发生时已经置身于保险车辆之下，则属于“第三者”。至于何种原因导致该人员在事故发生时置身于保险车辆之下，不影响其“第三者”的身份。

本案二审的争议焦点仍然是涉案交通事故责任属于机动车辆第三者责任险的理赔范围，还是属于车上人员责任险的理赔范围。

湖州市中级人民法院二审认为：

《保险法》（2009 年修订后《保险法》第 65 条第 1 款）第 50 条规定：“保险人对责任保险的被保险人给第三者造成的损害，可以依照法律的规定或者合同的约定，直接向该第三者赔偿保险金。”根据上述规定，第三者责任险是以被保险人对第三者的赔偿责任为标的，以填补被保险人对第三者承担赔偿责任所受损失的保险。"第三者"的范围可根据保险合同的约定或法律规定作出界定。本案中，上诉人财保长兴支公司与被上诉人徐伟良之间订立的机动车辆第三者责任险即属于此类保险。根据本案事实，涉案交通事故责任属于机动车辆第三者责任险的保险理赔范围。

首先，涉案交通事故的受害人，亦即被上诉人郑克宝属于上诉人财保长兴支公司与被上诉人徐伟良之间订立的机动车辆第三者责任险保险条款所规定的"第三者"。根据涉案机动车辆第三者责任险保险条款的规定，"第三者"是指除投保人、被保险人和保险人以外的，因保险车辆发生意外事故遭受人身伤亡或财产损失的保险车辆下的受害者。本案中，郑克宝不是涉案机动车辆第三者责任险的投保人、被保险人和保险人。郑克宝由于涉案保险车辆发生意外事故，被该车辆碾压导致严重伤害，属于因保险车辆发生意外事故遭受人身伤亡或财产损失的保险车辆下的受害者，当然也属于涉案机动车辆第三者责任险保险条款所规定的"第三者"。

其次，被上诉人郑克宝在涉案交通事故发生前确系涉案保险车辆的"车上人员"，但此事实并不影响郑克宝在涉案交通事故中的"第三者"身份，上诉人财保长兴支公司关于涉案交通事故责任应当按照车上人员责任险理赔的观点不能成立。被上诉人徐伟良在为涉案保险车辆投保机动车辆第三者责任险的同时，还为该车投保了车上人员责任险。徐伟良与财保长兴支公司订立的车上人员责任险保险条款规定，因发生意外事故造成保险车辆车上人员的人身伤亡，依法应当由被保险人承担经济赔偿责任的，保险人负责按照责任限额予以理赔。据此可以认定，这里的"车上人员"仅指发生意外事故时身处保险车辆之上的人员。如果某人在意外事故发生前是保险车辆的车上人员，意外事故发生时已经置身于保险车辆之下，则不属于保险车辆的车上人员。由此进一步分析，可以得出以下结论：判断因保险车辆发生意外交通事故而受害的人属于"第三者"还是属于"车上人员"，必须以该人在交通事故发生当时这一特定的时间是否身处保险车辆之上为依据，在车上即为"车上人员"，在车下即为"第三者"。同时，由于机动车辆是一种交通工具，任何人都不可能永久地置身于机动车辆之上，故涉案机动车辆保险合同中所涉及的"第三者"和"车上人员"均为在特定时空条件下的临时性身份，即"第三者"与"车上人员"均不是永久的、固定不变的身份，二者可以因特定时空条件的变化而转化。本案中，涉案交通事故的事实，是郑克宝被涉案保险车辆碾压致伤。该事故发生前，郑克宝的确乘坐于涉案保险车辆之上，属于车上人员。但由于驾驶员遇到紧急情况时操作不当，导致涉案保险车辆失控，将郑克宝甩出车外，随后被涉案保险车辆碾压至重伤。因此，涉案交通事故发生时，郑克宝不是在涉案保险车辆之上，而是在该车辆之下。如果郑克宝在涉案交通事故发生时是涉案保险车辆车上人员，则根本不可能被该车碾压致伤。因此，财保长兴支公司仅以郑克宝在涉案交通事故发生前乘坐于涉案保险车辆之上的事实，即认为郑克宝属于涉案保险车辆车上人员、涉案交通事故责任应当按照车上人员责任险理赔，其观点不仅不符合涉案保险合同的规定，亦有悖于常理。

第三，本案不适用涉案机动车辆第三者责任险免责条款。涉案机动车辆第三者责任险免责条款规定，因保险车辆发生意外事故，导致本车上其他人员的人身伤亡或财产损失，不论在法律上是否应当由被保险人承担赔偿责任，保险人均不负责赔偿。一审法院认为，该免责条款为格式条款，且对于该条款中的"本车上其他人员的人身伤亡或财产损失"可能有两种解释，一种解释是仅指车上人员在本车上发生的人身伤亡或财产损失，至于车上人员离开本车后又被本车事故导致的损害结果则不属免责范围；另一种解释是对于车上人员在本车上及离开本车后因本车事故导致的损害结果保险人均得免责。鉴于双方当事人对此存在争议，故对此格式条款依法应当作出不利于格式条款提供者的解释。据此认定本案不适用该免责条款。上诉人财保长兴支公司认为，被上诉人郑克宝是从涉案保险车辆中被甩出，而不是从该车上离开，一审判决将甩出等同于离开，属于偷换概念，本案应当适用前述免责条款。对此二审法院认为，根据涉案机动车辆第三者责任险免责条款的规定，该条款所称的"本车上其他人员"与车上人员责任险条款所规定的"车上人员"完全相同，即也是在保险车辆发生意外事故时在该车之上的人员，除此之外不应当有其他解释。如前所述，郑克宝在涉案交通事故发生时已经从车上人员转化为第三者。不论郑克宝是被动地从涉案保险车辆上"甩出"还是主动从该车上离开，均不能改变在涉案交通事故发生时郑克宝已经不在涉案保险车辆之上的事实，不影响其第三者身份。另外，即使对于涉案机动车辆第三者责任险免责条款所称的"本车上其他人员"可能作出其他解释，也因该条款系格式条款，在存在争议的情况下，应依法作出不利于该格式条款的提供者即财保长兴支公司的解释。因此，本案不适用涉案机动车辆第三者责任险免责条款。

——《最高人民法院公报》2008 年第 7 期（总第 141 期）。

94. 未办理产权过户手续的机动车责任保险的责任承担

关键词

责任保险　机动车责任险　责任承担

附录：司法信箱

保险公司是否承担赔偿责任？

问题：1999 年 5 月 21 日，廖某将其一辆福田牌农用汽车向保险公司投保，期限1年，交付了保险费，并约定了险种和第三者责任险。同年10月，廖将该车辆转卖给程某，程某付清了车款。廖、程二人既未到车辆管理部门办理登记过户手续，又未到保险公司办理批改手续。2000年2月5日，程某驾驶该车发生交通事故，致人死亡。程某负主要责任。法院已判决由程某赔偿，廖某负连带责任。廖某向保险公司报案，要求赔偿，保险公司以廖某将保险车辆转卖他人未办理保险批改手续为由，拒绝赔偿。廖向法院起诉，要求保险公司赔偿。此案在审理中有两种意见：一种是保险公司应予赔偿，理由是：廖某的车辆转卖后，未办理车辆过户登记手续，廖仍是该车辆所有权人，保险公司应按保险合同约定给予赔偿。另一种意见是保险公司不应赔偿，理由是：廖某违反了《保险法》第34条和机动车辆保险条款第26条规定。

《人民司法》研究组认为：《保险法》第34条规定："保险标的的转让应当通知保险人，经保险人同意继续承保后，依法变更合同。但是，货物运输保险合同和另有约定的合同除外。"（修订后《保险法》第49条第2款规定：保险标的转让的，被保险人或者受让人应当及时通知保险人，但货物运输保险合同和另有约定的合同除外。）机动车辆保险条款第26条规定："在保险合同有效期内，保险车辆转卖、转让、赠送他人、变更用途或增加危险程度，被保险人应当事先书面通知保险人并申请办理批改。"该条款第30条还规定，被保险人不履行前述义务的，保险人有权拒绝赔偿或自书面通知之日起解除保险合同。机动车辆保险条款是保险监督管理部门根据修改前的《保险法》制定的，如被保险合同当事人采用，则构成保险合同的组成部分。因而，当事人应当享有保险合同约定的权利，履行保险合同约定的义务。廖某转让车辆后未按照保险合同的约定到保险公司办理批改手续，保险公司可以按照《保险法》的规定和保险合同的约定处理保险理赔事务。

——《人民司法》2003年第11期（总第478期）。

95. 怎么对待有瑕疵的和违反程序违背常理的交通事故认定书

关键词

交通事故认定书　公文书证

附录：最高人民法院主流观点

行政机关出具的事故认定书必须根据法定程序制作，并符合相关公文格式要求。公文格式是公文的整体格局和外部组织形式，是公文严肃性、规范化的重要标志，也是其法定权威性和约束力在形式上的体现。在处理交通事故或者火灾事故的过程中，公安机关交通管理部门制作的文书有多种，但这些文书，有些属于公安机关内部的工作材料，有的虽属于对外的文书，但也不是事故认定书，例如公安交警部门根据案情需要或当事人的申请，向保险公司送达《道路交通事故抢救费用支付（垫）付通知书》，其功能并不是认定事故的基本事实、成因和当事人的责任。此处的"等"并不是行政机关为处理交通事故或者火灾事故出具的认定书以外的公文，而是为了使司法解释保持开放性。目前，我国法律所规定行政机关可以出具的事故认定书只有两种，即《道路交通安全法》规定公安交通管理机关出具的道路交通事故认定书和《消防法》规定的火灾事故认定书。如果以后我国法律赋予其他行政管理机关出具相关认定书的职权，那么这些认定书也可以按照同样的规则对待。

我们没有检索到有关交通事故认定书的式样，经向有关人士了解，公安部没有正式发布过交通事故认定书的式样。但是，交通事故认定书属于公文，其应符合《道路交通安全法》第73条、《道路交通事故处理程序规定》第16条等对认定书基本内容的要求，应符合一般公文格式的要求，否则，其证据效力应被减弱。

公文书证的制作程序较私文书证严格，公文书证要具有一定的法定形式，这是公文书证比私文书证证明力强的部分原因。公文式样的意义在于，不符合公文式样的公文属于有瑕疵的公文，其作为公文书证的效力受到相应影响。如果事故认定书有轻微的瑕疵，例如，个别文字错误，认定事项有遗漏，则其瑕疵之处并不影响其作为公文书证使用，但是如果其形式要件有严重瑕疵，例如未标明交通事故认定书或者火灾事故认定书的，或者是未加盖公安机关交通管理部门或公安机关消防机构的公章，则不能作为事故认定书或者公文书证使用。

认定书应是以公安机关交通管理部门或公安机关消防机构名义出具的，以行政机关的工作人员名义出具的证明或是其他材料，只能作为私文书证对待。

对于书证部分的内容，可以通过经验法则进行判断，例如道路交通事故认定书记载的撞击部位与实际的损害部位明显不符，但是对于鉴定意见部分判断，应以尊重专业判断和行政权为原则。

法律和行政法规对事故认定书的制作程序有严格的要求，但是，有少数事故认定书并未按照程序的要求制作。例如，现场勘查是道路交通事故处理的必经程序，如果未经现场勘查就出具了事故认定书，则属于严重违反程序，所出具的事故认定书不能作为认定事实的依据。还有个别的事故认定书责任认定部分明显违背常理，例如事故认定书认定两车发生碰撞，但保险人提供证据证明碰撞痕迹的位置不吻合，明显不符合常理。这样的事故认定书即不能作为认定事实的依据。

——最高人民法院民事审判第二庭编著：《最高人民法院关于保险法司法解释（二）理解与适用》，人民法院出版社2013年版，第420～422页。

96. 区分不同法律关系，正确审理保险代位求偿权纠纷案件

关键词

保险代位求偿权　保险合同　损害赔偿

最高人民法院审判业务意见

区分不同法律关系，正确审理保险代位求偿权纠纷案件。审理保险人向第三者主张权利的保险代位求偿权纠纷案件时，应正确区分保险合同法律关系与被保险人对第三者损害赔偿法律关系。（1）有证据证明保险人已向被保险人赔偿保险金的，法院应仅就被保险人与造成保险人事故的第三者之间的法律关系进行审理。保险人是否应当赔偿保险金以及赔偿金额是否有误，属于被保险人与保险人之间的保险合同纠纷，无需审理。（2）在保险人向第三者行使保险代位求偿权的损害赔偿纠纷案件中，保险人在理赔中委托保险公估机构作出的公估报告属于认定第三者应承担的赔偿数额的证据。保险人未经第三者同意单方委托作出的公估报告，属于保险人自行委托作出的鉴定意见。第三者有证据足以反驳并申请重新鉴定的，应予准许。（3）注意审查被保险人在保险代位求偿权纠纷案件中所作陈述的真实性，防止被保险人取得保险金后又与第三者串通来对抗保险人，防止骗保发生。

——杨临萍：《关于当前商事审判工作中的若干具体问题》（2015 年 12 月 24 日），载最高人民法院民事审判第二庭编：《商事审判指导》2016 年第 1 辑（总第 40 辑），人民法院出版社 2016 年版，第 47～48 页。

97. 保险人已经向被保险人支付了保险赔偿金，有权行使保险代位求偿权

关键词

保险合同　保险代位求偿权

最高人民法院裁判文书

中国电子系统工程第二建设有限公司与中国人民财产保险股份有限公司上海市分公司三机工业株式会社保险人代位求偿权纠纷再审案（最高人民法院〔2013〕民申字第 577 号民事裁定书）

裁判要点：保险人已实际向被保险人支付保险赔偿金的，有权代替被保险人向应承担赔偿责任的责任人主张权利。

最高人民法院认为：根据原审查明的事实，二建公司在安装冷却水管时未安装垫片，导致冷却水管吊装构造脱落，水管下坠断裂，大量冷却水涌出，造成附近堆放的半成品液晶屏和包装材料进水，形成案涉事故。二建公司作为具有专业资质的施工单位，在安装冷却水管时，负有保证其所安装的水管吊装构造不致脱落的义务。在二建公司没有提供充分证据证明加装垫片属于一项特殊技术要求，因而必须要有特别指示才需加装的情况下，其对因未安装垫片而造成的损失具有过错。况且事故发生后，二建公司在其出具的《事故报告》中也明确承认其对事故的发生负有直接责任，在二建公司未能提交充分证据证明其是在受到胁迫或者发生重大误解情况下作出该认诺的情况下，一、二审判决将该报告作为定案依据，认定二建公司的施工行为具有过错，进而判令其承担责任并无不当。人保上海公司系代替广电公司的地位提起本案诉讼，三机公司并非广电公司与二建公司签订的安装合同的当事人，且人保上海公司亦未请求三机公司承担责任，法院不能主动追究其责任，二建公司有关要求三机公司承担责任的再审理由不能成立。二建公司在与广电公司签订合同时即已知道或应当知道广电公司在施工场地中堆放了大量财物，如其认为上述财物的堆放影响其施工或增大其风险，其完全可以要求广电公司清理工作场地、停工停产或者拒绝施工。二建公司选择了在存有堆放物的环境下进行施工，需要对此负担较高的注意义务，并对财物因自己的不当行为导致的损失承担赔偿责任。现二建公司因其施工过失导致损害，在其未能举证证明广电公司对损失的发生或扩大具有过错的情况下，其要求减轻或免除责任的再审理由亦不能成立。罗便士公估公司作为独立的第三方对事故损失作出认定，在二建公司不能充分举证证明该公估程序违法或损害赔偿过高的情况下，一、二审判决据此认定案涉损害赔偿的数额并无不当。

人保上海公司系依据《保险法》有关保险代位权的规定依法提起本案诉讼，法院应当根据相关规定审查其是否因保险关系代位享有原属被保险人的赔偿请求权。根据查明的事实，人保上海公司已实际向广电公司支付了保险赔偿金，有权代替广电公司向应承担赔偿责任的二建公司主张权利。二建公司要求法院对保险赔付进行实质审查的再审理由于法不合，其有关一审判决对人保上海公司是否具有代位求偿权及其是否具有一审原告资格尚未审查就进入实体裁判，从而构成程序违法的再审理由不能成立。本案系保险代位权诉讼纠纷，因原属广电公司的赔偿请求权已依法转移给人保上海公司，故广电公司不再是该部分权利的权利人，亦非必须参加诉讼的当事人，一审法院未通知其参加诉讼并无不当，二建公司有关一、二审遗漏第三人因此构成程序违法的再审理由亦不能成立。

——中国裁判文书网，http：//www. court. gov. cn/zgcpwsw/zgrmfy/。

98. 第三者请求保险人直接赔偿保险金的诉讼时效期间计算

关键词

商业责任险　第三者　诉讼时效

最高人民法院司法政策精神

商业责任保险的被保险人给第三者造成损害，被保险人对第三者应当承担的赔偿责任确定后，保险人应当根据被保险人的请求，直接向第三者赔偿保险金。被保险人怠于提出请求的，第三者有权依据《保险法》第65条第2款的规定，就其应获赔偿部分直接向保险人请求赔偿保险金。保险人拒绝赔偿的，第三者请求保险人直接赔偿保险金的诉讼时效期间的起算时间如何认定，实务中存在争议。根据诉讼时效制度的基本原理，第三者请求保险人直接赔偿保险金的诉讼时效期间，自其知道或者应当知道向保险人的保险金赔偿请求权行使条件成就之日起计算。

——最高人民法院《关于印发〈全国法院民商事审判工作会议纪要〉的通知》(2019年11月8日，法〔2019〕254号）第99条。

99. 责任保险诉讼时效的起算问题

关键词

商业责任险　被保险人　诉讼时效

最高人民法院司法解释

商业责任险的被保险人向保险人请求赔偿保险金的诉讼时效期间，自被保险人对第三者应负的赔偿责任确定之日起计算。

——最高人民法院《关于适用〈中华人民共和国保险法〉若干问题的解释（四)》(2018年7月31日，法释〔2018〕13号）第18条。

附录：最高人民法院主流观点

被保险人对第三者应负的赔偿责任确定的理解。

《保险法》第26条第1款规定：“人寿保险以外的其他保险的被保险人或者受益人，向保险人请求赔偿或者给付保险金的诉讼时效期间为二年，自其知道或者应当知道保险事故发生之日起计算。”责任保险与一般的财产保险不同，责任保险的保险标的，是被保险人对第三人依法应当承担的赔偿责任。保险人承担保险责任的前提是由被保险人对第三人的赔偿责任确定，而被保险人对第三人的赔偿责任确定，需经过鉴定、诉讼等环节，被保险人向保险人主张赔偿时，往往距离损害事故发生时已经超过法定时效期间。司法实践中，保险人往往以此为由抗辩被保险人已过诉讼时效期间。因此，以损害事故发生之日作为保险金请求权诉讼时效的起算点，会导致利益的失衡。我们认为，责任保险的保险事故并非损害事故本身，而是被保险人对第三者赔偿责任的发生。本条规定商业责任保险的保险金请求权诉讼时效自被保险人对第三者应负的赔偿责任确定之日起算，有利于保护被保险人合法利益，也符合保险原理。

至于何为被保险人对第三者的赔偿责任确定，要结合案件的具体情况判断。本解释第14条规定：“具有下列情形之一的，被保险人可以依照保险法第六十五条第二款的规定请求保险人直接向第三者赔偿保险金：（一）被保险人对第三者所负的赔偿责任经人民法院生效裁判、仲裁裁决确认；（二）被保险人对第三者所负的赔偿责任经被保险人与第三者协商一致；（三）被保险人对第三者应负的赔偿责任能够确定的其他情形。前款规定的情形下，保险人主张按照保险合同确定保险赔偿责任的，人民法院应予支持。”

值得注意的是，被保险人对第三者所负的赔偿责任经人民法院生效裁判，仲裁裁决判项主文确认，为赔偿责任确定，如果认为人民法院生效裁判判项主文错误，需要人民法院通过审判监督程序救济。如果属于事实认定部分确认，根据《民诉解释》第93条的规定，已为人民法院发生法律效力的裁判所确认的事实；已为仲裁机构生效裁决所确认的事实；当事人有相反证据足以推翻的除外。

本条与《民法总则》诉讼时效期间衔接适用的问题。

《民法总则》第188条第1款规定：“向人民法院请求保护民事权利的诉讼时效期间为三年。法律另有规定的，依照其规定。”这一规定改变了《民法通则》关于普通诉讼时效期间为二年的规定。《保险法》第26条第1款规定：“人寿保险以外的其他保险的被保险人或者受益人，向保险人请求赔偿或者给付保险金的诉讼时效期间为二年，自其知道或者应当知道保险事故发生之日起计算。”《保险法》相对于《民法总则》和《民法通则》来说，属于特别法。根据法律适用的原则，特别法优于一般法适用。但是，在《民法总则》施行后，《保险法》第26条规定的诉讼时效期间应为二年，还是相应调整为三年的问题，要视《保险法》该条关于二年的规定是否来源于《民法通则》关于两年的诉讼时效期间的规定。如果答案是肯定的，从立法目的来讲，在《民法总则》第188条改变了《民法通则》关于普通诉讼时效期间为二年规定的情况下，《保险法》在适用中也应作出相应调整。关于诉讼时效规定的衔接问题，司法实践中急需解决，相信很快将会有立法或司法解释作出相应规定。

——最高人民法院民事审判第二庭编著：《最高人民法院关于保险法司法解释（四）理解与适用》，人民法院出版社2018年版，第373～374页。

100. 被保险人和第三者在保险事故发生前达成的仲裁协议，对行使保险代位求偿权的保险人具有约束力

关键词

仲裁协议　保险人　约束力

最高人民法院司法政策精神

98.【仲裁协议对保险人的效力】被保险人和第三者在保险事故发生前达成的仲裁协议，对行使保险代位求偿权的保险人是否具有约束力，实务中存在争议。保险代位求偿权是一种法定债权转让，保险人在向被保险人赔偿保险金后，有权行使被保险人对第三者请求赔偿的权利。被保险人和第三者在保险事故发生前达成的仲裁协议，对保险人具有约束力。考虑到涉外民商事案件的处理常常涉及国际条约、国际惯例的适用，相关问题具有特殊性，故具有涉外因素的民商事纠纷案件中该问题的处理，不纳入本条规范的范围。

——最高人民法院《关于印发〈全国法院民商事审判工作会议纪要〉的通知》（2019年11月8日，法〔2019〕254号）第98条。

101. 保险代位权求偿案管辖依代位的请求权性质确定

关键词

保险代位求偿权　管辖　请求权

最高人民法院司法解释

保险人以造成保险事故的第三者为被告提起代位求偿权之诉的，以被保险人与第三者之间的法律关系确定管辖法院。

——最高人民法院《关于适用〈中华人民共和国保险法〉若干问题的解

释（四）》（2018年7月31日，法释〔2018〕13号）第12条。

最高人民法院指导性案例

华泰财产保险有限公司北京分公司诉李志贵、天安财产保险股份有限公司河北省分公司张家口支公司保险人代位求偿权纠纷案（最高人民法院指导案例25号）

裁判要旨：因第三者对保险标的的损害造成保险事故，保险人向被保险人赔偿保险金后，代位行使被保险人对第三者请求赔偿的权利而提起诉讼的，应当根据保险人所代位的被保险人与第三者之间的法律关系，而不应当根据保险合同法律关系确定管辖法院。第三者侵害被保险人合法权益的，由侵权行为地或者被告住所地法院管辖。

法院生效裁判认为：根据《保险法》第六十条的规定，保险人的代位求偿权是指保险人依法享有的，代位行使被保险人向造成保险标的损害负有赔偿责任的第三者请求赔偿的权利。保险人代位求偿权源于法律的直接规定，属于保险人的法定权利，并非基于保险合同而产生的约定权利。因第三者对保险标的的损害造成保险事故，保险人向被保险人赔偿保险金后，代位行使被保险人对第三者请求赔偿的权利而提起诉讼的，应根据保险人所代位的被保险人与第三者之间的法律关系确定管辖法院。第三者侵害被保险人合法权益，因侵权行为提起的诉讼，依据《民事诉讼法》第二十八条的规定，由侵权行为地或者被告住所地法院管辖，而不适用财产保险合同纠纷管辖的规定，不应以保险标的物所在地作为管辖依据。本案中，第三者实施了道路交通侵权行为，造成保险事故，被保险人对第三者有侵权损害赔偿请求权；保险人行使代位权起诉第三者的，应当由侵权行为地或者被告住所地法院管辖。现二被告的住所地及侵权行为地均不在北京市东城区，故北京市东城区人民法院对该起诉没有管辖权，应裁定不予受理。

——最高人民法院《关于发布第六批指导性案例的通知》（2014年1月26日，法〔2014〕18号）。

附录：最高人民法院主流观点

（一）裁判要点的理解与说明

指导案例25号裁判要点确认：因第三者对保险标的的损害而造成保险事故，保险人向被保险人赔偿保险金后，代位行使被保险人对第三者请求赔偿的权利而提起诉讼的，应当根据保险人所代位的被保险人与第三者之间的法律关系，而不应当根据保险合同法律关系确定管辖法院。第三者侵害被保险人合法权益的，由侵权行为地或者被告住所地法院管辖。该裁判要点针对法律和司法解释没有明确规定的保险代位求偿案件管辖问题，依据《保险法》第六十条第一款、《民事诉讼法》第二十八条的规定，明确了保险代位求偿案件的管辖。下面结合有关法律规定，围绕裁判要点中保险代位求偿案件的管辖问题予以论证和说明。

保险人依据保险法第六十条的规定，代位行使被保险人对第三者请求赔偿的权利而提起诉讼的案件如何确定管辖法院，法律、司法解释均没有明确规定，审判实践中也存在不同认识。有的认为，应按保险合同纠纷案件来确定其管辖，由被告住所地或者保险标的物所在地的法院管辖；多数意见认为，应按保险人所代位求偿的请求权性质确定管辖法院。本指导案例裁判要点采纳了多数意见。

保险人代位求偿权又称保险代位权，是指财产保险的保险人依照法律规定所享有的，代位行使被保险人向造成保险标的损害负有赔偿责任的第三方请求赔偿的权利。保险人代位求偿权来源于法律的直接规定，属于法定权利，并非基于保险人与被保险人依合同约定而产生。保险法第六十条规定中的第三者，在保险事故发生前为不特定主体，保险人与第三者也没有签订保险合同。因此，保险人以保险合同之外的第三者为被告提起的代位求偿诉讼，不应以保险合同纠纷的管辖原则确定管辖法院，而应按所代位的请求权性质确定案件管辖。

本指导案例中，原告是已经赔偿保险金的保险人，被告是保险合同之外的第三者，即道路交通事故的肇事司机及其所投机动车交通事故责任强制险的保险公司。原告与被告之间原本无法律关系，只是因第三者对保险车辆的损害而造成保险事故，保险人向被保险人赔偿保险金后，在赔偿金额范围内代位行使被保险人对第三者请求赔偿的权利，而保险人所代位的被保险人与第三者之间的法律关系不是保险合同关系而是侵权关系。因此，应按民事诉讼法第二十八条规定的侵权行为管辖原则，确定案件的管辖，而不应当根据保险合同法律关系以保险标的物所在地确定管辖。二被告的住所地和侵权行为地均不在受诉法院辖区，故受诉法院没有管辖权，作出不予受理裁定。

（二）其他需要说明的问题

1. 保险代位求偿权的成立要件

根据《保险法》第六十条第一款的规定，保险代位求偿权的成立应当具备两个要件：一是第三者对保险事故的发生负有民事赔偿责任。第三者对保险标的的损害赔偿责任包括违约责任和侵权责任。二是保险人已赔付保险金。保险代位求偿权实际上是法定的债务转移，保险人只有在依据保险合同向被保险人赔付保险金后，才能成为新的债权人，才能行使对第三者的代位求偿权。另外，需要注意的是，2013 年 5 月 6 日最高人民法院审判委员会通过的《最高人民法院关于适用〈中华人民共和国保险法〉若干问题的解释（二）》（法释〔2013〕14号，以下简称《保险法解释二》）第十六条第二款规定："根据保险法第六十条第一款的规定，保险人代位求偿权的诉讼时效期间应自其取得代位求偿权之日起算。"

2. 以谁的名义行使保险代位求偿权

对于保险代位求偿权是以保险人的名义，还是以被保险人的名义行使，我国保险法没有明确规定。在理论上，主要有以下三种观点：第一种观点认为，保险人应当以自己的名义行使代位求偿权。保险人的代位求偿权是一种法定的权利，保险人可以自己的名义来行使。我国台湾地区学者多持这一见解。第二种观点认为，保险人应当以被保险人的名义行使代位求偿权。这是英国法上的规定。因为被保险人了解案情，掌握案件证据材料，有利于保险代位求偿权的实现。第三种观点认为，保险人根据具体情况，可以选择以自己名义或者被保险人的名义行使代位求偿权。美国一般采取这种方式，并且在保险实务中将保险代位求偿权分为法定代位求偿权和约定代位求偿权。①

我们认为，第一种观点是妥当可行的。根据我国《保险法》第六十条的规定，保险代位求偿权是一种法定的权利，保险人与第三者之间形成的是一种新的法律关系，保险人有权直接以自己的名义向负有责任的第三人请求赔偿。这样也有利于简化诉讼关系和保险人利益的实现。正是基于这些考虑，《保险法解释二》第十六条第一款规定："保险人应以自己的名义行使保险代位求偿权。"本指导案例中，原告保险人华泰财产保险有限公司北京分公司即以自己名义直接起诉负有赔偿责任的第三者。

3. 裁判要点表述的说明

审判实践中，《保险法》第六十条规定的第三者造成保险标的损害的情形，除了因为侵权造成保险事故外，还有第三者因合同违约等而造成保险标的损害的情形。例如，中银保险有限公司深圳分公司诉山东省枣庄明坤配载有限责任公司、河南省周口芙蓉大件物流有限公司、张飞保险代位求偿权纠纷案中，山东省枣庄市中级人民法院经审理认为，保险代位求偿权的基础并不限于因侵权行为而产生的损害赔偿请求权，也应该包括因合同关系、第三者的其他行为等而产生的损害赔偿请求权。原告有权取代被保险人向明坤配载公司主张运输合同违约赔偿请求权，向芙蓉大件物流公司和张飞主张侵权损害赔偿请求权。② 理论界也有观点认为，被保险人对第三者享有不当得利返还请求权、所

---

① 参见周金升：《论保险代位求偿权的行使及对被保险人与保险人的要求》，载《江西金融职工大学学报》2008年第1期，第45页。

② 参见徐枫、杨丽娜：《保险代位求偿权的基础不限于侵权产生的赔偿请求权》，载《人民司法·案例》2014年第4期，第93页。

有物返还请求权、占有物返还请求权等情况下，均得适用保险代位制度。因此，本指导案例裁判要点中将相应内容表述为“应当根据保险人所代位的被保险人与第三者之间的法律关系”确定管辖，而没有仅限于侵权的情形。

——最高人民法院案例指导工作办公室：《指导案例25号〈华泰财产保险有限公司北京分公司诉李志贵、天安财产保险股份有限公司河北省分公司张家口支公司保险人代位求偿权纠纷案〉的理解与参照》。

附录：最高人民法院主流观点

保险代位求偿权纠纷存在一些区别于普通民事纠纷案件的特征，这些特征对保险代位求偿权的行使和诉讼存在影响，甚至引发一些争议。保险代位求偿权是保险人给付保险金后取得的被保险人对第三者的损害赔偿请求权，涉及保险人与被保险人之间的保险合同、被保险人与第三者之间的损害赔偿两个不同性质的法律关系，如何在相互交织的法律关系中合理界定保险代位求偿权直接影响保险代位求偿权法律制度的设计，包括管辖的确定。如保险代位求偿权被定性为是保险人基于保险合同享有的代位权，法院审理时需要审查保险人与被保险人基于保险合同的法律关系，依据保险合同确定管辖更便于案件审理；如保险代位求偿权被定性为保险人受让的被保险人对第三者的赔偿请求权，法院审理虽需审查保险人是否给付保险金，进而判断保险人是否取得保险代位求偿权，但无须审查保险人给付保险金是否合理等涉及保险合同的法律关系，审理重点在于被保险人对第三者的损害赔偿请求权是否成立以及损害赔偿数额的确定等问题，故依据被保险人对第三者的法律关系确定管辖更为合理。

——最高人民法院民事审判第二庭编著：《最高人民法院关于保险法司法解释（四）理解与适用》，人民法院出版社2018年版，第247~248页。

说明

本指导案例旨在明确，对保险代位求偿这类案件应按被保险人与第三者之间法律关系的性质确定案件的管辖。当前，在这类案件诉讼过程中存在模糊认识，有的认为，对这类案件应当根据保险合同法律关系的性质确定管辖法院。该指导案例统一了案件管辖标准，对于澄清模糊认识，及时受理保险代位求偿权纠纷，保护保险活动当事人合法权益，具有指导意义。

102. 保险人行使代位求偿的数额认定

关键词

保险合同　保险代位求偿权　请求数额

最高人民法院裁判文书

中国冶金地质总局中南局长沙地质勘查院与中国人民财产保险股份有限公司长沙支公司等保险代位求偿权纠纷再审审查案（最高人民法院〔2013〕民申字第85号民事裁定书）

裁判要点：保险数额的认定，应结合保险事故发生现场情况、相关鉴定结论、被保险人的申报材料及保险公司的核定数额等综合认定。

最高人民法院认为：原一、二审对火灾损失认定有较大差距，一审以泰阳商城当时向消防部门申报的损失为依据，认定火灾损失为28万余元，未考虑出险后保险公司核定的损失数额及长沙市价格认证中心的损失鉴定结论。二审对长沙市价格认证中心的损失鉴定结论予以了采纳。根据原审查明的事实，二审采纳上述鉴定结论认定泰阳商城的火灾损失并无不当，财保长沙公司据此进行代位求偿有事实和法律根据。第一，长沙市价格认证中心出具鉴定结论的时间虽与火灾发生时间相隔较远，但其依据的鉴定资料是泰阳商城零售柜商品盘存表及财保长沙公司、泰阳商城以及仓库出租方相关人员在火灾现场清理查核的商品损失情况，长沙地勘院对此予以否认，无证据证明。第二，火灾发生后，泰阳商城向公安消防部门申报的损失额虽为28万余元，但因部分仓库封闭无法查核，该申报损失额与核查后的损失事实不符，原审不予采纳，并无不当。第三，上述鉴定结论与保险公司自行核定的损失数额，相差不大，也间接证明上述鉴定结论较为客观。

——中国裁判文书网，http：//www.court.gov.cn/zgcpwsw/zgrmfy/。

103. 赔偿保险金后至由保险人行使代位求偿权向责任人追偿期间的理赔款不应计算利息

关键词

保险代位求偿权　利息

最高人民法院裁判文书

中国人民财产保险股份有限公司佳木斯市永红支公司与中国工商银行股份有限公司佳木斯分行保险代位求偿权纠纷案（最高人民法院〔2007〕民二终字第67号民事判决书）

裁判要点：保险人行使代位求偿权向责任人追偿期间，因责任人的责任有无责任大小均处于不确定状态，因而由此形成的债权也处于相应地不确定状态，因此在此期间理赔款不计算利息。

最高人民法院认为：保险金理赔后至由保险人行使代位求偿权向责任人追偿时，对理赔款应否计算利息问题。因追偿的责任尚处在不确定状态之中，因而由此责任而形成的债权也并非确定。责任人应否承担责任，应承担多大的责任，亦尚处在不确定状态。只有在当事人对责任和债务没有争议时或者由法院作出裁定后，当事人迟延履行其应当履行的义务才产生迟延债务的责任问题。

——最高人民法院民事审判第二庭编：《商事审判指导》2010 年第 1 辑（总第 21 辑），人民法院出版社 2010 年版，第 194～197 页。

附录：最高人民法院法官著述

在司法实务中，还存在着保险人诉请给付自其赔偿保险金之日起至其实际获得代位求偿金期间的保险金利息问题。笔者认为，尽管我国《保险法》采取了当然代位主义，即保险人自向被保险人赔偿保险金之日起即在赔偿金额范围内享有代位行使被保险人对第三者请求赔偿的权利，但在取得代位求偿权后，其是否向第三者主张权利，何时向第三者主张权利，则是其意思自治的范畴。在其未向第三者主张赔偿请求权的情形下，第三者未给付赔偿金并不属于迟延给付，故不应支付迟延给付的利息。但在其向第三者主张，第三者未给付的，是否当然应当给付迟延履行的利益损失呢？这需结合保险代位求偿权的成立要件和求偿范围进行分析。保险代位求偿权的成立要件是：因第三者对保险标的的损害而造成保险事故；被保险人因此享有对第三者的赔偿请求权；保险人已赔偿被保险人保险金。求偿范围以保险人对被保险人赔偿的金额为限，但不得超过第三者应当承担的损失金额。因此，在行使代位求偿权时，被保险人对第三者的赔偿请求权是否确定是一个必须具备的要件。这里的确定，是指被保险人是否对第三者享有赔偿请求权以及赔偿请求权的范围。在司法实务中往往存在两种情形：第一种情形是被保险人对第三者享有的赔偿损失请求权在给付保险金时已经确定，当事人并无争议；第二种是尚存争议，尚不明确，如第三者和被保险人均对保险事故的发生具有过错，但对第三者的过错程度和责任范围在保险人给付保险金时尚存争议。在前一种情形下，笔者认为，由于保险代位求偿权的范围确定，一经保险人请求，第三者即应履行给付义务，但应给予合理的宽限期，故第三者在保险人请求时拒绝履行或者在请求时虽未拒绝但在宽限期届满后仍拒绝履行的，则构成迟延履行，应赔付迟延履行期间的资金损失。在后一种情形下，由于代位求偿的范围尚未确定，故第三者以此为由不履行给付义务的，不构成迟延履行，不应赔付已给付金额的损失。

——张雪楳:《保险代位求偿权若干疑难问题研究》，载最高人民法院民事审判第二庭编:《商事审判指导》2011 年第 1 辑（总第 25 辑），法律出版社 2011 年版，第 106 页。

104. 保险人放弃代位求偿权后主张代位求偿权的请求不应支持

关键词

保险代位求偿权

最高人民法院裁判文书

中国大地财产保险股份有限公司吉林分公司与吉林省恒昌物流有限公司保险代位求偿权纠纷申请再审案（最高人民法院驳回再审申请裁定书）

裁判要点：保险事故发生后，保险人在相关书面文件中明确表示不行使保险代位求偿权的，向法院主张代位求偿权的，不应支持。

最高人民法院认为：2002 年修订的《保险法》第四十五条第一款规定："因第三者对保险标的的损害而造成保险事故的，保险人自向被保险人赔偿保险金之日起，在赔偿金额范围内代位行使被保险人对第三者请求赔偿的权利。"依据该条规定，代位求偿权是保险人的法定权利。然而涉案保险事故发生后，大地保险公司于 2007 年 8 月 7 日与一汽大众公司、恒昌物流公司签订的《三方协议》约定："事故发生后，吉林省恒昌物流有限公司按照一汽大众公司的要求在 10 日内为一汽大众公司给经销商先行垫付了 8 台商品车车款 1703100 元。并于 2007 年 5 月 25 日将此次事故的理赔手续送交大地保险公司长春市分公司，事故发生三月有余至今保险赔付还没有到位，现经三方协商达成以下共识，此共识不含任何附加条件。（1）大地保险公司……就此次事故所呈报的，保险理赔材料进行确认审核，认为所报材料齐全、真实有效、无异议……大地保险公司长春市分公司承诺：在一汽大众公司给大地保险公司长春市分公司结付款项到账后，在 15 个工作日内一次性将此次事故保险赔款 1703100 元全部结付给吉林省恒昌物流有限公司。"同日，三方签订的《补充协议》重申，保险人收到一汽大众公司垫付 105 万元保险费后，承诺争取在 15 个工作日内一次性将此次事故保险赔款付给被保险人。根据《三方协议》及《补充协议》可知：一汽大众公司并不认为恒昌物流公司应当承担涉案车辆运输过程中的全部风险。涉案保险事故发生后，一汽大众公司只是要求恒昌物流公司向经销商垫付8台商品车车款，并未向恒昌物流公司主张赔偿。在恒昌物流公司向经销商垫付8台商品车车款后，如果一汽大众公司按照一般的运输关系主张恒昌物流公司作为承运人的责任，恒昌物流公司垫付的款项即可抵销一汽大众公司对经销商的责任。事实上，在签订《三方协议》时，一汽大众公司既未受到经销商的追究而承担责任，恒昌物流公司也未要求一汽大众公司返还垫付款项。也就是说，一汽大众公司在此次事故中没有任何损失。在一汽大众公司没有损失的情形下，亦无权向保险人主张保险责任。然而，一汽大众公司不但没有向恒昌物流公司主张承运人的责任，反而向大地保险公司主张保险责任。大地保险公司对"保险理赔材料进行确认审核，认为所报材料齐全、真实有效、无异议"，而且承诺将此次事故保险赔款（剔除保险自负责任部分和损失残值部分）全部结付给恒昌物流公司。大地保险公司承诺向被保险人支付保险赔款，表明了大地保险公司认为一汽大众公司遭受了实际损失。这种损失不是保险标的商品车的损失，只能是一汽大众公司向恒昌物流公司返还垫付款项责任所致。既然大地保险公司认为一汽大众公司应向恒昌物流公司返还垫付款项，即表明大地保险公司认同恒昌物流公司对涉案8台商品车的损失不承担责任。因为如果大地保险公司认为恒昌物流公司对涉案8台商品车的损失承担责任且可行使代位求偿权，则大地保险公司不可能在《三方协议》中"不含任何附加条件"承诺承担保险赔偿责任。正如大地保险公司在再审申请中所主张的那样，保险公司依法行使代位求偿权是保险法中的常识，作为专业保险公司，大地保险公司不可能不具备这一常识。大地保险公司曾就《三方协议》的效力向法院提起过诉讼，提起诉讼的原因是因为该公司认为《三方协议》影响其向恒昌物流公司行使代位求偿权。《三方协议》的签订反映了大地保险公司、一汽大众公司及恒昌物流公司三者之间的特殊关系。根据本案再审法院的调查，大地保险公司与一汽大众公司本案前发生的多宗保险关系中，"保险公司对物流公司在承运一汽大众商品车过程中发生的类似理赔案件均予以赔偿"。本案发生后，该院也注意到，一汽大众公司在与其他保险公司签订的保险协议中也明确界定保险人与被保险人之外的第三者是指一汽大众公司以及一汽大众公司的承运单位及仓库合作方以外的单位或个人，而所谓承运单位是指一汽大众公司以合同形式指定或约定承担实际运输一汽大众商品车的单位，而且在《保险协议》中将承运单位和投保人视为同一主体。一汽大众公司对其商品车倒运、发运和仓储投保综合保险，在向承运人支付运费的同时，另外通过购买保险分担其商品车在运输中的风险，反映了一汽大众公司和承运人之间的特殊关系：一方面，一汽大众公司支付了保费而减少了运费，另一方面，可以维系与承运人之间的良好合作关系。承运人没有对其承运的商品车投保并非其不知其责任，而是信赖一汽大众公司和大地保险公司之间《保险协议》可以分担其责任。包括大地保险公司在内的保险公司在与一汽大众公司签订保险合同时应知悉这种特殊关系。大地保险公司认为其可以向恒昌物流公司行使代位求偿权，既与其在《三方协议》中的承诺相悖，有违诚实信用原则，也与其所作的承担一汽大众公司商品车倒运、发运和仓储中的风险的承诺不符。另外，大地保险公司在再审申请书中提到的《商品轿车公路发运合同》附件A《2007年商品轿车发运技术条件书》《商品轿车公路发运合同》附件C《轿车专用运输车肇事商品车管理办法》等文件，只是长春陆捷物流有限公司与恒昌物流公司之间的约定，而且大地保险公司在签订《三方协议》时也应注意到上述文件的内容。综上，依法裁定驳回大地保险公司的再审申请。

——苏泽林、景汉朝主编、最高人民法院立案一庭、最高人民法院立案二庭编:《立案工作指导》2011年第4辑（总第31辑），人民法院出版社2012年版，第70~72页。

105. 人民法院受理保险人主张代位求偿权的案件，应仅就第三人与被保险人之间的法律关系进行审理

关键词

水路货物运输合同　保险代位求偿权

最高人民法院裁判文书

营口金舵手船务有限公司与中国人民财产保险股份有限公司汕头市分公司水路货物运输合同纠纷案（最高人民法院〔2012〕民申字第1027号民事裁定书）

裁判要点：受理保险人行使代位请求赔偿权利纠纷案件的人民法院应当仅就造成保险事故的第三人与被保险人之间的法律关系进行审理，涉案货物水湿受损是否属于保险人的保险责任范围以及保险人是否应当进行保险赔偿不属于本案审理范围。

最高人民法院认为：关于人保汕头分公司的代位请求赔偿权利。根据最高人民法院《关于审理海上保险纠纷案件若干问题的规定》第十四条的规定，受理保险人行使代位请求赔偿权利纠纷案件的人民法院应当仅就造成保险事故的第三人与被保险人之间的法律关系进行审理。至于涉案货物水湿受损是否属于人保汕头分公司的保险责任范围以及人保汕头分公司是否应当进行保险赔偿，均不属于本案审理范围。只要货物保险人人保汕头分公司对货损作出保险

赔偿，就相应在赔偿范围内取得代位请求赔偿权利。人保汕头分公司作为涉案货物的保险人已经向被保险人汕头物资公司支付货物损失保险赔款44万元。人保汕头分公司自支付保险赔偿之日起依法取得汕头物资公司向承运人营口船务公司要求赔偿的权利。营口船务公司以涉案货损不属于人保汕头分公司的保险责任范围以及人保汕头分公司不应当进行保险赔偿为由申请再审，没有事实和法律依据，本院不予支持。

——中国裁判文书网，http：//www.court.gov.cn/zgcpwsw/zgrmfy/。

106. 因第三者的违约行为给被保险人的保险标的造成损害，保险人可以依法向第三者行使代位求偿权

关键词

保险代位求偿权　保险合同　第三者对保险标的的损害　违约行为

最高人民法院司法解释

投保人和被保险人为不同主体，因投保人对保险标的的损害而造成保险事故，保险人依法主张代位行使被保险人对投保人请求赔偿的权利的，人民法院应予支持，但法律另有规定或者保险合同另有约定的除外。

——最高人民法院《关于适用〈中华人民共和国保险法〉若干问题的解释（四）》（2018年7月31日，法释〔2018〕13号）第8条。

最高人民法院公报案例

中国平安财产保险股份有限公司江苏分公司诉江苏镇江安装集团有限公司保险代位求偿权纠纷案（江苏省高级人民法院民事判决书）

裁判摘要：因第三者的违约行为给被保险人的保险标的造成损害的，可以认定为属于《中华人民共和国保险法》第六十条第一款规定的“第三者对保险标的的损害”的情形。保险人由此依法向第三者行使代位求偿权的，人民法院应予支持。

基本案情：2008年10月28日，被保险人华东联合制罐有限公司（以下简称华东制罐公司）、华东联合制罐第二有限公司（以下简称华东制罐第二公司）与被告江苏镇江安装集团有限公司（以下简称镇江安装公司）签订《建设工程施工合同》，约定由镇江安装公司负责被保险人整厂机器设备迁建安装等工作。《建设工程施工合同》第二部分“通用条款”第38条约定：“承包人

按专用条款的约定分包所承包的部分工程，并与分包单位签订分包合同，未经发包人同意，承包人不得将承包工程的任何部分分包”；“工程分包不能解除承包人任何责任与义务。承包人应在分包场地派驻相应管理人员，保证本合同的履行。分包单位的任何违约行为或疏忽导致工程损害或给发包人造成其他损失，承包人承担连带责任”。《建设工程施工合同》第三部分“专用条款”第14条第（1）项约定“承包人不得将本工程进行分包施工”。“通用条款”第40条约定：“工程开工前，发包人为建设工程和施工场地内的自有人员及第三人人员生命财产办理保险，支付保险费用”；“运至施工场地内用于工程的材料和待安装设备，由发包人办理保险，并支付保险费用”；“发包人可以将有关保险事项委托承包人办理，费用由发包人承担”；“承包人必须为从事危险作业的职工办理意外伤害保险，并为施工场地内自有人员生命财产和施工机械设备办理保险，支付保险费用”。

2008年11月16日，镇江安装公司与镇江亚民大件起重有限公司（以下简称亚民运输公司）公司签订《工程分包合同》，将前述合同中的设备吊装、运输分包给亚民运输公司。2008年11月20日，就上述整厂迁建设备安装工程，华东制罐公司、华东制罐第二公司向中国平安财产保险股份有限公司江苏分公司（以下简称平安财险公司）投保了安装工程一切险。投保单中记载被保险人为华东制罐公司及华东制罐第二公司，并明确记载承包人镇江安装公司不是被保险人。投保单“物质损失投保项目和投保金额”栏载明“安装项目投保金额为177465335.56元”。附加险中，还投保有“内陆运输扩展条款A”，约定每次事故财产损失赔偿限额为200万元。投保期限从2008年11月20日起至2009年7月31日止。投保单附有被安装机器设备的清单，其中包括：SEQUA彩印机2台，合计原值为29894340.88元。投保单所附保险条款中，对“内陆运输扩展条款A”作如下说明：经双方同意，鉴于被保险人已按约定交付了附加的保险费，保险公司负责赔偿被保险人的保险财产在中华人民共和国境内供货地点到保险单中列明的工地，除水运和空运以外的内陆运输途中因自然灾害或意外事故引起的损失，但被保险财产在运输时必须有合格的包装及装载。

2008年12月19日10时30分许，亚民运输公司驾驶员姜玉才驾驶苏L06069、苏L003挂重型半挂车，从旧厂区承运彩印机至新厂区的途中，在转弯时车上钢丝绳断裂，造成彩印机侧翻滑落地面损坏。平安财险公司接险后，对受损标的确定了清单。经镇江市公安局交通巡逻警察支队现场查勘，认定姜玉才负事故全部责任。后华东制罐公司、华东制罐第二公司、平安财险公司、镇江安装公司及亚民运输公司共同委托泛华保险公估有限公司（以下简称泛华公估公司）对出险事故损失进行公估，并均同意认可泛华公估公司的最终理算结果。2010年3月9日，泛华公估公司出具了公估报告，结论：出险原因系设备运输途中翻落（意外事故）；保单责任成立；定损金额总损1518431.32元、净损1498431.32元；理算金额1498431.32元。泛华公估公司收取了平安财险公司支付的47900元公估费用。

2009年12月2日，华东制罐公司及华东制罐第二公司向镇江安装公司发出《索赔函》，称"该事故导致的全部损失应由贵司与亚民运输公司共同承担。我方已经向投保的中国平安财产保险股份有限公司镇江中心支公司报险。一旦损失金额确定，投保公司核实并先行赔付后，对赔付限额内的权益，将由我方让渡给投保公司行使。对赔付不足部分，我方将另行向贵司与亚民运输公司主张"。

2010年5月12日，华东制罐公司、华东制罐第二公司向平安财险公司出具赔款收据及权益转让书，载明：已收到平安财险公司赔付的1498431.32元。同意将上述赔款部分保险标的的一切权益转让给平安财险公司，同意平安财险公司以平安财险公司的名义向责任方追偿。后平安财险公司诉至法院，请求判令镇江安装公司支付赔偿款和公估费。

法院生效裁判认为：本案的焦点问题是镇江安装公司能否以华东制罐公司、华东制罐第二公司已购买相关财产损失险为由，拒绝保险人对其行使保险代位求偿权。

镇江安装公司提出，在发包人与其签订的建设工程施工合同通用条款第40条中约定，待安装设备由发包人办理保险，并支付保险费用。从该约定可以看出，就工厂搬迁及设备的拆解安装事项，发包人与镇江安装公司共同商定办理保险，虽然保险费用由发包人承担，但该约定在双方的合同条款中体现，即该费用系双方承担，或者说，镇江安装公司在总承包费用中已经就保险费用作出了让步。由发包人向平安财险公司投保的业务，承包人也应当是被保险人。关于镇江安装公司的上述抗辩意见，《保险法》第十二条第二款、第六款分别规定："财产保险的被保险人在保险事故发生时，对保险标的应当具有保险利益"；"保险利益是指投保人或者被保险人对保险标的具有的法律上承认的利益"。据此，不同主体对于同一保险标的可以具有不同的保险利益，可就同一保险标的投保与其保险利益相对应的保险险种，成立不同的保险合同，并在各自的保险利益范围内获得保险保障，从而实现利用保险制度分散各自风险的目的。因发包人和承包人对保险标的具有不同的保险利益，只有分别投保与其保险利益相对应的财产保险类别，才能获得相应的保险保障，二者不能相互替代。发包人华东制罐公司和华东制罐第二公司作为保险标的的所有权人，其投保的安装工程一切险是基于对保险标的享有的所有权保险利益而投保的险种，旨在分散保险标的的损坏或灭失风险，性质上属于财产损失保险；附加险中投保的"内陆运输扩展条款A"约定"保险公司负责赔偿被保险人的保险财产在中华人民共和国境内供货地点到保险单中列明的工地，除水运和空运以外的内陆运输途中因自然灾害或意外事故引起的损失"，该项附加险在性质上亦属财产损失保险。镇江安装公司并非案涉保险标的所有权人，不享有所有权保险利益，其作为承包人对案涉保险标的享有责任保险利益，欲将施工过程中可能产生的损害赔偿责任转由保险人承担，应当投保相关责任保险，而不能借由发包人投保的财产损失保险免除自己应负的赔偿责任。其次，发包人不认可承包人的被保险人地位，案涉《安装工程一切险投保单》中记载的被保险人为华东制罐公司及华东制罐第二公司，并明确记载承包人镇江安装公司不是被保险人。因此，镇江安装公司关于"由发包人向平安财险公司投保的业务，承包人也应当是被保险人"的答辩意见，不能成立。《建设工程施工合同》明确约定"运至施工场地内用于工程的材料和待安装设备，由发包人办理保险，并支付保险费用"及"工程分包不能解除承包人任何责任与义务，分包单位的任何违约行为或疏忽导致工程损害或给发包人造成其他损失，承包人承担连带责任"。由此可见，发包人从未作出在保险赔偿范围内免除承包人赔偿责任的意思表示，双方并未约定在保险赔偿范围内免除承包人的赔偿责任。再次，在保险事故发生后，被保险人积极向承包人索赔并向平安财险公司出具了权益转让书。根据以上情况，镇江安装公司以其对保险标的也具有保险利益，且保险标的所有权人华东制罐公司和华东制罐第二公司已投保财产损失保险为由，主张免除其依建设工程施工合同应对两制罐公司承担的违约损害赔偿责任，并进而拒绝平安财险公司行使代位求偿权，没有法律依据，不予支持。

——《最高人民法院公报》2017年第1期（总第243期）。

附录：最高人民法院主流观点

我国《保险法》第62条对代位求偿权的行使对象作出了明确限制，即当损害保险标的造成保险事故的"第三者"是被保险人的家庭成员或者其组成人员时，保险人不得对上述人员行使代位求偿权。该条文系对保险人代位求偿对象中一些特殊法律主体的反向排除，主要目的在于：一是被保险人之所以订立保险合同，其目的在于使被保险人在保险事故发生后可获取相应的补偿。如果负有赔偿责任的第三人与被保险人有经济上的密切关联，则可能由于保险代位的结果，造成最终由被保险人负担赔偿责任的局面，从而在实质上丧失保险之保障目的。二是当被保险人基于与第三人存在的紧密关系，而能够合理地被期待被保险人不会实际行使损害赔偿权之情况下，保险代位权"避免被保险人双重受偿和防止第三人不当免责"的最重要功能即形同虚设，无可适用。①

① 参见叶启洲：《保险法实例研习》，台湾地区元照出版公司2009年版，第158页；武亦文：《保险代为求偿对象的类型化分析——以特殊主体为研究对象》，载《法学评论》2013年第3期。

当前，我国《保险法》仅对被保险人的家庭成员、组成人员作出限制性规定，但对于该部分人员具体应包括哪些法律主体，应以何种标准来界定范围内的理解各有不同，限于篇幅，在此不予展开。从理论上而言，除此法律规定的明确限定之外，其余人员均可纳入保险人代位求偿的“第三者”之列。由此，在法律实践中需审慎处理当投保人与被保险人家庭成员、组成人员竞合的情形，也即本条文中“法律另有规定或保险合同另有约定”的除外情形之一。

——最高人民法院民事审判第二庭编著：《最高人民法院关于保险法司法解释（四）理解与适用》，人民法院出版社2018年版，第162～163页。

107. 保险人就被保险人所负连带责任承担保险金赔偿责任，应当以约定的赔偿限额为限

关键词

连带责任　赔偿限额

最高人民法院司法解释

责任保险的被保险人因共同侵权依法承担连带责任，保险人以该连带责任超出被保险人应承担的责任份额为由，拒绝赔付保险金的，人民法院不予支持。保险人承担保险责任后，主张就超出被保险人责任份额的部分向其他连带责任人追偿的，人民法院应予支持。

——最高人民法院《关于适用〈中华人民共和国保险法〉若干问题的解释（四）》（2018年7月31日，法释〔2018〕13号）第16条。

附录：最高人民法院主流观点

我国《保险法》第55条规定：“投保人和保险人约定保险标的的保险价值并在合同中载明的，保险标的发生损失时，以约定的保险价值为赔偿计算标准。投保人和保险人未约定保险标的的保险价值的，保险标的发生损失时，以保险事故发生时保险标的的实际价值为赔偿计算标准。保险金额不得超过保险价值。超过保险价值的，超过部分无效，保险人应当退还相应的保险费。保险金额低于保险价值的，除合同另有约定外，保险人按照保险金额与保险价值的比例承担赔偿保险金的责任。”保险金额指保险合同项下保险人承担赔偿或给付保险金责任的最高限额，即投保人对保险标的的实际投保金额，同时也是保

险人收取保险费的计算基础。①

责任保险所承保的是被保险人依法对他人所负的损害赔偿责任。这种责任是无形的、无法用价值衡量，因此，责任保险无所谓保险价值的概念。责任保险也就不存在一般财产保险中可能出现的超额保险问题。在签订责任保险合同时，保险人往往无法事先预料所承担的赔偿责任的大小。因此，在责任保险中，保险人通常要事先约定赔偿的最高限额，对超过限额部分仍需由被保险人自己承担。② 故而往往约定每次保险事故的赔偿限额或保险期间内的累计赔偿限额，作为责任限额，即无论保险期间发生多少次保险事故，保险人赔付保险金均以约定的最高赔偿限额为限。③ 该赔偿限额是保险费率确定的重要因素。司法实践中，保险人就被保险人所负连带责任承担保险金赔偿责任，应当以该约定的赔偿限额为限。否则，保险人将无法控制其经营风险和成本。当然，保险合同关于该赔偿限额的约定应当以合法有效为前提。

——最高人民法院民事审判第二庭编著：《最高人民法院关于保险法司法解释（四）理解与适用》，人民法院出版社2018年版，第338~339页。

108. 保险人行使代位求偿权必须以被保险人对第三者享有损害赔偿请求权为前提，不应仅限于侵权赔偿请求权

关键词

保险合同　保险代位求偿权　损害赔偿请求权

最高人民法院司法解释

保险人依照保险法第六十条的规定，主张代位行使被保险人因第三者侵权或者违约等享有的请求赔偿的权利的，人民法院应予支持。

——最高人民法院《关于适用〈中华人民共和国保险法〉若干问题的解释（四）》（2018年7月31日，法释〔2018〕13号）第7条。

最高人民法院公报案例

中国平安财产保险股份有限公司江苏分公司诉江苏镇江安装集团有限公司保险代位求偿权纠纷案（江苏省高级人民法院民事判决书）

① 吴定富主编：《〈中华人民共和国保险法〉释义》，中国财政经济出版社2009年版，第54页。
② 温世扬主编：《保险法》，法律出版社2009年版，第240页。
③ 吴定富主编：《〈中华人民共和国保险法〉释义》，中国财政经济出版社2009年版，第156页。

裁判摘要：一、《中华人民共和国保险法》第六十条第一款规定，因第三者对保险标的的损害而造成保险事故的，保险人自向被保险人赔偿保险金之日起，在赔偿金额范围内代位行使被保险人对第三者请求赔偿的权利。根据该条款的文义及保险代位求偿权制度的立法目的，保险人行使代位求偿权必须以被保险人对第三者享有损害赔偿请求权为前提，这里的赔偿请求权既可因第三者对保险标的实施的侵权行为而产生，亦可基于第三者的违约行为等产生，不应仅限于侵权赔偿请求权。

二、施工过程中造成发包人的设备毁损灭失，承包人以其对该设备也具有保险利益，且发包人已对该设备投保财产损失保险为由，主张驳回保险人对其行使代位求偿权的请求的，因承包人虽对施工所涉发包人设备也具有保险利益，但该保险利益系责任保险利益，不同于发包人对其设备具有的所有权保险利益。保险利益不同，可以投保的保险类别亦不同，不能相互替代。承包人欲将施工过程中可能产生的损害赔偿责任转由保险人承担，应当投保相关责任保险，而不能借由发包人投保的财产损失保险免除自己应负的赔偿责任。故其主张不应予以支持。

江苏省高级人民法院再审认为：

一、保险代位求偿权的适用范围不限于侵权损害赔偿请求权。

1. 将保险代位求偿权的适用范围限于侵权损害赔偿请求权，没有法律依据。从《中华人民共和国保险法》第六十条第一款“因第三者对保险标的的损害而造成保险事故的，保险人自向被保险人赔偿保险金之日起，在赔偿金额范围内代位行使被保险人对第三者请求赔偿的权利”的文义分析，该款使用的是“因第三者对保险标的的损害而造成保险事故”的表述，并未限制规定为“因第三者对保险标的的侵权损害而造成保险事故”。

2. 将保险代位求偿权的适用范围理解为限于侵权损害赔偿请求权，不符合保险代位求偿权制度设立的目的。从立法目的分析，规定保险代位求偿权制度，在于贯彻财产保险之“损失补偿规则”，避免被保险人因保险事故的发生分别从保险人及第三者获得赔偿，取得超出实际损失的不当利益，并因此增加道德风险。

根据《中华人民共和国保险法》第六十条第一款的文义及保险代位求偿权制度的立法目的可知，保险人行使代位求偿权，应以被保险人对第三者享有损害赔偿请求权为前提，这里的赔偿请求权既可因第三者对保险标的的实施的侵权行为而产生，亦可基于第三者的违约行为等产生，不应仅限于侵权赔偿请求权。本案平安财险公司是基于被申请人镇江安装公司的违约行为而非侵权行为行使代位求偿权，镇江安装公司对保险事故的发生是否有过错，对案件的处理并无影响；而且，《建设工程施工合同》约定“承包人不得将本工程进行分包施工”及“工程分包不能解除承包人任何责任与义务”，因此，镇江安装公司关于其对保险事故的发生没有过错因而不应承担责任的答辩意见，不能成立。

——《最高人民法院公报》2017年第1期（总第243期）。

109. 承包人欲将施工过程中可能产生的损害赔偿责任转由保险人承担，应当投保相关责任保险，而不能借由发包人投保的财产损失保险免除自己应负的赔偿责任

关键词

保险合同　保险代位求偿权　损害赔偿责任　责任免除

最高人民法院公报案例

中国平安财产保险股份有限公司江苏分公司诉江苏镇江安装集团有限公司保险代位求偿权纠纷案（江苏省高级人民法院民事判决书）

裁判摘要：一、《中华人民共和国保险法》第六十条第一款规定，因第三者对保险标的的损害而造成保险事故的，保险人自向被保险人赔偿保险金之日起，在赔偿金额范围内代位行使被保险人对第三者请求赔偿的权利。根据该条款的文义及保险代位求偿权制度的立法目的，保险人行使代位求偿权必须以被保险人对第三者享有损害赔偿请求权为前提，这里的赔偿请求权既可因第三者对保险标的实施的侵权行为而产生，亦可基于第三者的违约行为等产生，不应仅限于侵权赔偿请求权。

二、施工过程中造成发包人的设备毁损灭失，承包人以其对该设备也具有保险利益，且发包人已对该设备投保财产损失保险为由，主张驳回保险人对其行使代位求偿权的请求的，因承包人虽对施工所涉发包人设备也具有保险利益，但该保险利益系责任保险利益，不同于发包人对其设备具有的所有权保险利益。保险利益不同，可以投保的保险类别亦不同，不能相互替代。承包人欲将施工过程中可能产生的损害赔偿责任转由保险人承担，应当投保相关责任保险，而不能借由发包人投保的财产损失保险免除自己应负的赔偿责任。故其主张不应予以支持。

江苏省高级人民法院再审认为：

二、被申请人镇江安装公司不能以华东制罐公司、华东制罐第二公司已购买相关财产损失保险为由，拒绝保险人对其行使保险代位求偿权。

1. 被申请人镇江安装公司不是案涉保险标的的所有权人，不具有所有权保险利益，不能成为适格的财产损失保险被保险人。《中华人民共和国保险法》第十二条规定："财产保险的被保险人在保险事故发生时，对保险标的应当具有保险利益。保险利益是指投保人或者被保险人对保险标的具有的法律上承认的利益。"不同主体对于同一保险标的可以具有不同的保险利益，可就同一保险标的投保与其保险利益相对应的保险险种，成立不同的保险合同，在各自的保险利益范围内获得保险保障，从而实现利用保险制度分散各自风险的目的。对于所有权人而言，其对保险标的具有所有权保险利益，为分散保险标的的损坏或灭失风险，可以投保与其所有权保险利益一致的相关财产损失保险。发包人华东制罐公司及华东制罐第二公司投保的安装工程一切险（不包括第三者责任险）性质上属于财产损失保险，附加险中投保的"内陆运输扩展条款A"约定"保险公司负责赔偿被保险人的保险财产在中华人民共和国境内供货地点到保险单中列明的工地，除水运和空运以外的内陆运输途中因自然灾害或意外事故引起的损失"，该项附加险在性质上亦属财产损失保险。作为案涉保险标的的所有权人，华东制罐公司及华东制罐第二公司对保险标的具有所有权保险利益，是适格的财产损失保险被保险人。但是，镇江安装公司并非案涉保险标的的所有权人，其对本案保险标的不具有所有权保险利益，因而不是适格的财产损失保险被保险人。镇江安装公司作为承包人，其对案涉保险标的具有责任保险利益，欲将施工过程中可能产生的损害赔偿责任转由保险人承担，应当投保相关责任保险，而不能借由发包人投保的财产损失保险免除自己应负的赔偿责任。而且，本案所涉《安装工程一切险投保单》中记载的被保险人为华东制罐公司及华东制罐第二公司，并明确记载承包人镇江安装公司不是被保险人。因此，镇江安装公司关于"由发包人向平安财险公司投保的业务，承包人也应当是被保险人"的答辩意见，不能成立。

2. 发包人从未作出在保险赔偿范围内免除承包人赔偿责任的意思表示，而是积极向承包人索赔并向平安财险公司出具权益转让书。《建设工程施工合同》约定"工程分包不能解除承包人任何责任与义务，分包单位的任何违约行为或疏忽导致工程损害或给发包人造成其他损失，承包人承担连带责任"，未约定在保险赔偿范围内免除承包人的赔偿责任。保险事故发生后，发包人华东制罐公司及华东制罐第二公司于2009年12月2日向被申请人镇江安装公司发出《索赔函》，称"该事故导致的全部损失应由贵司与亚民运输公司共同承担，一旦损失金额确定，投保公司核实并先行赔付后，对赔付限额内的权益，将由我方让渡给投保公司行使"，并于2010年5月12日向再审申请人平安财险公司出具赔款收据及权益转让书，载明“同意将上述赔款部分保险标的的一切权益转让给平安财险公司，同意平安财险公司以平安财险公司的名义向责任方追偿”。

3. 即便发包人与承包人约定在保险赔偿范围内免除承包人的赔偿责任，亦属无效。《中华人民共和国保险法》第六十一条规定：“保险事故发生后，保险人未赔偿保险金之前，被保险人放弃对第三者请求赔偿的权利的，保险人不承担赔偿保险金的责任。保险人向被保险人赔偿保险金后，被保险人未经保险人同意放弃对第三者请求赔偿的权利的，该行为无效。”该条系针对保险事故发生后被保险人未经保险人同意放弃对第三者请求赔偿权利的行为所作的规定，但其立法精神同样适用于保险事故发生前被保险人未经保险人同意放弃对第三者请求赔偿权利的行为，否则将反向引导当事人在保险事故发生前即通过约定事先放弃对第三者请求赔偿的权利，从而使《中华人民共和国保险法》第六十一条的立法目的落空。

4. 不支持承包人以发包人已购损失保险为由对抗保险人向其行使保险代位求偿权的进一步考虑。支持承包人可以以发包人已购损失保险为由对抗保险人向其行使保险代位求偿权，无异于认可可以以一份损失保险取代发包人和承包人基于各自不同的保险利益而本应分别购买的两种不同性质的保险（损失保险和责任保险），这不仅有违保险利益原则，亦将造成保险合同当事人之间的权利义务失衡，违背保险经营的基本原理，不利于保险市场的健康发展。

——《最高人民法院公报》2017 年第 1 期（总第 243 期）。

110. 因第三者的违约行为给被保险人的保险标的造成损害的，可以认定为属于《保险法》第 60 条第 1 款规定的“第三者对保险标的的损害”的情形

关键词

保险代位求偿权　财产保险合同　违约行为

最高人民法院指导性案例

中国平安财产保险股份有限公司江苏分公司诉江苏镇江安装集团有限公司保险人代位求偿权纠纷案（最高人民法院指导性案例 74 号）

裁判要旨：因第三者的违约行为给被保险人的保险标的造成损害的，可以认定为属于《中华人民共和国保险法》第六十条第一款规定的“第三者对保险标的的损害”的情形。保险人由此依法向第三

者行使代位求偿权的，人民法院应予支持。

法院生效裁判认为，本案的焦点问题是：1. 保险代位求偿权的适用范围是否限于侵权损害赔偿请求权；2. 镇江安装公司能否以华东制罐公司、华东制罐第二公司已购买相关财产损失险为由，拒绝保险人对其行使保险代位求偿权。

关于第一个争议焦点。《中华人民共和国保险法》（以下简称《保险法》）第六十条第一款规定：“因第三者对保险标的的损害而造成保险事故的，保险人自向被保险人赔偿保险金之日起，在赔偿金额范围内代位行使被保险人对第三者请求赔偿的权利。”该款使用的是“因第三者对保险标的的损害而造成保险事故”的表述，并未限制规定为“因第三者对保险标的的侵权损害而造成保险事故”。将保险代位求偿权的权利范围理解为限于侵权损害赔偿请求权，没有法律依据。从立法目的看，规定保险代位求偿权制度，在于避免财产保险的被保险人因保险事故的发生，分别从保险人及第三者获得赔偿，取得超出实际损失的不当利益，并因此增加道德风险。将《保险法》第六十条第一款中的“损害”理解为仅指“侵权损害”，不符合保险代位求偿权制度设立的目的。故保险人行使代位求偿权，应以被保险人对第三者享有损害赔偿请求权为前提，这里的赔偿请求权既可因第三者对保险标的实施的侵权行为而产生，亦可基于第三者的违约行为等产生，不应仅限于侵权赔偿请求权。本案平安财险公司是基于镇江安装公司的违约行为而非侵权行为行使代位求偿权，镇江安装公司对保险事故的发生是否有过错，对案件的处理并无影响。并且，《建设工程施工合同》约定“承包人不得将本工程进行分包施工”。因此，镇江安装公司关于其对保险事故的发生没有过错因而不应承担责任的答辩意见，不能成立。平安财险公司向镇江安装公司主张权利，主体适格，并无不当。

关于第二个争议焦点。镇江安装公司提出，在发包人与其签订的建设工程施工合同通用条款第40条中约定，待安装设备由发包人办理保险，并支付保险费用。从该约定可以看出，就工厂搬迁及设备的拆解安装事项，发包人与镇江安装公司共同商定办理保险，虽然保险费用由发包人承担，但该约定在双方的合同条款中体现，即该费用系双方承担，或者说，镇江安装公司在总承包费用中已经就保险费用作出了让步。由发包人向平安财险公司投保的业务，承包人也应当是被保险人。关于镇江安装公司的上述抗辩意见，《保险法》第十二条第二款、第六款分别规定：“财产保险的被保险人在保险事故发生时，对保险标的应当具有保险利益”；“保险利益是指投保人或者被保险人对保险标的具有的法律上承认的利益”。据此，不同主体对于同一保险标的可以具有不同的保险利益，可就同一保险标的投保与其保险利益相对应的保险险种，成立不同的保险合同，并在各自的保险利益范围内获得保险保障，从而实现利用保险制度分散各自风险的目的。因发包人和承包人对保险标的具有不同的保险利益，只有分别投保与其保险利益相对应的财产保险类别，才能获得相应的保险保障，二者不能相互替代。发包人华东制罐公司和华东制罐第二公司作为保险标的的所有权人，其投保的安装工程一切险是基于对保险标的享有的所有权保险利益而投保的险种，旨在分散保险标的的损坏或灭失风险，性质上属于财产损失保险；附加险中投保的"内陆运输扩展条款 A"约定"保险公司负责赔偿被保险人的保险财产在中华人民共和国境内供货地点到保险单中列明的工地，除水运和空运以外的内陆运输途中因自然灾害或意外事故引起的损失"，该项附加险在性质上亦属财产损失保险。镇江安装公司并非案涉保险标的所有权人，不享有所有权保险利益，其作为承包人对案涉保险标的享有责任保险利益，欲将施工过程中可能产生的损害赔偿责任转由保险人承担，应当投保相关责任保险，而不能借由发包人投保的财产损失保险免除自己应负的赔偿责任。其次，发包人不认可承包人的被保险人地位，案涉《安装工程一切险投保单》中记载的被保险人为华东制罐公司及华东制罐第二公司，并明确记载承包人镇江安装公司不是被保险人。因此，镇江安装公司关于"由发包人向平安财险公司投保的业务，承包人也应当是被保险人"的答辩意见，不能成立。《建设工程施工合同》明确约定"运至施工场地内用于工程的材料和待安装设备，由发包人办理保险，并支付保险费用"及"工程分包不能解除承包人任何责任与义务，分包单位的任何违约行为或疏忽导致工程损害或给发包人造成其他损失，承包人承担连带责任"。由此可见，发包人从未作出在保险赔偿范围内免除承包人赔偿责任的意思表示，双方并未约定在保险赔偿范围内免除承包人的赔偿责任。再次，在保险事故发生后，被保险人积极向承包人索赔并向平安财险公司出具了权益转让书。根据以上情况，镇江安装公司以其对保险标的也具有保险利益，且保险标的所有权人华东制罐公司和华东制罐第二公司已投保财产损失保险为由，主张免除其依建设工程施工合同应对两制罐公司承担的违约损害赔偿责任，并进而拒绝平安财险公司行使代位求偿权，没有法律依据，不予支持。

综上理由作出如上判决。

——最高人民法院《关于发布第十五批指导性案例的通知》（2016 年 12 月 28 日，法〔2016〕449 号）。

说明

该案例旨在明确因第三者的违约行为给被保险人的保险标的造成损害的，可以认定属于《中华人民共和国保险法》第六十条第一款规定的"第三者对保险标的的损害"的情形。保险人由此依法向第三者行使代位求偿权的，人民法院应予支持。该指导案例有利于正确理解执行《中华人民共和国保险法》第六十条第一款的规定，促进保险人代位求偿制度依法实施。

（四）保证保险及其他保险合同

111. 保证保险法律性质的认定

关键词

保险合同　保证保险　法律性质

最高人民法院答复

辽宁省高级人民法院：

你院《关于保证保险问题的请示报告》（〔2006〕辽高法疑字第4号）收悉。经研究答复如下：

汽车消费贷款保证保险是保险公司开办的一种保险业务。在该险种的具体实施中，由于合同约定的具体内容并不统一，在保险公司、银行和汽车销售代理商、购车人之间会形成多种法律关系。在当时法律规定尚不明确的情况下，应依据当事人意思自治原则确定合同的性质。你院请示所涉中国建设银行股份有限公司葫芦岛分行诉中国人民保险股份有限公司葫芦岛分公司保证保险合同纠纷案，在相关协议、合同中，保险人没有作出任何担保承诺的意思表示。因此，此案所涉保险单虽名为保证保险单，但性质上应属于保险合同。同意你院审判委员会多数意见，此案的保证保险属于保险性质。

——最高人民法院《关于保证保险合同纠纷案件法律适用问题的答复》（2010年6月24日，〔2006〕民二他字第43号），载最高人民法院民事审判第二庭编：《商事审判指导》2010年第3辑（总第23辑），人民法院出版社2011年版，第81～85页。

附录：最高人民法院法官著述

保证保险从其在我国市场诞生的那一天起，关于其属于保险还是保证的争论就没有停止过，也是保证保险纠纷争议的主要焦点，关系到银行和保险公司重大利益和法律适用问题。理论或实务界对保证保险的性质持有一种矛盾的心态，但总体上倾向于认为它是一种特殊的保险业务，应优先适用《保险法》，

《保险法》没有规定的适用《担保法》。但是令人尴尬的是，《保险法》修订之前，法律并无此规定，因此，只能适用《保险法》的一般规定，具体权利义务关系则需适用《担保法》。其结果不仅导致法律适用上的逻辑错误，而且导致法官具体执法过程中要么无所适从，要么混乱适用。

应如何定性，我们认为，修订的《保险法》正式实施前即2009年10月1日前，人民法院审理该类案件应当遵循这样的原则——尊重当事人意思自治的原则，即按照合同具体约定确定，在当事人明确约定保险人承担保证责任的，则按担保定性，适用《担保法》确定双方当事人的权利义务。没有约定的适用《保险法》。也就是说，在相关法律或司法解释未对此作出明确详细规定的情况下，当事人合同约定的内容，是判断合同性质以及如何适用法律的重要依据。修订的《保险法》正式实施后，由于法律并未对如何具体适用作出规范，因此，司法解释将对此作出具体规定。正在起草的保证保险司法解释的指导思想是立足现实，着眼未来。初步意见是根据《保险法》的规定，保证保险合同为保险合同，同时但书规定，当事人有特别约定的，从其约定。

——宫邦友：《解读关于保证保险合同纠纷案件法律适用问题的答复》，载最高人民法院民事审判第二庭编：《商事审判指导》2010年第3辑（总第23辑），人民法院出版社2011年版，第81～85页。

说明

保证保险是保险公司根据中国人民银行银复〔1997〕年48号《关于保证保险业务的批复》开展的业务。该《批复》认为，鉴于“保证保险”业务是信用保险业务的门类之一，同意中国人民保险（集团）公司所属中保财产有限责任公司开办“保证保险”业务。在保证保险业务实践中，合同当事人之间的纠纷发生率较高，而各地法院对保证保险合同的法律性质在认识上存在着差异，表现在适用法律和处理结果上的差异。

最高人民法院在关于保证保险关系的性质上，在不同的阶段和不同的案件中也有不同的认识，包括保证说、混合说和保险说等。最高人民法院《民事案件案由规定》将保证保险合同纠纷作为四级案由列于三级案由财产保险合同纠纷项下，即是将其作为保险合同对待。

随着《保险法》的修改与司法实践认识的不断深化，对保证保险的认识也不断清晰。最高人民法院上述答复确立了新的认定规则，即在当事人明确约定保险人承担保证责任的，则按担保定性，适用《担保法》确定双方当事人的权利义务；没有约定的适用《保险法》。在司法实践应当注意这种认识上的变化过程。

112. “信誉保险”实质是信誉担保

关键词

信誉保险　信誉担保

最高人民法院裁判文书

中国人民保险公司乌鲁木齐市分公司等与李会同等120名购房户还本售房合同纠纷案（最高人民法院〔2001〕民一终字第32号民事判决书，法公布〔2002〕第25号）

裁判要点：信誉保险业务涉及经济担保，带有信誉担保性质。保险人公开宣示信誉担保的，应当就信赖利益承担责任。

最高人民法院经审理认为：李会同、徐新等120名购房户与天海房地产公司签订《五年还本售房协议书》时，国家法律、行政法规均没有禁止此类销售活动的规定，当事人之间所签协议意思表示真实明确，不违反公平原则和诚实信用原则，应当认定为有效。国内贸易部〔1994〕内贸函字第802号《关于禁止还本销售商品活动的通知》，不宜作为认定本案合同无效的根据，保险公司上诉主张双方当事人签订的《五年还本售房协议书》中有关售房的约定内容可以认定有效，对还本的约定内容应为无效，理由不充分，不予支持。保险公司认为其与天海房地产公司联合刊登广告的行为不构成有效承诺，与120名购房户没有形成保险法律关系，判决其承担30%的代赔偿责任于法无据，与事实不符，但从中国人民保险公司1994年12月3日批复的内容来看，信誉保险业务涉及经济担保，带有信誉担保性质，保险公司在新闻媒体上公开宣示信誉担保，对造成本案部分还本售房合同的签订和履行具有一定的过错，其与天海房地产公司达成的《关于对“商品房屋销售五年期还本信誉保险协议”终止的协议》，实际上是推卸责任，损害他人利益的行为，一审法院判决保险公司违背诚信原则，承担其刊登广告后购房户30%的信赖利益的损失，符合法律规定，保险公司的上诉理由不能成立，应予驳回。关于一审程序的合法性问题，因本案是普通的共同诉讼引起的合并审理，在一审庭审结束前，一审法院将其他购房户的起诉合并审理，并允许原告变更诉讼请求，符合法律规定，64户购房户的证据材料一审中已经当庭质证，因保险公司的保险责任不成立，判决其承担因信誉担保而引起的过错赔偿责任，并不违反“不告不理”的原则，故一审程序是合法的。综上，一审判决认定事实清楚，适用法律正确。

——肖扬总主编、最高人民法院民事审判第一庭编：《中华人民共和国最高人民法院判案大系》（民事卷—2001年卷），人民法院出版社2003年版，第118～125页。

说明

按照《保险法》规定，财产保险是指投保人根据合同约定，向保险人支付保险费，保险人对于合同约定的可能发生的事故因其发生所造成的财产损失承担赔偿保险金责任的行为。本案中，天海房地产公司和乌鲁木齐保险公司多次在新闻媒体上刊登广告称：凡购买天海花园小区商品房的单位和个人均可享受“五年还本”，保险公司提供“五年还本”信誉保险。李会同等120人分别与天海房地产公司签订了《还本售房协议书》和《债权证明》并进行了公证，一次性支付了全部购房款，天海房地产公司与保险公司签订了还本信誉保险合同。后因中国人民保险公司对还本信誉保险提出异议，不予同意，天海房地产公司与保险公司在1个月后终止了该保险合同，因此，保险公司宣传的“信誉保险”并不构成当事人之间已经建立正规的财产保险关系，而是属于“信誉担保”性质的行为。保险公司的保险责任不成立，但应当承担因“信誉担保”而引起的过错赔偿责任。